춘소학술연구 시리즈 002

Educational Method and Technology

최신

교육방법 및 교육공학

이칭찬 · 간진숙 · 김미연

태영출판사

머 리 말

그동안 지난 1980년대 초반 이후 새로운 교육학의 학문적 발전과 학문적 분화는 거의 절정에 달했다는 평가를 해도 무리가 아닐 것 같다. 교육공학이 교육방법과 더불어 교육학의 중요 부분으로 인정되었고, 교사를 양성하는 기본과정의 중요한 영역으로 인정되었다. 따라서 새로운 교육방법과 교육공학의 학문적 내용을 소개하려는 시도도 끊임없이 이루어져 왔다. 그것은 교육방법 및 교육공학의 이름으로 출간된 저서들만 하여도 이제까지 40여 종이 넘어서게 되었고, 계속해서 새로운 학문적 발전의 내용을 담아 내려는 노력도 병행되고 있다는 사실에서 확인할 수 있다. 스마트폰의 사용자 수가 국내에서만 거의 2,000만 명에 달하고 있고, 이제는 카카오톡이나 트위터, 페이스 북, 또는 사이월드 등의 SNS 활용을 하지 못하면 상대방과의 대화가 힘든 사회가 되어 버렸다. 새로운 전자기기의 발전은 새로운 교육의 방법으로 교실 현장을 바꾸고 있고, 그 영향력은 가히 폭발적이라고 할 수 있다. 물론 이와 더불어 그에 따른 수많은 부작용은 우리 사회를 병들게 하고 있고, 자라나는 학생들의 정상적인 발달에 말할 수 없는 역작용으로 작용하고 있다.

이번에 세 사람의 저자가 노력하여 학습자들에게 내보이고자 하는 내용도 이와 무관하지 않다. 발전된 교육방법 및 교육공학의 새로운 내용을 보다 분명하게 제시하는 것도 중요하지만 무엇보다 이와 같은 발전과 더불어 생겨날 수 있는 여러 부작용을 줄이고 긍정적인 해결방안을 제시할 수 있는 쪽에 초점을 모았다. 단순하게 발전된 매체나 방법만을 제시한다면 이와 같은 방안들이 교육적으로 어떤 결과를 가져올 것인가에 대한 책임 있는 지도서가 될 수 없겠다는 생각을 한 것이다. 아마도 앞으로 계속해서 우리가 감히 상상할 수도 없는 새로운 매체나 기술들이 교육의 장면에 도입될 것이다. 하지만 여전히 인간적인 모습에 바탕을 둔 교육적 활용이 우선적으로 고려될 필요가 있다. 우리 모두는 이상하게 뒤틀린, 인간성을 상실한 기술적으로 유능하기만한 인간을 길러 내는 것이 아니라 이웃을 배려하고 따뜻한 마음을 가진 사람을 길러낼 수 있도록 유의할 필요가 있다. 무섭게 발달하는 기술 역시 인간의 힘으로 만들어 낸 것이며, 동시에 인간을 위한 이상적 도구가 되어야 한다. 근래에 들어 새로운 매체가 소개되면서 현실과 컴퓨터 속의 이상 현실을 구분하지 못하고 강화되어 가는 쾌락적이고 말초적인 현상만을 쫓는 젊은이들을 바라보면서 새삼스럽게 교육의 중요성을 생각하게 된다. 비록 교육의 효율성을 위하여 발전된 교육방법이나 교육공학의 여러 도구들을 도입하고 소개하여야 하겠지만 근본적으로 이러한 활동이 우리가 바라는 교육에 적합한 모양으로 소개되고 있는지를 다시 한번 확인할 필요가 있다.

새로운 독서의 방법이 소개되는 형편에서 한 권의 가치 있는 책을 출판하기가 쉽지 않은 상황이다. 어려움 속에서도 계속해서 좋은 책이 나올 수 있도록 노력하시는 태영출판사의 김현태 사장님께 다시 한번 감사드린다. 그리고 정말 힘든 시간을 내어 함께 고민하며 원고를 쓰고 정리해 준 공 저자들에게도 감사한다. 보다 많은 학문적 업적을 내기 위해 함께 노력해 갈 것을 다짐하며 감사드린다.

2012. 1.

춘소학술연구소에서
저자

차 례

제1부 교육방법 및 교육공학의 이해

제1장 **교육방법의 이해** ······ 13

제1절 교육방법의 개념 ······ 14

1. 교육방법의 영역 ······ 14
2. 교육방법의 의미 ······ 17
3. 교육방법이 갖추어야 할 요소 ······ 19

제2절 교육방법의 유형 ······ 20

1. 대면식 교육방법 ······ 21
2. 원격교육과 e-learning ······ 41
3. 블랜디드 러닝 ······ 44

제2장 **교육공학의 이해** ······ 49

제1절 교육공학의 개념 ······ 50

1. 교육공학의 의미 ········ 50
2. 교육공학의 정의 ········ 51
3. 교육공학의 영역 ········ 53
제2절 교육공학의 역사적 발달 ········ 56
1. 초창기 ········ 57
2. 시각교육 ········ 58
3. 시청각 교육 ········ 59
4. 시청각 교육통신 ········ 61
제3절 수업매체의 이해 ········ 69
1. 수업매체의 개념 ········ 69
2. 수업매체의 유형과 제작 ········ 70
3. 컴퓨터의 교육적 활용 ········ 89

제 2 부 교육방법 및 교육공학의 이론

제3장 이론적 기초 ········ 115

제1절 행동주의 학습이론 ········ 116
1. 철학적 관점과 기본 가정 ········ 117
2. 학습의 개념 및 원리 ········ 118
3. 영향 및 시사점 ········ 118
제2절 인지주의 학습이론 ········ 120
1. 철학적 관점과 기본 가정 ········ 120
2. 학습의 개념 및 원리 ········ 121
3. 영향 및 시사점 ········ 122
제3절 구성주의 학습이론 ········ 123
1. 철학적 관점과 기본 가정 ········ 124
2. 학습의 개념 및 원리 ········ 128
3. 영향 및 시사점 ········ 129

제4장 수업이론 ········ 131

제1절 수업이론의 개념 ········ 132
1. 수업이론의 전개과정 ········ 133

2. 수업이론의 성격 ········ 136
3. 수업이론의 필요성 ········ 138
제2절 수업이론의 유형 ········ 140
1. Skinner의 조작적 조건화 이론 ········ 141
2. Bruner의 발견적 수업이론 ········ 153
3. Ausubel의 유의미 학습이론 ········ 163
4. Gagné의 학습조건 수업이론 ········ 170
5. Carroll의 학교학습모형 ········ 181
6. Bloom의 완전학습모형 ········ 185
7. 적응적 수업체제 ········ 192
제3절 수업이론의 구성요소 ········ 196
1. 목표 및 수업과제 ········ 198
2. 학습자 변인 ········ 199
3. 수업절차 ········ 200
4. 교사변인 ········ 201

제5장 수업설계이론 ········ 203

제1절 수업설계의 개념 ········ 204
1. 수업설계의 정의 ········ 204
2. 체계적 접근의 개념 ········ 205
3. 수업설계의 원리 ········ 207
제2절 수업설계의 요소와 절차 ········ 208
1. 수업설계의 요소 ········ 208
2. 수업설계의 일반적인 절차 ········ 211
제3절 수업설계의 유형 ········ 216
1. 전통적 수업설계 모형 ········ 217
2. 구성주의적 수업설계 모형 ········ 259

제3부 교육방법 및 교육공학의 활용

제6장 수업의 과정 ········ 265

제1절 수업계획 단계 ········ 267

1. 수업목적 및 수업목표 설정 ········· 269
2. 수업내용의 분석 ········· 271
3. 학습자의 특성 진단 ········· 272
4. 수업방법 결정 ········· 274
5. 평가계획 수립 ········· 274
제2절 수업실행 단계 ········· 275
1. 수업실행의 일반적 단계 ········· 275
2. Gagné & Briggs의 수업단계 ········· 277
제3절 수업평가 단계 ········· 282
1. 전통적인 평가방법 ········· 283
2. 수행평가 방법 ········· 283

제7장 **수업설계의 실제** ········· 285

제1절 ASSURE 모형의 이해 ········· 286
1. 학습자 분석 ········· 286
2. 목표진술 ········· 287
3. 방법, 매체 및 자료 선정 ········· 287
4. 수행방법 선택하기 ········· 288
5. 수업매체 유형 선택하기 ········· 288
6. 매체와 자료의 활용 ········· 288
7. 학습자 참여의 유도 ········· 288
8. 평가와 수정 ········· 289
제2절 수업설계의 실습 ········· 289
1. ASSURE 모형을 적용한 수업설계 ········· 290
2. ASSURE 모형을 적용한 수업설계 양식 ········· 301

제 4 부 교육방법 및 교육공학의 미래

제8장 **교육의 미래** ········· 309

제1절 학교교육에 대한 기대와 믿음 ········· 311
1. 초·중등교육에 대한 기대와 믿음 ········· 312
2. 대학 구조 개혁과 교육 경쟁력 강화 ········· 313

제2절 미래교육의 세계화와 정보화 ······ 315
제3절 교육개방에 대한 준비 ······ 319
제4절 지방화와 교육개혁 ······ 323
1. 지방교육의 질적 향상 ······ 323
2. 지방교육의 균형발전 ······ 326
3. 지역사회의 교육문화 기반 확대 ······ 326
제5절 평생학습사회 실현 ······ 327

제9장 **교육공학의 미래** ······ 333

제1절 소셜러닝의 이해 ······ 334
제2절 소셜러닝의 교육적 활용 ······ 336
제3절 새로운 교육방법 및 교육공학 적용상의 문제해결 ······ 337

◉ 참고문헌 / 339

제1부

교육방법 및 교육공학의 이해

제1장 교육방법의 이해
제2장 교육공학의 이해

교육방법이란 가르치며 배우는 일을 탐색하기 위한 것으로 교육과정에 담고 있는 목표, 내용, 방법 등을 학습자에게 제대로 전달하기 위한 수단이나 방식을 의미한다. 그러나 다양한 교육방법을 알고 있다 하더라도 교육공학적 안목 없이는 효과적인 교육목표 달성을 기대하기 어렵다. 교육방법은 교육공학이라는 학문을 통하여 우리에게 무엇을 해야 하는지에 대한 구체적인 지침과 안내를 제공해 줄 수 있기 때문이다.

따라서 이제부터 제1부에서는 교육방법 및 교육공학이 무엇을 의미하며 어떤 관계 속에서 발전해 왔는지에 대해 알아보고자 한다.

제1장 교육방법의 이해

제1절 교육방법의 개념

제2절 교육방법의 유형

본 장에서는 교육방법의 이해를 분명히 하기 위해서 교육방법이 내포하고 있는 기본 개념들과 그 유형에 대해 구체적으로 살펴보고자 한다.

제1절 교육방법의 개념

교육방법이란 쉽게 풀면 '교육을 하는 방법'이다. 그러나 이 정의는 매우 포괄적인 의미를 담고 있어서 교육방법이 무엇인지에 대한 충분한 답을 제공하지 못하고 있다. 보다 구체적인 교육방법의 개념에 대한 답을 구하고자 여기에서는 교육방법의 영역을 학습자의 학습활동, 교사의 교수활동, 학습자와 교사의 교수-학습활동으로 구분하여 살펴본 후 교육방법의 의미에 대해 정의한다. 또한 교육방법이 갖추어야 할 요소에 대해 살펴봄으로써 우리가 무엇을 해야 하는지에 대한 구체적인 답을 얻을 수 있도록 한다.

1. 교육방법의 영역

일찍이 J. F. Herbart는 교육학의 기초를 발전시키면서 교육내용은 윤리학에서, 교육방법은 심리학에서 그 이론적 근거를 제시하였다. 이러한 역사적 배경을 통하여 초기 교육학의 성립단계에서는 교육방법의 영역을 매우 포괄적으로 다루어 왔다는 점을 발견할 수 있다. 그러나 차츰 교육방법에 관한 이론과 실제의 발전에 따라 교육방법을 몇 가지 영역으로 분류하여 연구하게 되었다.

홍성윤과 김유미(1999)는 교육방법의 영역을 첫째, 학습자의 학습활동을 최적의 조건하에서 최대한으로 돕고 지도함으로써 나타나게 되는 학습효과와 가르치는 교사의 입장에서 교수효과를 극대화하려는 학습지도(교수 또는 수업) 둘째, 학생들의 여러 가지 개인적 문제해결을 공감적 이해와 수용으로써 돕고 지도하는 과정으로서의 생활지도 셋째, 교수 및 학습과 개인적 문제해결 활동이 보다 큰 성과를 나타내도록 하는 학습방법 넷째, 수업장면과 환경적 조건의 조성과 장비 및 운영을 중심문제로 다루는 학급경영 등 교육의 전반에 걸쳐 설명하고 있다.

이와 같은 정리를 기본으로 여기에서는 학습자의 학습활동, 교사의 교수활동, 학습자와 교사의 교수-학습활동 등 핵심적 부분으로 나누어 정리함으로써 교육방법에 대한 이해를 돕고자 한다.

가. 학습자의 학습활동 중심의 교육방법

주어진 교육목표를 효율적으로 전달하기 위한 방안으로 초기의 교육학에서 중요하게 다루어 온 개념은 '학습'이었다. 학습이 무엇이냐 하는 개념 정의에서부터 학습은 어떻게 일어나며, 또한 학습이 일어나는 조건은 무엇인가를 확인하여 실제 교육장면에 응용해 보고자 한 것이 교육심리학자들의 공통된 견해였다. 달리 말하면 학교학습에 관계하는 대다수의 학자들은 주어진 교육목표를 효과적으로 달성시키기 위해서 학습자가 배우는 조건을 정비하여 더 많은 노력을 기울인다면 쉽게 그 목적을 달성할 수 있다고 판단해 왔다. 또한 이러한 근거 위에서 여러 학습원리를 도출해 내기 위해 더욱 노력을 기울여 왔다.

이와 같은 견해에 대해 실험실 실험의 결과로 도출된 학습이론은 그 상황부터가 특이하며, 조직과 제도가 복잡한 학교장면에서의 학습을 설명하는데 부족하다는 비판이 있었다. 그 결과 학교학습을 중심으로 하는 독자적 이론이 일기 시작하면서부터 이 주장도 조금씩 수정되기 시작하였다. 그러나 여전히 학습자의 학습활동에 대한 부분은 계속해서 교육방법에 많은 영향을 끼쳐 왔으며, 교육방법의 문제를 논의하는데 중요한 부분으로 인정되고 있다.

나. 교사의 교수활동 중심의 교육방법

주어진 교육목표를 효율적으로 달성하기 위한 방법으로서 배우는 학습자의 문제를 생각해 온 것과 같은 입장에서 가르치는 교수의 문제를 중요하게 다루어 온 많은 학자들이 있었다. 교육장면에서 교사의 역할이 중요하다는 점은 새삼 재론의 여지가 없으나 수업목표의 효율적인 달성을 위해서는 배우는 학습자의 역할 못지않게 가르치는 교사의 역할이 중요하다는 인식이 많은 이들에 의해 주장되었다.

Hosford(1973)는 교수를 "교사-학생간의 상호작용을 통하여 학습자의 학습목표 달성에 영향을 주려는 시도"라고 정의하고 있다. 즉, 교수란 교사와 학생간의 인간적 접촉 및 교류를 전제로 한 교사의 학습목표 달성을 위한 노력이라는 점이다. 따라서 일반적으로 학자들은 가르치는 활동을 매우 통일되고 단순한 활동이 아니라 학교장면에서 일어나는 거의 모든 활동인 학습지도, 생활지도, 학급경영을 포괄하는 종합적인 활동이라고 보고 있다.

이와 같은 전제하에서 잘 가르치기 위한 여러 가지 방법과 조건이 연구되었다. 그러나 아직까지 이렇다 할 교수이론, 즉 가르치는 방법에 대한 이론적 전개가 없다는 것이 조금 이상하다. 여기에서 학문적 발전의 추세를 살펴보면 교육목표의 효과적인 달성을 위해 초기에는 학습자의 문제를 생각해 보다가 방법의 한계를 느끼면서 가르치는 문제를 생각하기도 하였다. 그러나 가르친다는 기능이 너무 포괄적이고 종합적인 활동이라 가르치고 배우는 기능을 함께 생각하게 되는 교수-학습과정으로 확대되었다는 점을 주목해 볼 필요가 있다. 교육목표의 효율적인 달성을 위해서는 단지 학습자만의 문제나 교사만의 문제로 분리해서는 곤란하며 이들의 문제를 함께 생각해 보아야 한다는 주장이다.

다. 교수-학습활동 중심의 교육방법

교수-학습과정에 관한 의미의 혼동은 현재까지 우리나라에 소개되어 있는 교육방법과 관련된 몇 권의 책 앞부분만을 보아도 곧 발견할 수 있다. 어느 책에서나 이 혼란의 문제를 다루지 않은 데가 없고 나름대로 그것에 대한 정리를 시도하고 있다. 특히 교수와 수업이라는 용어는 일반적으로 거의 동의어로 사용되고 있지만 학자에 따라서 개념을 다르게 설명하고 있다. 김학수(1991)에 의하면 우리나라에서는 영어의 'teaching'을 '수업'으로, 'instruction'을 '교수'로 번역하는 학자도 많이 있으며 수업과 교수를 혼용해서 사용하고 있다고 하였다. 저자의 견해로는 교수와 수업의 혼용은 그 의미가 비슷하기 때문이지만 교육학에서 학문의 도구로 사용하기 위해서는 두 개의 개념이 구분되어져야 한다고 본다. 여기에서는 teaching을 교수로 번역하고 instruction을 수업으로 번역하여 사용하고자 한다.

교수(teaching)와 수업(instruction)의 관계는 보는 관점에 따라 다음과 같이 두 가지 측면으로 설명할 수 있다.

첫째, 교수(teaching)를 수업(instruction)보다 더 포괄적이라고 보는 관점이다. Gage(1964)와 Gagné(1974)는 teaching을 교사가 교육적 의도를 가지고 하는 일체의 활동이라고 보고 instruction보다 더 포괄적인 개념으로 보았다. Green 또한 teaching의 개념을 폭넓게 보고 수업(instruction), 교화(indoctrination), 훈련(training), 조건(conditioning)과 teaching에 포함되는 활동으로 간주하였다.

둘째, 수업(instruction)을 교수(teaching)보다 좀 더 포괄적이라고 보는 관점이다. Corey(1971)에 의하면 instruction이란 학습이 일어나도록 하는 목적성, 의도성, 계획성을 가진 활동이라고 정의하고 있다. 이를 통해 볼 때, instruction은 교사와 학습자 간의 상호작용 뿐만 아니라 각종 매체를 이용한 학습프로그램의 상호작용에 의한 학습활동까지도 포함함을 알 수 있다. 이 때의 teaching은 교사의 전문적인 역할을 수행하는 행위이고, 학습은 학습자가 학습과제를 이행하는 행위이며, 수업은 교수-학습과정을 의미한다고 볼 수 있다.

여기에서의 교육방법이란 구체적으로 수업방법을 말하며, 이 수업방법은 교사가 특정학습을 성취할 목적으로 개인을 둘러싼 환경을 계획적으로 조작하는 과정에서의 설계, 개발, 적용, 관리, 평가를 하기 위한 지식과 실행력을 의미한다고 할 수 있다. 이것은 가르치는 쪽에서 무엇을 가르칠 것인가에 관한 명백한 의도가 전제가 되어야 함을 의미하는 것으로, 앞서 살펴본 학습자만의 노력이나 교사만의 노력만으로는 원만한 목표달성이 불가능하다는 것을 시사해 주는 것이라 할 수 있다.

2. 교육방법의 의미

교육을 구성하는 기본 요소는 교사, 학습자, 교육과정, 그리고 교육상황의 네 가지이다. 다음의 [그림 1-1]을 통하여 이 요소들 간의 개념 및 관계에 대해 살펴보고자 한다.

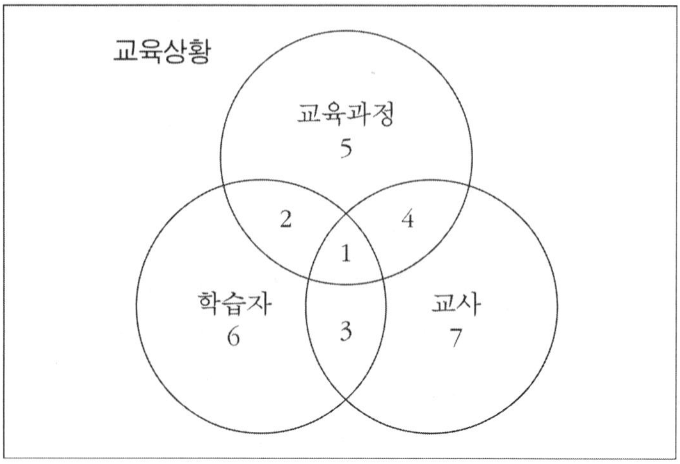

[그림 1-1] **교육과정, 교사, 학습자, 교육상황과의 관계**

[그림 1-1]에서 부분 1은 교육과정에 제시된 내용을 교사가 적절하게 가르침으로써 학습자가 충분히 학습한 것을 나타낸다. 부분 2는 교육과정에 제시된 것이지만 교사가 행한 수업에 의해서가 아니라 학습자가 스스로 교육과정에 있는 내용을 학습한 것을 나타낸다. 부분 3은 교육과정에 나타나 있지 않은 부분으로서 교사와 학습자와의 활동에 의해서 학습이 이루어진 경우다. 부분 4는 교육과정에 명시된 내용을 교사가 제시하였으나 학습자가 학습하지 못한 것을 의미한다. 부분 5는 교육과정상에는 나타나 있으나 교사가 제시하지도 않았고 학습되지도 않은 것이다. 부분 6은 학습자 혼자서 교육과정 이외의 내용을 학습한 경우다. 부분 7은 교육과정에 없는 내용을 교사가 제시하였으나 학습자가 학습하지 않은 것을 의미한다.

[그림 1-1]에서 알 수 있듯이 가장 이상적인 교육은 부분 1이 상대적으로 커지는 것을 말한다. 그렇다고 해서 부분 6의 경우를 부정할 수는 없다. 교육과정에도 명시되지 않고 의도적인 교사의 수업에 대한 노력도 가해지지 않았지만 학습자에 의하여 학습되는 이러한 내용을 '잠재적 교육과정(latent curriculum)'으로 분류한다.

여기에 한 가지 요소를 더한다면 그것은 교육상황(context)이다. 예컨대 부분 2의 경우에 '학습자가 스스로 교육과정에 있는 내용을 이해했을 때'의 스스로란 말이 가지고 있는 뜻은 '전적으로 혼자서'라기 보다는 '교사 이외의 다른 환경적(상황적) 도움을 받아서'라고 보는 것이 더 타당할 것이다. 사실 교사와 교육과정 이외에도 학습에 영향을 줄 수 있는 요소들은 집으로 배달되는 학습지, 학원, 가정교사, 컴퓨터 프로그램, 인터넷, 도서관, 교육방송 등처럼 다양하다. 이렇게 교육과정, 교사, 학습자를 둘러싸고 있으면서 다양한 방법으로 영향을 주고받는 것이 바로 교육상황(교육환경)인 것이다.

결국 효율적인 교육이란 이와 같이 네 가지 기본적 요소인 교사, 학습자, 교육과정, 교육상황이 적절하게 조화를 이루어 나갈 때 가능해진다. 적어도 학교교육에서는 모든 교육활동이 교사의 의도적이고 계획적인 가르침에 의해서 이루어지지만 그렇다고 해서 학습자의 학습활동이 없는 상태에서의 교사의 가르침은 의미가 없게 된다. 또한 가르치고 배우는 과정은 교육과정을 중심으로 이루어지므로 교육에 있어서 이들 요소간의 관계는 무엇보다도 중요하게 다루어져야 한다. 바로 이 같은 점에서 교육방법의 중요성을 다시 한번 깨닫게 된다.

이제까지 많은 이들은 교육방법이 무엇인가 하는 문제를 놓고 "잘 가르치기 위한 구체적 방법" 또는 "잘 배우기 위한 실제적 방법", 그리고 "내용의 특성에 따른 구체적 방법"이라고 막연하게 생각해 왔다. 그리고 교육의 네 가지 요소 중의 어느 한 가지에 초점을 맞춘 방법이라는 견해가 대부분이었다. 그러나 교육방법이란 주어진 교육목표를 효율적으로 달성하기 위한 조건형성 과정이면서도 학습자만의 문제를 다루는 학습지도만은 아니며, 그렇다고 해서 교사들의 수업기술만도 아니다. 앞서 살펴본 교육에 관계되는 네 가지 요소들간의 체계적이고 조직적인 상호작용을 원만히 이끌어 내기 위한 포괄적인 방법인 것이다. 따라서 앞으로는 이 들 네 가지 요소간의 통합적인 방법에 대해 강조해야 하며, 아울러 이 요소들을 통합함으로써 사용할 수 있는 구체적인 공학적 기자재의 문제까지도 교육방법에서 다루어야 할 것이다.

3. 교육방법이 갖추어야 할 요소

교육방법이 갖추어야 할 요소는 효과성, 효율성, 매력성, 안전성이라고 할 수 있다. 효과성이란 목표로 하는 학습이 발생했느냐를 보는 것이고, 효율성은 얼마나 경제적으로 그 목표가 달성되었느냐를 보는 것이다. 매력성은 학습자와 교사가 얼마나 그 과정을 즐길 수 있으며 좋아하느냐에 대한 것이고, 안전성은 교육방법이 실천과 수행상 도덕적으로 문제가 없다는 것을 의미한다.

최근의 학습자들은 효율성이나 효과성보다는 매력성을 더 중시하는 경향이 있고, 장기적으로 보더라도 매력성이 다른 두 가지보다 훨씬 더 중요하다고 볼 수 있다. 안전성 역시 최근에 와서 주목을 받기 시작하고 있으며 보다 더 많은 관심이 요청되는 분야이다. 예를 들어 학습자가 평상시에는 도저히 불가능한 양의 암기를 체벌 등의 강압적인 수단이 동원되면 짧은 시간에 해내는 경우, 이 방법은 효과적이고 효율적이라고 말할 수 있을 것이다. 목표로 하는 수업이 발생하였고 이 목표가 평소에 비해 짧은 시간 내에 달성되었기 때문이다. 그러나 이 수업은 매력적인가? 학습자는 물론 교사도 다시 이 방법을 통해 학습하기를 원하지 않을 것이다. 또한 이 방법은 도덕적으로 안전하지 못하고 다른 내용의 학습을 위해서도 추천할 수 있는 방법이 아닐 것이다.

그렇다면 이와 같이 교육방법이 효율성, 효과성, 매력성, 안전성 등의 요소를 갖추어야 하는 이유는 무엇인가? 학습자와 교사가 효율적이고 효과적이며 매력적이고 안전하게 수업활동을 한다면 학습자가 지적 영역의 학습에 필요한 시간을 최대한으로 줄일 수 있을 것이라는 믿음 때문이다. 이와 같이 학습에 투자해야 할 시간이 줄게 되면 나머지 시간을 보다 인간적인 활동을 하며 교사와 다양한 주제와 자신에 대해 토론할 시간을 가질 수 있을 것이다. 다시 말해, 교사가 교육방법의 중요한 요소들을 알고 실행한다면 학습이 잘 되도록 지도하는 것은 물론 학습자가 보다 많은 시간을 학습 이외의 인간적인 활동에 할애할 수 있을 것이다.

제2절 교육방법의 유형

교육목표를 달성하기 위해서 교사와 학습자 간의 원활한 상호작용과 더불어 교육방법 유형의 선정은 학습효과와 학업 성취도에 많은 영향을 미치게 될 것이다. 여기에서는 교육현장에서 구체적으로 적용할 수 있는 여러 방법들에 대해 탐색해 보고자 한다. 교육방법들은 전통적인 방법과 현대적인 방법 등 다양한 개념으로 분류하기도 하나, 본 절에서는 대면식, 원격, 블렌디드 러닝 등 세 가지로 구분하여 살펴보고자 한다.

1. 대면식 교육방법

대면식 교육방법은 교실에서 교사와 학습자가 직접 만나는 것을 전제로 하는 전통적인 교육방법이다. 여기에서는 대면식 교육에서 가장 빈번히 활용되는 강의법을 비롯하여 토의법의 개념, 특징, 장단점, 실제 수업에의 적용 등에 대하여 알아보고자 한다. 또한 오늘날 학교현장에서 추구하는 인재상과 구성주의의 영향으로 더욱 강조되고 있는 협력학습법, 문제중심학습법의 개념, 성격, 실제 수업에의 적용에 대하여 살펴보고자 한다.

가. 강의법(lecture method)

1) 강의법의 의미

강의법의 어원은 라틴어 lectore(큰 소리로 읽다)에서 찾아볼 수 있으며, 교사가 일방적으로 학습자에게 정보를 제공하는 교사중심적 형태의 교육방법이라 할 수 있다. 강의법에 대한 일반적인 인식은 교사중심의 교육방법이기 때문에 학습자가 능동적으로 학습활동에 참여할 수 없고, 학습자로 하여금 주의집중시키기 어렵다는 등 바람직하지 않은 교육방법의 하나라는 생각이 지배적이다. 이 외에도 상호작용을 통한 환류가 힘들고 지식이나 정보의 파지 및 전이율이 저조하다는 비판을 받는다. 그러나 강의법은 다른 교육방법 못지않게 효과적일 수 있으며 모든 교육방법은 저마다의 특색이 있고, 수업 과정 요소의 특성에 맞추어 적절히 활용된다면 얼마든지 효과적이고 효율적인 교육방법이 될 수 있다. 따라서 강의법이 단지 전근대적인 교육방법이라고 해서 외면하기보다는 강의법에 여러 가지 방법을 병용함으로써 단점을 보완하고, 장점을 살려나가는 방향으로 활용해야 할 것이다.

2) 강의법의 특징

Cruickshank 등(1995)은 강의의 주된 목적을 청중들에게 분명한 사실, 아이디어, 개념, 지식 등에 관한 정보를 제공하는 데 있다고 하였다. 이와 같은 목적을 가진 강의법의 특징은 크게 세 가지로 나눌 수 있다.

첫째, 주로 해설이나 설명에 의해 수업이 이루어진다는 것이다. 강의법에서는 주로 언어를 통한 학생과 교사의 상호작용이 주된 수업의 모습이다. 강의법이 성공적으로 자리잡기 위해서는 교사와 학습자 사이의 상호작용이 일방통행의 형태에서 벗어나 쌍방간에 주고받는 커뮤니케이션 형태가 되어야 함을 알 수 있다.

둘째, 학습자에게 유의미한 학습과 아울러 기계적 학습이 일어날 수 있음을 인정한다는 것이다. 이 말은 강의법이 교사중심의 수업형태로서 다른 수업방법에 비해 학습자의 참여나 토의가 제한될 수 있으므로 학습자의 능동적인 참여가 없으면 이해되지 못한 학습의 형태가 생겨날 수 있음을 의미한다. 학습의 형태 중 토의법이나 사례분석법 등 학습자가 참여함으로써 이루어지는 방법이 반드시 성공적일 수는 없다. 여기에서 중요한 것은 강의법의 본질적인 특성을 이해하고 제반 수업과정 요소의 특성에 맞추어 적절히 이용될 때 그것은 다른 교육방법 못지않게 효과적일 수 있다. 따라서 교사는 강의법에서 일어날 수 있는 기계적 학습과 유의미한 학습 가운데서 가능한 유의미한 학습이 일어날 수 있도록 노력하는 것이 바람직하다. 유의미한 학습이 일어날 수 있는 조건에 대해서는 제2부 제2장 수업이론 단원에서 다시 다루기로 한다.

셋째, 교사는 학습자에게 교사가 지닌 지식이나 정보 등을 전달할 수 있다는 점이다. 여기서 교사는 언어적 상호작용을 통하여 학습자로 하여금 지식이나 정보 등을 받아들여 축적할 수 있도록 하는 기술을 지니고 있는 것으로 본다. 따라서 교사는 학습자의 인식능력에 맞는 적합한 어휘, 속도, 제스처 등을 통하여 이야기하여야 한다. 또한 교사는 그가 보내는 메시지와 학습자가 수용하는 메시지가 일치하는 것이 되도록 노력하여야 한다.

3) 강의법의 성격

강의법은 교사의 재량과 능력 또는 재치에 따라서 세상에 존재하는 모든 수업방법을 아울러서 다각적으로 활용하는 것이 바람직하다. 강의를 하다가 어떤 때는 시청각 방법으로, 토의형식으로, 상호학습 방법으로, 연극식으로 필요에 따라 얼마든지 변화를 주면서 강의를 진행할 수 있다는 것이다. 이와 같은 특징을 지닌 강의법의 장점과 단점을 살펴보면 다음과 같다.

가) 강의법의 장점

- ▸ 정해진 시간에 다양한 지식을 많은 학습자를 대상으로 동시에 전달하기에 가장 좋은 방법이다. 논쟁의 여지가 없는 사실적 정보나 개념을 논리적이고 객관적으로 분명하게 효과적으로 전달할 수 있다.
- ▸ 전체 내용을 개괄하거나 요약하고자 할 때, 교사의 언어적 표현 능력에 따라 학습자를 용이하게 이해시킬 수 있다. 경우에 따라서는 언어만으로도 어떤 사건이나 사실을 실감 있게 나타낼 수 있으므로 학습자들의 이해력을 높일 수 있는 것이다.
- ▸ 교사가 해설이나 설명을 중심으로 하는 수업이므로 교사의 의지에 따라서 수업시간, 학습량 뿐만 아니라 학습환경을 자유로이 바꿀 수 있다.
- ▸ 심리적으로 경직되어 있거나 융통성이 없는 순응형의 학습자에게는 심리적으로 편안함을 느낄 수 있는 교육방법이므로 효과적이라고 할 수 있다.

나) 강의법의 단점

- ▸ 학습자가 능동적으로 수업에 참여할 수가 없고, 교사-학생간 혹은 학생들간의 상호작용이 활발히 일어나지 않으므로 학습에 대한 동기 유발이 힘들다. 이를 보완하기 위해서는 강의 전에 강의를 받을 학습자의 특징과 수준을 파악하고 있어야 하고, 그에 맞추어 용어 사용이나 교육내용 수준을 조절할 수 있어야 한다. 일방적으로 강의내용을 전달하지 말고 문제를 주어 '함께 생각하는 식으로' 강의를 진행하여 학습자의 참여를 유도하는 것도 필요하다. 또한 끊임없이

학습자의 반응에 주의를 기울여야 하며, 다양한 질의응답을 통해 학습자가 학습내용을 제대로 이해하고 있는지를 확인해야 한다.

▸ 교사의 능력이 부족하거나 사전에 충분한 수업계획이 되어 있지 못하거나 설명력이 부족한 경우에는 그 영향이 직접적으로 학습자에게 미치게 된다. 이를 보완하기 위해서는 강의를 위한 교사 매뉴얼을 제작하고 그 내용을 숙지하고, 강의를 진행하도록 한다. 또한 교사로서의 자질을 끊임없이 연마해야 한다. 훌륭한 화술과 효과적인 강의전달을 위한 노력을 끊임없이 하는 것도 중요하며, 이러한 노력을 위해 교사는 항상 새로운 지식과 정보를 수집하고 미래의 경향을 파악하는 통찰력을 지녀야 한다.

4) 강의법의 실제

가르치는 행위를 예술성이 풍부한 활동의 하나라고 보았을 때, 이러한 성격을 가장 많이 띤 교육방법이 바로 강의법이다. 강사로서의 교사는 마치 무대 위의 연기자 또는 배우처럼 혼자 독백을 하거나 연기를 하는 셈이다. 수십 명의 관중에게 자신의 연기를 선보이는 셈이므로 교사에게는 어느 정도 연예인 기질도 필요하다고 볼 수 있다. 똑같은 내용을 다루어도 강사의 능력에 따라 전혀 다른 결과를 초래하는 것을 흔히 볼 수 있다. 좋은 강의를 하기 위한 실제적인 방법과 기술에 대해 살펴보면 다음과 같다.

강의를 시작할 때에는 먼저 학습자의 주의를 집중시키고 동기화하기 위해 학습자의 관심사나 시사적인 내용을 간단히 다루어 친화적인 관계를 갖는 것이 필요하다. 강의과정에서 교사와 학습자간의 친화적인 관계는 근본적으로 서로 신뢰하고 존중하고 수용하는 심리사회적 분위기를 형성하여 준다.

강의를 할 수 있는 분위기가 형성되면 전 시간에 배운 내용에 대해 간단히 요약하여 기억을 일깨워 준다. 이는 교사가 직접적인 설명으로 해도 괜찮지만, 질문을 통해 학습자에게서 답이 나오게 하는 방법도 될 수 있다. 또한 학습자에게 미리 준비시켜 발표하는 형태도 좋은 수업방식이 될 수 있다.

그 다음 수업목표와 강의내용을 구조화하여 개요를 설명한다. Ausubel은 유의미한 학습이 되기 위해서는 학습할 새로운 지식이나 과제가 학습자의 인지구조와 관련을 맺어 정착하고 그것이 학습자에게 새로운 심리적 의미를 부여하여야 한다고 보고 선행조직자의 활용을 제시하였다. 선행조직자(advanced organizer)란 새로운 학습 과제를 제시하기에 앞서서 추상성, 일반성, 포괄성의 정도가 높은 자료를 먼저 제시하는 것을 말한다. 그러므로 강의식 수업에서도 먼저 수업목표를 제시한 후 선행조직자를 제시하는 것이 좋다. 수업 초기에 제시되는 선행조직자는 학습자가 이전에 배운 학습내용을 기억하고 회상하는데 도움을 준다.

강의식 수업은 정보나 학습내용을 설명이나 해설에 의해 학습자에게 전달하는 교육방법이다. 설명할 때에는 주로 교사의 언어를 중심으로 진행하기 때문에 다양한 예시와 풍부한 표현을 통해 설명하고, 학습자들이 수업에 적극 참여할 수 있도록 기회를 주어야 한다.

강의를 진행할 때 학습내용을 논리적으로 체계화하여 분명히 전달되도록 해야 한다. 이때 학습자의 주의를 집중시키기 위해서 교사는 목소리의 높낮이나 크기, 적절한 신체적 활동, 제스처, 표정 등 다양한 자극을 보일 필요가 있다. 또한 강의가 끝나갈 때에는 내용을 요약해서 정리해 주어야 한다.

대집단을 대상으로 강의할 때에는 학습자의 주의집중도가 떨어질 수 있으며, 학습자가 능동적으로 수업에 참여할 수 없기 때문에 수업의 효과가 낮아질 수 있다. 이와 같은 문제를 보충하기 위하여 여러 가지 매체를 활용하면 보다 효과적인 수업이 될 수 있다.

나. 토의법(discussion)

1) 토의법의 의미

토의법은 학습자들간에, 또는 교사와 학습자간에 상호작용을 통하여 정보나 아이디어, 의견 등을 나누기 위해 서로 이야기하여 집단 내에서 문제를 해결할 수 있는 교육방법이다. 이 방법은 학습자들의 적극적인 참여와 역할을 강조하는 학습자중심의 수업방식으로서 서로의 의견을 존중하는 협조적인 분위기와 개방적인 의사소통을 요구하고 있다. 또한 교사의 능숙한 질문기법과 적절한 관여를 통해 토의의 흐름을 촉진시키기도 한다. 따라서 토의법은 학습자와 교사 모두의 의사소통 기능과 대인관계 태도, 창의성과 자발성 등을 함양하는 것이 중요한 목표가 된다.

이성호(2003)는 토의법의 교육적 가치에 대해 인지적인 측면, 심리적인 측면, 사회적인 측면으로 나누어 설명하고 있다. 이것을 구체적으로 살펴보면 다음과 같다.

첫째, 인지적인 측면에서 학습자에게 타인으로부터 새로운 정보를 획득하고 배우는 기회를 제공한다. 특히 토의법은 학습자들 서로 간의 토의를 통하여 자신들의 학습을 공고히 해주는 데 기여를 한다. 학습자들은 자기들이 갖고 있던 생각에 대한 타당성, 합리성을 검증하는 기회를 갖게 되고, 서로 주고받는 그리고 나누어 갖는 과정 속에서 더욱 확고한 기억체제를 수립하고, 학습의 내면화를 기하는 데 큰 도움을 주고받는다. 인지적인 측면에서 또 한 가지 중요한 것은 사고와 문제해결의 기능 및 태도를 배울 수 있게 된다는 것이다.

둘째, 토의법은 심리적으로 가치가 있는데, 예컨대 분단토의 등을 통하여 학습자들은 그 집단 속에서 수용감, 소속감 또는 유대의식 등을 느끼게 된다. 그러면서 보다 적극적인 구성원 의식과 집단에 대한 긍정적인 태도를 갖게 된다. 또한 잠자던 자아를 각성시키고 집단 속에서의 자아분화를 성취하는 계기를 마련해 주기도 한다.

셋째, 토의법은 여러 가지 사회적인 기능과 태도를 배양시켜 줄 수 있다는데 가치가 있다. 예컨대 집단사고, 집단문제 해결 등을 통하여 협력과 참여, 기여의 기능을 배우는가 하면, 타인에 대한 존중, 타인의 의사에 대한 경청, 타협과 합의, 그리고 그 후에 합의된 것을 따르는 책무성 등을 배운다. 의사소통의 기능과 태도, 집단 속에서의 적응기능과 태도, 민주적인 질서의식과 기능 등을 배울 수도 있는 것이다. 현대와 같이 복잡하고 빠르게 변화되어 가는 사회구조와 그 속에 그물망처럼 둘러쳐져 있는 대인관계 속에서 자신의 의견을 분명히 효율적으로 상대방에게 표현한다는 것처럼 중요한 일도 없을 것이다. 토의법은 바로 그러한 자기표현의 사회적 기능을 키워 주는 데에도 도움을 줄 수 있다.

그러나 이와 같은 교육적 효과에도 불구하고 실제 교육현장에서는 토의법이 많은 교사들에 의해 외면당하고 있음이 사실이다. 이유는 학습자 수가 너무 많다거나 토의에 적극적으로 참여하는 학습자가 한정되어 있어서 오히려 학습자로 하여금 수업이 지루하다고 느끼는 결과를 초래할 수 있다는 것이다. 이 같은 문제는 토의법의 가치나 목적 및 강점 등을 이해하지 못하고, 수업을 충분히 계획하여 준비하지 못한 데서 기인하는 것이라 여겨진다.

2) 토의법의 특징

토의법은 앞서 살펴보았듯이 이 과정에 참여하는 사람간의 상호작용을 통해 문제를 해결하고자 하는 교육방법이다. 다시 말해 학습자와 교사 간에 또는 학습자간에 일어나는 의사소통을 전제로 하는 것이다. 따라서 토의법에서는 참여하는 학습자와 교사의 역할이 강조되며, 정보와 경험의 상호 교환이 중요시된다.

이와 같은 토의법은 기본적으로 다음과 같이 네 가지의 특징을 가지게 된다.

첫째, 토의법에서 수업자의 역할은 상황에 따라 다양하게 나타난다는 것이다. 만약 상호작용이 학습자들간에만 이루어진다면 교사는 관찰자나 기록자로서의 역할을 하게 된다. 그러나 교사가 토의 집단의 구성원이 될 때에는 공식적인 리더가 없는 토의가 이루어진다. 또한 교사가 단순히 참가하기만을 원할 수도 있고 토의의 촉진자 내지는 조정자가 될 수도 있다. 그러나 토의법에서 가장 바람직한 교사의 역할은 단지 듣기만 하고 학습자가 토의를 진행해 가도록 유도하는 것이다. 비록 교사는 침묵을 지키지만, 그는 놀고 있는 것이 아니며, 토의가 끝난 후에 학생들에게 지도해야 할 사항을 적고 있을 수도 있다. 일반적으로 교사들은 토의의 논리성, 주제의 관련성, 사실의 정확성, 진행 절차의 적절성 등을 분석하고 평가해야 하는 것이다.

둘째, 토의법은 상호작용의 형태를 지닌다는 것이다. 토의는 단순한 암송이나 질의 응답과는 달리 비형식적이고 훨씬 대화지향적이라는 점에서 차이가 있다.

셋째, 토의 집단의 물리적 조건들이 정비되어야 한다는 것이다. 토의에서 참가자들이 원형으로 배치되는 것은 흔한 일이나 때로는 토의 주제와 집단구성원의 성격에 맞는 토의방식을 선정하고 여기에 적절한 집단배치를 할 수 있어야 한다.

넷째, 집단 크기와 구성원들의 특성에 따라 토의의 성격이 좌우된다는 것이다. 일반적으로 전체 학급이 토의에 참가할 수 있거나 몇 개의 집단으로 나눌 수도 있다. 어떤 경우에는 소집단으로 나누는 것이 참가자들에게는 더 유익할 수도 있다. 또한 집단구성원을 동질적으로 할 것인지 혹은 이질적으로 할 것인지도 고려해야 한다.

3) 토의법의 성격

토의법은 공동 학습의 한 형태이며 학급을 일정한 조직과 형식에 의해 고정시키지 않고, 비형식적인 토의집단을 구성해서 정치, 경제, 사회, 문화 등 다양한 주제에 관하여 학습자가 능동적으로 토론을 전개하면서 학습과제를 풀어 나가는 교육방법이다. 이와 같은 의미를 지닌 토의법의 장점과 단점을 살펴보면 다음과 같다.

가) 토의법의 장점

▸ 토의법은 학습자 통제의 비중이 높은 방법이므로 학습자의 자율성과 능동적 참여를 향상시킬 수 있다. 즉, 학습자가 교사에게 의존하기보다는 스스로 문제를 해결해 나가는 과정에서 학습자중심의 자율적인 수업이 이루어지게 되는 것이다.

▸ 토의법은 사회적 기능 및 태도를 함양시킬 수 있다. 토의법은 대화를 통해 상호 의견을 교환하고, 집단적으로 문제를 해결하는 협력의 과정이다. 따라서 학습자들은 타인에 대한 이해와 존중의 태도를 배울 수 있으며, 집단적 사고를 가능하게 해 주는 협력과 참여의 기능도 익힐 수 있다.

▸ 토의법은 학습자들에게 집단구성원으로서의 역할과 소속감, 연대의식 등을 심어 준다. 즉, 집단 속에서 자신의 기여와 책임감을 느끼게 함으로써 구성원으로서의 능력을 수행할 수 있게 해 준다.

▸ 토의법은 학습자들 간에 비판적 탐색을 통해 태도변화, 특히 편견과 선입견이 수정될 수 있다. 토의법은 학습자들이 집단구성원으로부터 새로운 정보나 지식을 획득할 수 있는 기회가 많게 된다. 따라서 학습자들이 기존에 갖고 있던 생각을 끊임없이 수정하는 비판적 자세를 견지할 수 있게 된다.

나) 토의법의 단점

- 토의법은 강의법에 비해 준비 및 계획 뿐만 아니라 토론진행 과정에서도 많은 시간이 소요된다. 특히, 토의과정에서의 적절한 시간분배가 어렵고, 주의집중과 통제를 위한 소요시간도 적지 않다. 따라서 토의법은 시간소비량이 다른 방법에 비해 많다는 한계를 지니고 있다.
- 토의법은 철저한 사전준비와 체계적인 관리에도 불구하고 예측하지 못한 상황이 발생할 가능성이 높다. 이는 토의의 목적에서 벗어나서 산만하고 빈약한 대화를 하거나 초점을 잃은 채 토의를 위한 토의로 끝날 수 있음을 의미하는 것이다.
- 토의법은 학습자 몇몇에 의해 토론이 주도될 경우가 많으며, 그럴 경우 나머지 학습자가 소외되거나 무관심한 상태가 될 가능성이 높다.
- 토의법은 알려지지 않거나 어느 정도 완전하게 이해하지 못한 사실과 개념에 대해서 효과적으로 토의하기란 어렵다는 단점을 갖는다. 토한 학습자가 토의주제에 관해 어느 정도 대화할 수 있을 만큼의 수준에 도달해 있어야 하는데, 그렇지 못할 경우가 많다. 따라서 실제로 토의에서 기대하는 효과에 도달하기란 쉬운 일이 아니다.

4) 토의법의 실제

토의법은 목표, 집단의 크기, 참여자들의 능력에 따라 다음과 같이 배심토의, 버즈토의, 브레인스토밍 등의 유형으로 나눌 수 있다.

가) 배심토의(panel discussion)

특정주제에 대해 상반되는 견해를 가진 배심원과 다수의 일반 청중(학습자)들이 교사(사회자)의 진행에 따라 토론하는 형태이다. 토론에 참가하는 배심원은 미리 선정되며, 토론될 주제에 대해 관련된 내용을 미리 조사하여야 한다, 배심원은 반드시 관련주제의 전문가일 필요는 없고, 다만 토론주제에 대해 흥미를 가지고 약간의 지식을 갖추고 청중 앞에서 토론을 할 수 있는 능력을 지니고 있으면 된다. 참가자들은 주로 듣기만 하는데, 경우에 따라서는 질문이나 발언을 할 수도 있다.

이 방법은 미리 준비한 틀에 맞춘 토론이 아니라 자유롭게 의견을 교환하는 것으로 교과목 내용 중에 찬반의견이 갈리는 사안에 관한 토론수업에서 활용이 가능할 것이다.

배심토의는 약 15~45분간 지속되는 것이 보통이며, 각 배심원은 1회에 약 2~3분 이상의 시간을 소요하지 않는 범위 내에서 간결하게 의견을 개진함으로써 다양하고 빈번한 의견교환이 이루어지도록 해야 한다.

나) 버즈토의(buzz discussion)

대규모 토의 집단을 소집단(3~6명 정도)으로 나눈 다음 주어진 주제에 대해 6분가량 소집단끼리 토의를 하는 형태이다. 토의과정이 한 장소에서 여러 개의 소집단이 각각 토의하므로 마치 벌집을 쑤셔 놓은 것처럼 윙윙거린다는 의미에서 버즈라는 이름이 붙었다. 처음에는 3명씩 짝지어 토의한 다음, 어느 정도 토의가 진행되면 다른 3명의 집단을 만나 6명씩 토의하고, 또 얼마 지난 다음에는 다른 6명의 집단과 12명의 집단구성으로 토의한다. 이때 각 집단의 사회자나 기록자는 토론한 내용을 의장에게 보고하며, 전체 사회자는 그 보고를 순차적으로 정리하여 일반토의로 유도한다. 즉, 소집단으로 분과토의를 한 후, 최종적으로 전체 집단이 다함께 모여 토의결과를 집결시켜 결론을 맺게 함으로써 대집단의 종합토의의 효과를 얻게 된다.

버즈토의는 소수 인원으로 집단을 구성함으로써 참가자들이 서로 친근감을 갖게 하고 각자가 자유롭게 발언하는 기회를 가진다는 점에서 적극적인 토의를 유도하게 된다.

다) 브레인스토밍(brainstorming)

Osborn에 의해 창안된 소집단 토의방법으로 어원은 '뇌가 폭발하는 것'으로 '두뇌습격법'이라고도 부른다. 브레인스토밍은 어떠한 문제를 해결하기 위한 방안을 인간의 뇌가 폭발하는 것과 같이 제한을 받지 않고 창의적으로 모색하는 것이다. 이 방법은 아이디어를 얻기 위해 한 주제에 대해 다양한 아이디어를 공동으로 내놓는 방식으로 집단 사고를 통해 사고의 확산을 추구한다. 이 토의에서는 창의적인 문제해결과정에서 아이디어의 발상 및 전개과정을 무엇보다 중요시하므로 '판단의 유보'와 '양의 추구'를 통한 토의, 즉 '질보다 양'이 우선시된다.

다. 협동학습(cooperative learning)

1) 협동학습의 의미

협동학습은 학습자 개인의 학습목표와 전체 학습자들의 공동목표가 동시에 최대로 성취될 수 있도록 학습자간의 상호작용과 역할보완성, 협동을 활성화시키려는 교육방법의 하나이다. 이 방법은 고도의 경쟁심을 유발하는 전통적 학급에서 학습자가 느끼는 소외감이나 적대감을 해소하고, 전체 학급 학생이 공동의 목표를 향하여 함께 상호작용하고 협동하는 태도와 능력을 함양시키려는 것이다.

이에 반해 개별학습과 완전학습은 교사에 의해 설정된 학습목표를 학습자 자신의 속도와 방법에 의해 개별적으로 학습하며, 교사는 각 학습자에 대해 목표달성 정도를 확인하고 평가한다. 이러한 방법은 개인이 가지고 있는 능력이나 적성을 충분히 살리고 개인 차이를 인정할 수 있는 교육방법이다. 그러나 이러한 방법은 학습자를 너무 대립적으로 활동하도록 조장하여 지나친 경쟁심을 유도하고, 오직 각자의 목표만을 향해 스스로 학습하는 형태이므로 학습자 간의 상호작용은 기대할 수도 없다. 개인 간의 경쟁에서 만성적으로 실패를 거듭하는 학습자는 소극적이고 무기력해지며, 지나친 경쟁심은 학습자를 불안하게 만들 수 있다. 더욱 중요한 문제는 개별학습을 학교 현장에서 실시하는 데는 현실적인 어려움이 많이 있다.

이와 같은 개별 교육방법에 대한 부정적인 측면이 지적되면서 교사의 수업행동보다 학습자의 학습행위에 더욱 관심을 갖게 되었다. 특히 인지심리학의 대두로 학습자를 능동적이고 자기규제를 할 수 있는 존재로 인식하면서, 학습자는 보다 적극적인 해석가이고 정보 처리자임을 강조하게 된 것이다. 결국 학습자들은 경쟁학습보다는 학습자간의 협력적인 상호작용을 촉진하기 위한 집단보상과 협동 기술을 강조한 협동학습방법이 바람직한 교육방법으로 대두되게 되었다.

2) 협동학습의 특징

Slavin(1986)은 경쟁이 불가피한 오늘날의 교육상황에서 발생하는 여러 가지 부정적인 요소들을 감소시키기 위해서도, 학습자들끼리 소집단으로 팀을 이루어 학습과제를 수행함으로써, 동료학습자로부터 배우는 효과가 매우 크다고 하였다. 또한 Johnson & Johnson(1991)은 협동학습을 통해서 사회 응집성과 협동기술을 촉진할 수 있다고 하면서 협동학습법의 특징을 다음의 다섯 가지로 요약하여 제시하였다.

첫째, 면대면을 통한 상호작용이 필요하다. 학습자들이 얼굴을 마주 대하며 관심을 가지고, 서로 개방적이며 허용적인 태도를 보여 주어 심리적으로도 일체감을 갖는 것이 필요하다. 이와 같은 상호작용을 통해 학습자는 서로 효율적으로 도움을 나눌 수 있으며 학습과제를 신속하고 정확하게 완성할 수 있다. 또한 믿고 격려하는 가운데 학습동기도 높아지고 불안감도 해소된다.

둘째, 개별적 책무감이 필요하다. 학습자 각자의 과제수행이 집단 전체의 수행결과에 직접 영향을 주며 또한 집단 전체의 수행은 학습자 각자의 수행에 영향을 준다는 인식을 가질 수 있도록 해야 한다. 이 과정에서 학습성취력이 우수한 학습자는 낮은 학습자들을 자발적으로 돕도록 하는 효과를 가져올 수 있다.

셋째, 긍정적인 상호의존성이 필요하다. 집단의 구성원은 상호의존감을 가지고 과제를 수행하는 과정을 통해 한 사람이 제대로 수행하지 못하면 모든 그룹의 구성원 모두가 성공할 수 없다고 인식해야 한다. 즉 학습자들은 그들의 과제수행이 다른 학습자에게 도움이 되며, 다른 구성원의 수행은 자신의 과제수행에도 도움이 된다는 점을 인식해야 한다. 이러한 상호의존성은 협동학습에서 가장 중요한 특징이라고 할 수 있고, 긍정적인 상호의존 없는 협동은 이루어질 수 없다.

넷째, 사회적 기술이 필요하다. 협동학습법은 집단구성원 간에 원만한 인간관계를 가지므로 지적인 측면뿐만 아니라 정의적인 측면에서도 긍정적이라고 할 수 있다. 집단 내의 상호작용은 문제를 해결하는 과정에서 서로를 신뢰하고 의지하게 되며, 이러한 과정 속에서 의사소통 기술도 발달시키게 되는 것이다. 이와 같은 사회적 인간관계를 통한 협동학습은 개별학습이나 강의법에서는 얻을 수 없는 좋은점이기도 하다.

다섯째, 집단의 과정화가 필요하다. 집단의 과정은 집단의 구성원들이 그들이 얼마나 목표를 성취했는지 그리고 얼마나 효과적인 일의 관계를 유지하고 있는지에 대하여 토론할 때 존재하게 된다. 따라서 집단의 학습과제를 수행하는데 있어서 개별 학습자들의 역할이 도움이 되는지, 또한 학습활동이 집단과제 해결에 도움이 되는지의 여부에 따라 그 과제 수행의 계속 혹은 수정 여부를 결정하게 된다.

3) 협동학습의 성격

변영계 외 2인(2006)은 학교학습에서 동료간에 상호작용을 하는 교육이 삶 그 자체라는 점에서 중요하다고 하면서 협동학습의 장점에 대해 다음과 같이 네 가지로 정리하고 있다.

가) 협동학습의 장점

- 협동학습을 통한 상호작용은 동료간의 우정, 서로에 대한 적극적인 태도, 다른 사람에 대한 책임감, 타인에 대한 존경심을 가져올 수 있다.
- 협동학습에서는 모든 집단구성원들이 그 집단의 학습목표를 달성하는 데 다 같이 기여하기 때문에 각자는 상당한 성공경험을 갖게 되고 이러한 성공경험은 학습태도 및 학습동기를 높일 수 있다.
- 협동학습이란 학습능력이 각기 다른 학습자들이 동일한 학습목표를 향하여 소집단 내에서 함께 활동하는 교육방법이기에 '전체는 개인을 위해서, 개인은 전체를 위하여'라는 태도가 형성될 수 있다.
- 협동학습은 집단구성원들의 성공적 학습을 위하여 서로 격려하고 도움으로써 학습부진을 개선하는데 효과적인 교육방법이라고 할 수 있다.

협동학습법도 몇 가지의 단점을 가진다. 이러한 협동학습법의 단점과 단점을 보완하기 위한 기본적 방안에 대해 생각해 볼 필요가 있다.

나) 협동학습의 단점

- 소집단 내에서 특정 학습자나 리더가 어떤 것을 잘못 이해하고 있을 때 다른 학습자가 그것을 따라갈 우려가 있으며 이럴 경우 잘못된 이해가 더욱 강화되는 경향이 있다. 이것은 최근 강조되고 있는 사회적 구성주의가 가질 수 있는 오류의 한 가지이기도 하다.
- 학습자들이 교사에게 의존하는 경향이 감소하는 대신 또래에게 의존하는 경향이 커질 우려가 있다. 특히 모든 것을 집단적으로 해결하려는 의타심이 생길 수 있는 것이다.
- 아무리 소집단이지만 그 안에서는 개개인의 능력과 배경 등 다양한 요소에 의해 서로 다른 대우를 받게 된다. 또한 이런 요소를 교사가 완전히 배제하기란 현실적으로 힘든 상황이다. 이때 우수한 학습자는 그렇지 않은 학습자에 비해 과제수행에 대해 과중한 부담을 받게 되어 적절한 처치가 없는 경우, 다른 복합적인 문제를 야기할 수 있다.

소집단 학습시 우수한 학습자에게 발생할 수 있는 또 하나의 현상은 부익부 현상이다. 부익부 현상이란 학습능력이 높은 학생이 다른 학생들보다 도움을 많이 주고받으며, 긍정적이든 부정적이든 많은 반응을 보임으로써 학업성취가 향상될 뿐만 아니라 소집단을 장악하는 현상을 말한다.

이러한 현상을 방지하기 위한 방안은 각본을 통한 역할분담을 하거나, 집단보상을 강조하거나, 또는 협동기술을 증진시키는 방법 등이 있다.

- 부익부 현상과는 반대로 소집단 내에서 또래들에 비해 능력이 다소 떨어지는 학습자들의 경우에는 상호작용의 기회를 상실하게 되어 자기는 일할 필요나 가치가 없다는 자아존중감의 손상을 입을 수 있다.

이와 같이 자아존중감의 손상이 우려되는 학습자들을 위해서는 협동학습을 시작하기 전이나 아니면 중간에라도 협동학습 기술을 습득시키는 방안이 따라 주어야 한다. 이러한 학습자가 속한 집단은 교사가 계속해서 관찰하여야 하며 집단의 특성이나 학습자의 특성에 따라 이런 학습자들이 협동과정에 참여할 수 있는 방안을 구체적으로 만들어 주는 작업도 필요하다.

4) 협동학습의 실제

협동학습은 다양한 형태로 학교 현장에 적용되는데, 성취과제 분담학습(STAD), 지그소(Jigsaw) 학습법, 그리고 팀 보조 개별화 학습법(TAI) 등 다양한 형태가 있다.

가) 성취과제 분담학습(Student Teams Achievement Divisions: STAD)

STAD는 Slavin에 의해 고안된 협동학습 모형으로 모든 학교급에 효과적이고, 특히 수학 과목에 주로 이용된다. 학습자들은 4~5명으로 소집단을 구성하는데 성별, 능력별로 이질적인 구성원으로 조직한다.

교사는 전체학급을 사전학습 성취수준에 따라 세 수준으로 나누고 각 학습자는 매주 새로운 학습지를 받아 팀별로 협력학습을 한 후 교사로부터 답지를 받아서 협력학습 결과와 비교하여 정확한 이해를 하게 된다. 그리고 주 단위로 개인별 퀴즈를 실시하여 개인별 점수를 기록해 0~10점까지의 개인별 향상점수만 팀성적에 반영한다. 따라서 개별 학습자들의 학업성취도를 높일 수 있으며 학업성취도가 낮은 학습자도 개인점수의 향상을 통해 팀성적에 기여할 수 있다.

STAD는 협동학습을 처음 시도할 때 많이 사용될 수 있다. 교사나 학습자가 STAD를 통해 협동학습에 익숙해진 다음 보다 복잡한 협동학습 모형을 사용하는 것이 바람직하기 때문이다.

나) 지그소 학습(Jigsaw Ⅰ, Ⅱ, Ⅲ, Ⅳ)

Jigsaw 학습모형은 1978년 미국의 텍사스 대학에서 E. Aronson에 의해서 개발되었다. 학습자를 5~6개의 이질적인 구성원으로 나누고 학습할 단원을 팀의 수에 맞도록 쪼개서 각 구성원에게 한 부분씩을 할당한다. 한 학급은 여러 Jigsaw 팀으로 나누어지므로 각 팀에서 같은 부분을 담당한 학생들이 따로 모여 전문가 집단을 형성하여 분담된 내용을 토의하고 학습한다. 그런 다음 제각기 소속 팀으로 돌아와서 학습한 내용을 팀 구성원들에게 가르친다. 소집단의 팀별 점수나 향상점수 등은 사용하지 않고 학습자는 단지 개별 점수만으로 평가받는다.

이와 같은 Jigsaw Ⅰ 모형은 개인의 과제 해결에 도움을 주는 STAD의 효과는 있으나 팀으로서 보상을 받지 못하므로 형식적인 집단의 목표가 없다.

이후 Slavin은 Jigsaw Ⅰ 모형을 수정하여 Jigsaw Ⅱ 모형을 제시하였다. Jigsaw Ⅱ 모형은 STAD와 비슷하게 각 학습자의 개인 점수뿐만 아니라 향상 점수와 집단 점수가 산출된다. Jigsaw Ⅲ 모형은 전문가 집단에서 학습을 한 후 돌아와 각 팀 구성원을 가르치며 협동학습을 하고, 그 결과를 평가하기 전에 일정 기간 평가 유예기간을 두어 학습한 것을 정리할 수 있는 기회를 주는 과정을 추가하였다.

Jigsaw Ⅳ 모형은 Holliday에 의해 개발되었다. 그는 전체 수업내용에 대한 교사의 안내, 학습자가 수집한 정보의 정확성에 대한 점검을 위해 퀴즈 실시, 평가 후 부족한 부분이라고 생각되는 학습내용에 대한 재교육 등을 추가하였다.

다) 팀 보조 개별화 학습(Team Assisted Individualization: TAI)

TAI는 Slavin, Madden과 Leavey가 1974년에 개발한 것으로 개별화 수업프로그램의 단점을 보완하려는 목적에서 개발되었다. 원래 TAI는 초 · 중등학교 수학을 위해 개발되었지만 다른 과목이나 다른 학교급에서도 폭넓게 이용할 수 있다.

TAI에서도 다른 협동학습처럼 이질적인 4~6명으로 팀을 형성한다. 학생 각자는 프로그램화된 학습자료를 제공받아 개별적인 진단검사를 받은 후, 각자의 수준에 적합한 단원을 개별적으로 학습한다. 개별학습 이후 단원 평가 문제지를 풀고, 팀 구성원들은 두 명씩 짝을 지어 문제지를 상호 교환하여 채점한다. 채점한 결과에 대해 두 명의 팀은 서로 다른 것을 점검하고 서로 도와 문제를 교정한 후 교사에게 제출한다. 여기서 80% 이상의 점수를 받으면 그 단원의 최종적인 개별시험을 보게 된다. 개별시험 점수의 합이 각 팀의 점수가 되고 미리 설정해 놓은 팀 점수를 초과했을 때 팀이 보상을 받게 된다.

이 모형은 대부분의 협동학습 모형이 정해진 학습지도에 따라 이루어지는 것과 달리 학습자 개개인이 각자의 학습속도에 따라 학습을 진행해 나가는 개별학습을 적용한다는 점에서 독특하다 하겠다.

라. 문제중심학습(Program Based Learning : PBL)

1) 문제중심학습의 의미

문제중심학습(PBL)은 의학, 경영학, 교육학, 건축학, 법학, 공학 그리고 사회학을 포함하여 수많은 고등교육의 분야뿐만 아니라 고등학교에서도 적용되고 있다. PBL의 시작은 1960년대 캐나다의 한 의과대학 교수인 Barrows에 의해서였다. 그는 기존의 강의식, 암기식 수업이 의과대학 수업에는 적절하지 못한 비현실적인 교육방법이라고 판단하고 그 대안으로 문제중심의 학습방법을 제시한 것이다. 1994년 미국에서만 125개 의과대학 중 85%가 문제중심교육과정을 전적으로 또는 일부 채택하고 있고, 우리나라의 경우도 일부대학에서 적용하고 있다.

PBL은 실제로 발생하는 문제와 상황을 중심으로 수업을 구조화한 교육적 접근으로서, 오늘날의 구성주의적 목표와 방향이 일치하면서 큰 지지를 받고 있다. 이 교육방법은 학습자들이 문제를 협력적이고 자기주도적으로 해결해 나가는 과정을 통해서 내용에 대한 학습, 비판적 사고력과 협동기능을 기르도록 하는 것이 중요한 목표가 된다. 대부분의 교육자들은 문제해결이 학습 및 사고에 매우 의미 있고 중요한 것이라는 사실에 동의한다. 왜냐하면 문제해결의 과정은 이미 배운 원리를 응용하여 자신이 직면하는 문제들에 대한 해결방안을 발견하고, 이전에 배운 규칙을 새로운 상황에 적용하여 새로운 것을 배워가는 과정이기 때문이다. 이 과정에서 학습자는 실제적이고 자신과 관련이 있는 주제 혹은 과제를 분석하고, 그 해결 방안을 탐구하는 적극적이고 능동적인 학습활동을 하게 된다. 또한 학습자는 이러한 활동을 통해 자신에게 의미 있는 지식과 기능 및 사고체계를 획득하게 된다는 점에서 동기유발 요인으로 중요하게 작용한다.

2) 문제중심학습의 특징

문제중심학습은 현실상황에서 실제로 사용 가능한 지식의 기반을 습득하고, 과학적이고 분석적인 추론 능력을 함양하며, 지식을 통합할 수 있는 능력을 발전시키는 것에 중심을 두고 있다. 또한 학습자는 문제를 해결하는 과정에서 사전지식을 활성화시켜야 하므로 자율적 학습 능력과 협력하는 능력 및 커뮤니케이션 기술이 필요하게 된다. 문제중심학습의 특징을 세 가지로 요약하여 살펴보면 다음과 같다.

첫째, 문제중심학습은 자기주도적인 학습방법이다. 학습자는 교사에 의해 주도되고 지시받는 학습 환경에서 벗어나 스스로 주어진 문제를 명료화하고 자신의 인지적 작용에 의해 문제를 해결해 나가며 스스로 그 결과에 대해 책임을 진다. 교사의 권위는 학습자에게 위임되고 문제의 규명에서 전 과정과 결과에 대한 책임은 전적으로 학습자에게 있으므로 학습 결과에 대해서도 논리적으로 설득력 있게 주장할 수 있어야 한다. 그러므로 문제중심학습에서의 평가는 자기 자신에 대한 평가, 학습 과정에 대한 평가, 반성적 사고에 의한 평가와 같은 종합적인 평가방법을 주로 실시한다.

둘째, 문제중심학습은 협동학습의 환경을 강조한다. 여러 사람이 협동해서 문제를 해결해 나가면 다양한 사회적 견해의 접근을 통해 사고 영역을 확장시키며, 다른 사람의 견해를 자신과 비교하고 평가하므로 자신의 결론과 견해에 대해 객관적인 평가를 받을 수 있다. 그러므로 문제중심학습에서는 사회적 협동과 상호작용에 의한 지식의 구성을 강조하게 되는 것이다. 이를 통해 타인의 감정을 이해할 수 있고 의사소통 기술과 발표기술도 확장시킬 수 있는 그룹 시너지 효과도 기대할 수 있게 된다.

셋째, 문제중심학습에서는 실제로 생성된 문제를 기반으로 한다. 학습자가 당면하고 있는 실제적인 성격을 갖는 과제로 학습자의 일상 생활 속에서 접근할 수 있는 비구조화된 문제를 그 대상으로 한다. 정형화된 정답이 존재하는 구조화된 문제와 달리, 비구조화된 문제는 해결안이나 결과가 접근하는 방식에 따라 여러 가지 결론이 나올 수 있다. 학습자는 지식을 구성해 나가며 그 과정 속에서 최선의 해결책을 찾고, 그러한 접근이 다른 대안보다 효율적이라는 것을 증명하고 설득할 수 있어야 한다.

3) 문제중심학습의 실제

문제중심학습에서는 교사에 의해 제시된 문제를 협동적으로 해결하기 위해 소집단을 편성하고 팀 활동을 통해 문제를 해결해 나간다. 문제중심학습을 계획할 때 가장 먼저 생각해야 할 문제개발은 수업 이전에 이루어져야 하며 교육과정을 고려하고 학습자의 특성을 파악한 후에 도출되어야 한다. 학습자는 자신이 기존에 배운 내용이나 지식을 사용하여 주어진 문제를 파악하고 분석하며, 문제의 해결 계획을 세우고 탐색한 후, 협동합습을 통해 해결책을 고안하고 그 방법을 발표하고 평가하는 과정을 거친다. 조연순(2006)은 문제중심학습의 과정을 크게 문제개발 과정과 수업과정과 평가과정의 두 단계로 구분하고 있다. 문제개발과정은 교사가 수업 전에 교육과정과 학습자 특성 등을 고려하여 사회적 맥락과 관계되도록 개발하는 것으로 시나리오 작성, 역할과 상황 설정, 잠정적 문제 선정과 문제지도 그리기 등의 변인으로 구성할 수 있다. 두 번째 단계는 학습자가 실제적으로 활동하는 수업과정과 평가과정에 해당하는 것으로 문제 만나기, 문제해결 계획 세우기, 탐색 및 재탐색하기, 해결책 고안하기, 발표 및 평가하기 등의 다섯 단계로 구분된다. 여기에서는 수업과 평가과정의 다섯 단계에 대해 살펴보고자 한다.

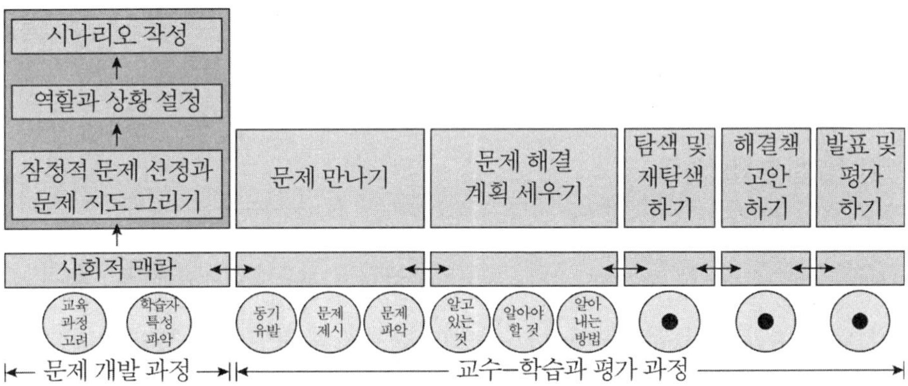

[그림 1-2] 문제중심학습의 과정

가) 문제 만나기

문제는 학습의 동기이자 출발점이며 계속해서 학습을 이끌어 갈 만한 충분한 동인이 되는 것이다. 문제를 통해 학습의 필요성을 느끼게 하고, 그러한 필요성을 문제의 맥락 속에서 지속시키고자 하는 것이 문제중심학습의 특성이다. 학습자들이 문제에 대해 흥미를 가지고 문제 인식과 발견, 그리고 문제의 의미를 충분히 파악하기 위해서는 동기 유발, 문제 제시, 문제 파악과 같은 하위 단계가 필요하다. 이 과정을 통해 학습자는 문제 발견 능력을 기를 수 있다.

나) 문제해결 계획 세우기

문제중심학습에서는 배운 지식만을 활용하는 것이 아니라 정보와 지식을 더 알아야 해결할 수 있는 문제를 제공하기 때문에 문제해결 계획을 세우는 과정이 필요하다. 그러므로 '알고 있는 것', '알아야 할 것', '알아내는 방법'으로 세분화하여 체계적으로 계획해야 한다. 이러한 과정을 통해 창의적 사고력과 비판적 사고력이 형성된다.

다) 탐색 및 재탐색하기

문제해결을 위해서는 필요한 지식이나 정보를 탐색해야 한다. 이러한 탐색 과정을 통해 학습자가 학교 교육과정에서 의도하고 있는 전문적 지식을 배우게 되고, 적절한 정보를 찾아내면서 비판적 사고력을 기르게 된다.

라) 해결책 고안하기

긴 탐색 과정을 거치고 난 후에는 찾아낸 지식과 정보를 이용하여 문제를 어떻게 해결할지 직접적인 해결책을 만드는 과정이 필요하다. 이 과정에서는 체계적이고 치밀한 비판적 사고력과 새롭고 다양한 해결책을 고안하는 창의적 사고력이 꽃을 피우게 되어 창의적인 문제 해결력이 길러진다. 또한 이러한 과정의 소집단 활동을 통해 학습자 상호간에 원활한 의사소통과 협동능력이 길러진다.

마) 발표 및 평가하기

학습자들이 고안한 해결책을 여러 가지 방법으로 발표하고 평가하는 과정은 다양한 해결책을 공유하고 평가하기 위한 마무리 단계로 반드시 필요하다. 문제중심학습은 실제 주변에서 발생하는 문제를 대상으로 하기 때문에 해결책도 실제적으로 이루어질 수 있는 것이 바람직하다. 이러한 과정은 실세계에서 일어나는 의사결정과정과 유사하다.

2. 원격교육과 e-learning

원격교육은 대면식 교육방법과는 대조적으로, 교사와 학습자가 시간적 · 공간적으로 분리된 상태에서 이루어지는 교육을 말한다. 원격교육은 18세기 초 유럽 등지에서 시작한 작문교육과 속기교육에서 시작되어 3세대로 구분되는 발달과정을 거쳐 오늘날 사회 전반에서 널리 실시되고 있는 e-learning에 이르렀다. 여기에서는 원격교육의 개념과 특징에 대해 알아보고 원격교육의 최근 형태라고 할 수 있는 e-learning에 대하여 좀 더 자세히 살펴보고자 한다.

가. 원격교육

1) 원격교육의 개념

원격교육은 통신교육이나 가정학습, 독립학습, 외적 통제의 학습, 원격교수, 개방학습 등 다양한 형태로 정리될 수 있다. 그러나 가장 폭넓게 받아들여지는 원격교육의 개념은 Holmberg에 의해 제시되었다. 그에 의하면 “원격교육은 일반적인 교실수업에서 이루어지는 학습자에 대한 교사의 지속적 · 즉각적 지도는 없으나, 일정한 교육조직에 의하여 계획과 지도, 교수 등이 이루어지는 모든 형태의 교수-학습 형태” 를 일컫는다. 다시 말해 교사와 학습자가 시간적 · 공간적으로 분리된 상태에서 모든 교육활동이 행해지는 교육방법으로 수업활동에 다양한 매체를 단독 혹은 복합적으로 활용하며, 원활한 운영을 위하여 특수한 조직과 행정 조율을 요구한다. 또한 특수한 코스설계 및 교수기법, 테크놀로지에 의한 양방향 의사소통 방안을 강구하게 되며, 학습자중심의 교육이 진행됨에 따라 학습자의 자기주도적인 학습능력을 전제로 하고 있다.

이와 같은 개념을 통해 볼 때, 원격교육이 너무 첨단 하드웨어를 위주로 구성되고 운영되는 것은 바람직한 모습이 아니다. 학습은 좋은 교재 한 권만으로도 잘 이루어질 수 있기 때문이다. 따라서 원격교육의 출발점은 분명한 학습자의 요구분석, 잘 이루어진 학습과제의 분석과 제대로 된 교수설계 하에서 만들어진 교육과정과 교재에서 시작되어야 한다.

2) 원격교육의 특징

원격교육은 본래 통신교육에서 발전되어 온 개념으로, "교사와 학습자가 직접 대면하지 않고 인쇄 교재, 오디오나 비디오 교재, 라디오, 컴퓨터 등을 매개로 하여 수업활동을 하는 형태"의 교육으로 정의할 수 있다. 원격교육의 특징은 여러 가지가 있을 수 있겠으나 여기에서는 Wolf(1992)의 주장을 중심으로 다음과 같이 정리하고자 한다.

첫째, 원격교육은 학습자의 학습과정을 촉진하기 위한 다양한 수업매체가 사용된다. 원격교육의 가장 큰 목표 중의 하나는 면대면 수업을 얼마나 잘 대체할 것인가의 문제이다. 원격교육 체제에서는 학습자가 특정 시간과 장소에 출석하지 않으며, 이에 따라 교사와 학습자 간의 직접적인 접촉이 이루어지지 않게 된다. 이러한 원격교육의 특성으로 인하여 교사와 학습자 간의 면대면 체제를 대체하기 위한 매체가 다양하게 사용되어진다.

둘째, 원격교육은 교육이 어느 장소에서든 이루어질 수 있는 개방성을 가진다. 학습자들이 교육을 받기 위한 장소를 결정하거나 학습프로그램에 대한 속도나 시간, 프로그램 구성요소의 변경 등에 있어서 폭넓은 자유를 인정한다는 의미이다.

셋째, 원격교육은 교사의 관점에서가 아니라 학습자의 관점에서 수업을 진행한다. 이에 따라 원격교육기관의 형태는 프로그램을 개발하고 생산 · 보급하는 기관과 학습자에 대한 상담과 지도를 하는 기관, 학습의 결과를 평가하고 학위나 기타 자격 등을 수여하는 기관으로 나누어질 수 있다.

나. e-learning

1) e-learning의 개념

원격교육은 통신매체를 활용한 모든 형식의 교육을 의미하는 포괄적 개념으로 온라인 교육, 사이버 교육, 웹 기반 교육, 이러닝 등의 개념을 포함하고 있다.

가장 최근에는 인터넷(특히 웹)을 이용하여 교육과 인적자원개발을 목적으로 하는 경우 e-learning이라는 용어가 적용되고 있다. 원래 e-learning의 'e'는 electronic을 의미하기 때문에 e-learning은 전자매체를 사용하는 모든 형태의 학습에 적용되는 개념이다. 인터넷 뿐만 아니라 CD-ROM이나 오디오, 비디오테이프 등이 활용되는 학습 모두를 의미한다. 그러나 근래 들어 다양한 전자매체들이 통신망을 통하여 통합되는 추세이기 때문에 인터넷을 기반으로 하는 학습체제를 e-learning으로 보는 견해가 우세하다고 할 수 있다.

2) e-learning의 특징

e-learning을 원격교육의 포괄적인 의미로 이해할 때, 그 특징을 다음과 같이 세 가지로 요약하여 제시할 수 있다.

첫째, e-learning의 상호작용성이다. e-learning은 다양한 형태의 교육콘텐츠를 통해 교사와 학습자, 학습자와 다른 학습자간에 쌍방향 커뮤니케이션이 가능하고 참여자간에 상호평가가 가능하다.

둘째, e-learning을 통해 자기주도적 학습이 실현될 수 있다는 것이다. e-learning은 학습자 스스로가 학습목표와 방법을 설정하고 학습을 주도하며 스스로 그 결과를 점검해 가는 자기주도적인 학습이 가능하다.

셋째, e-learning은 학습공동체를 형성한다. 자기주도적으로 원하는 지식을 습득하는 과정에서 일정한 상호작용이 지속되면 특정지식을 공유하는 사람들끼리 새로운 학습공동체를 형성할 수 있게 된다.

또한 e-learning은 교육의 시공간적 한계를 극복하고 교육의 효과성과 효율성을 극대화할 수 있는 지식정보화시대의 이상적인 교육형태로서 최근 많은 기업에서 높은 관심과 함께 적용 및 시행되고 있다. 특히 인터넷 인프라와 온라인 콘텐츠만 구비되어 있다면 대면식 교육에서는 상상할 수 없을 정도로 빠른 시간 내에 다수의 학습자를 대상으로 적은 비용을 투자하여 적시에 전달하고자 하는 학습내용을 제공할 수 있다는 장점을 가지고 있다.

3. 블랜디드 러닝(Blended Learning)

앞서 살펴본 이러닝의 여러 가지 장점으로 인해 기업에서 먼저 이러닝을 적용하기 시작했다. 그러나 대면식 교육방법을 완전하게 대체할 수 있을 것으로 기대를 모았던 이러닝의 효과성에 대해 의문이 제기되면서 이러닝도 여러 가지 약점이 지적되고 있다. 이러한 현상은 '학습 없는 이러닝'이라는 비판으로까지 이어지고 있는데, 이유는 상황과 실천의 요소가 부족하기 때문이다. 더불어 이러닝 학습환경에서의 상호작용을 통해서는 대면식 교육처럼 인격적인 측면을 기대하기 어려우며, 즉각적인 피드백 또한 어렵기 때문이다.

이와 같은 현상으로 인해 전통적인 대면식 교육과 이러닝 또는 온라인 교육을 효과적으로 통합, 운영하는 블랜디드 러닝에 대한 필요성이 대두되기 시작하였다. 지금까지의 블랜디드 러닝에 대한 대부분의 연구는 기업교육 현장을 중심으로 진행되어 왔다. 그러나 학교교육이 대면식 교육을 기본으로 운영되는 만큼 학교교육에서 블랜디드 러닝의 적용이 적절하고 활발히 실시될 수 있는 가능성이 높으며 지금도 많은 관심과 논의가 이루어지고 있다.

여기에서는 블랜디드 러닝의 개념과 특징, 그리고 효과 등에 대해 알아보고자 한다.

가. 블랜디드 러닝의 개념

'블랜디드 러닝'이라는 용어가 우리의 주목을 받기 시작한 것은 이러닝이 기업교육 분야에서 주요 관심사로 대두된 이후 불과 1년 여 안팎의 일이다. 그러나 한 가지 분명한 것은 '블랜디드 러닝'이라는 용어가 등장하기 이전부터 대면식 교육과 이러닝을 접목시키려는 다양한 노력들이 산업교육 및 대학교육 기관에서 이루어져 왔다는 사실이다. 이것은 Smith(2001)가 블랜디드 러닝에 대해 "오랜 친구가 새 이름을 얻다"라는 표현을 통하여 교육학의 새로운 용어로 불리우게 된 것에서도 알 수 있는 부분이다.

여기에서 유의할 것은 블랜디드 러닝은 대면식 교육과 이러닝의 혼합만을 의미하는 것이 아니라는 것이다. 더욱 중요하게 생각해야 할 것은 주어진 학습 환경에서 학습자가 학습목적을 가장 효과적으로 달성할 수 있도록 여러 가지 다양한 학습목표, 학습내용, 학습방법, 학습매체, 학습활동과 상호작용 등을 체계적으로 혼합하여 새로운 교육효과 및 성과를 내도록 해야 한다는 것이다. 학교교육을 위한 블랜디드 러닝의 주요 영역을 그림으로 제시하면 다음과 같다.

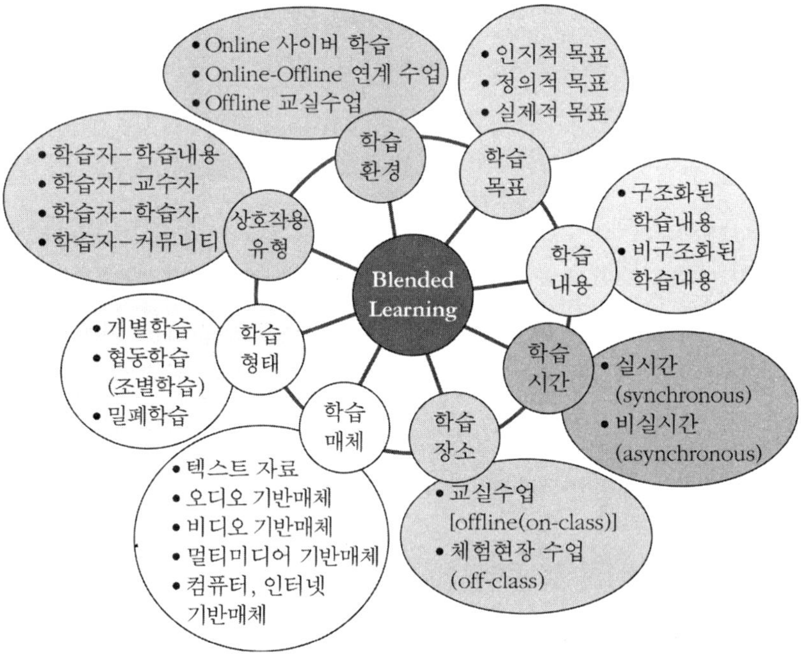

[그림 1-3] **교육을 위한 블랜디드 러닝의 주요영역 및 요소**

▸ 학습환경은 일반적인 블랜디드 러닝의 대표적인 설계 전략이라 할 수 있는 대면식 교실 수업과 이러닝을 혼합하는 것을 의미한다.

▸ 학습목표는 대면식 교육에서의 인지적, 정의적, 심동적 영역과 같게 구성되어 있다. 그러나 온라인 활동을 잘 하기 위해서는 정보활용, 공유능력, 온라인상에서의 상대방에 대한 에티켓, 대인관계 기술, 커뮤니케이션 스킬 등과 관련된 교사의 안내가 선행되어야 한다.

- ▸ 학습내용은 교과서, 교육과정, 참고자료 등의 구조화된 학습내용과 인터넷을 통해 수집된 비구조화된 학습내용으로 이루어져 있다.
- ▸ 학습시간은 면대면 교실 수업에서 이루어지는 것이 대부분이지만, 최근에는 사이버 공간에서도 채팅이나 메신저 등을 통한 실시간 학습이 이루어지는 경우도 있다.
- ▸ 학습장소는 교실 내에서 이루어지는 학습과 교실 밖, 가정에서의 사이버가정 학습도 있으며, 현장 체험 장소에서 이루어지는 학습 등 여러 곳에서도 자유롭게 학습이 이루어질 수 있음을 전제하고 있다.
- ▸ 학습형태는 어느 환경에서든지 활용이 가능하다고 볼 수 있다. 개별적으로 학습하는 경우, 조별 혹은 집단별 협동학습을 수행하는 경우, 모든 학생들을 대상으로 교사가 일제식으로 수업하는 경우로 구분하여 블랜디드 러닝을 수행할 수 있다. 블랜디드 러닝에서 필요한 학습형태는 면대면 수업에서의 유용성을 십분 활용하면서 부족한 커뮤니티 활동을 보완하여 학습효과를 극대화하는 전략이 필요하다. 동시에 교실수업과 사이버공간에서 진행되는 학습을 연계시킬 수 있는 새로운 관점의 수업모형 개발이 필요하다.

나. 블랜디드 러닝의 성격

블랜디드 러닝은 이러닝의 장점인 효율성과 표준화를 꾀할 수 있고, 대면식 교육의 장점인 효과성과 함께 학습자간 네트워킹도 동시에 달성할 수 있는 합리적인 전략이라고 할 수 있다. 대면식 교육을 막연히 선호하는 사람과 이러닝에 막연히 저항감을 가지고 있는 사람들도 흡수할 수 있는 매우 포용적인 전략이다. 또한 다양한 학습자들이 자신의 취향에 따라 불편없이 학습콘텐츠를 가능한 많은 기회를 통해 접할 수 있게 함으로써 학습효과 및 만족도를 증진시킬 수도 있다.

이와 같은 설명에 부가하여, 블랜디드 러닝의 특징과 장점은 다음과 같이 정리할 수 있다.

▸ 학습효과의 향상이다. 이는 다양한 교육방법을 사용함으로써 각 방법이 가지고 있는 장점을 효과적으로 활용하고 단점을 보완해 주기 때문이다. 또한 최대한 다양한 학습자의 스타일을 존중하면서 다양하고 적합한 방법으로 학습내용, 학습목표에 접할 수 있는 기회를 제공한다.

▸ 학습기회의 확대이다. 대면식 교육을 하게 되면 정해진 시간과 장소에 참석한 사람에게만 교육의 기회가 국한되므로 교육을 받을 수 있는 사람이 제한되게 된다. 이러닝 교육만 받는 경우도 학습의 장이 오직 사이버 공간 속에 한정되어 있어 풍부하고 확장된 교육 경험을 가지기 어렵게 된다.

▸ 비용 대비 시간과 자원의 최적화이다. 블랜디드 러닝은 다양한 전달 방식의 조합에 따라 기업이 보유하고 있는 무 · 유형의 자원을 적절히 조절하여 보다 효율적인 접근을 선택할 수 있다.

▸ 경영성의 최적화이다. 블랜디드 러닝을 통하여 많은 조직들이 학습목표를 대면식 교육방법에 비해 50% 적은 시간에 도달되었으며, 여행경비와 시간 등이 85% 정도까지 줄어들었음을 보고한 바 있다. 이 외에도 사회적 상호작용, 전문가 확보, 개정의 용이성이 있다.

제2장 교육공학의 이해

제1절 교육공학의 개념
제2절 교육공학의 역사적 발달
제3절 수업매체의 이해

교육공학은 교육방법을 포함한 광의의 개념으로 학습 효과의 창출을 위해 모든 교육의 과정과 자원을 체계적으로 설계, 개발, 활용, 관리, 평가하는 총체적인 문제 해결 과정이다. 본 장에서는 교육의 현장에서 이루어지는 교육공학의 의미와 역사적 발달을 살펴보고 교육공학과 상호 밀접한 관련이 있는 교육매체를 이해하고자 한다.

제1절 교육공학의 개념

교육공학에 대한 개념을 이해하기 위해 본 절에서는 교육공학이 지니고 있는 의미와 그에 대한 개념적 정의를 살펴보고 교육공학이 포함하고 있는 영역에 대해 구체적으로 살펴보고자 한다.

1. 교육공학의 의미

교육(education)이란 라틴어의 'educare'에서 유래된 말로 '무엇을 이끌어내다'라는 의미를 지니고 있다. 공학은 테크놀로지(technology)를 번역한 것으로 공학의 어원은 그리스어 'teche'로부터 왔으며, '기예(art), 공예(craft), 기술(skill)이란 의미를 가지고 있다. 또한 공학은 하드웨어적인 것과 소프트웨어적인 의미로 해석할 수 있다. 공학은 기계적인 생산품이나 장치의 개념을 넘어서서 과학적 지식, 실험, 기술 등을 실제적으로 적용하는 과정과 그것에 의해 발생된 지식을 의미한다. 이러한 측면에서 교육공학(educational technology)은 인간이 의도하는 목표 달성을 위해 요구되는 실천적 원리 및 기법을 실제 생활에 적용하여 총체적이고 통합적인 문제를 해결하는 과정이라고 할 수 있다.

2. 교육공학의 정의

교육공학에 대한 개념적 정의는 1963년에 미국 교육통신공학회에(AECT: Association for Educational Communications and Technology) 의해 첫 번째의 공식적 정의가 발표된 이래 여러 차례 수정되어 왔다. 이후 수많은 사람들과 기관에서 새로운 정의를 내려왔다. 지금까지 발표된 교육공학에 대한 다양한 정의들을 알아보자.

가. 1963년 AECT 정의

시청각 커뮤니케이션이란 교육이론과 실천의 한 분야로서 학습과정을 통제하는 메시지의 설계와 활용에 주로 관여하는 분야이다. 시청각 커뮤니케이션의 실제적인 목적은 학습자의 잠재력을 충분히 개발하는데 기여할 수 있는 커뮤니케이션의 모든 방법과 매체의 효율적인 활용에 있다.

나. 1970년 AECT 정의

교수공학이란 인간 학습과 커뮤니케이션의 연구에 기초를 두고 보다 효과적인 교수가 이루어지도록 인적 자원과 비인적 자원을 통합하여 특정 목표하에서 교수-학습 과정의 총체적 과정을 설계하고 실행하고 평가하는 체계적인 절차이다.

다. 1970년 K. Siber의 정의

교수공학이란 교육의 문제를 해결하려는 목적을 가지고 체계적인 방법으로 교수체제 구성 요소들을 개발하고 그 개발을 관리하는 일이다.

라. 1972년 AECT 정의

교육공학은 모든 범위의 학습자원의 체계적인 확인, 개발, 조직 및 활용과 이러한 과정의 관리를 통하여 인간학습을 촉진시키는데 관계하는 분야이다.

마. 1977년 AECT 정의

교육공학이란 인간학습과 관련된 모든 문제점을 분석하고 이에 대한 해결책을 고안하고 실행하며 평가 및 관리를 하기 위하여 인간, 절차, 이념, 장치 및 조직을 포함한 복합적이고 통합적인 과정이다.

바. 1994년 AECT/B. Seels & R. Richey의 정의

교육공학(수업공학)은 학습을 위한 과정과 자원의 설계, 개발, 활용, 관리 및 평가에 관한 이론과 실제이다.

사. 2008년 AECT 정의

교육공학은 적절한 과학기술적인 과정과 자원을 창출, 활용, 관리함으로써 학습을 촉진하고 수행을 향상하기 위해 연구하고 윤리적으로 실천하는 학문이다.

위의 정의들을 살펴보면 교육공학은 학습의 효과성을 추구하는 분야로서 이론에 대한 연구와 실천을 포함하는 응용학문이라는 것을 시사한다. 즉, 교육공학은 실제를 다루는 전문분야이자 이론을 연구하는 학문분야라는 것이다. 교육공학은 효과적인 학습을 위해 요구되는 모든 과정과 자원을 고려하여 연구와 실제의 대상에 포함시킨다. 교육의 전달 체제, 학습의 유형, 교수모형 등과 같은 교육의 과정과 학습을 지원하는 체제, 교수자료, 환경, 시설 등 학습을 도와주는 모든 것을 의미하는 자원을 설계, 개발, 활용, 관리 및 평가의 체계적인 활동을 통해 교육의 효과성을 도모하는 영역이다.

지금까지 발표된 교육공학에 대한 다양한 정의 중 최근의 정의에 기초하여 정리한 교육공학의 개념은 다음과 같다.

교육공학은 효과적인 학습 효과의 창출을 위해 모든 교육의 과정과 자원을 체계적으로 설계, 개발, 활용, 관리, 평가하는 총체적인 문제해결 과정이며, 이를 위해 필요한 원리와 기법 및 과학적 접근 방법을 적용하여 연구, 개발, 실천하는 학문이다.

3. 교육공학의 영역

교육공학의 영역은 일반적으로 설계, 개발, 활용, 관리, 평가의 다섯 가지로 구분한다. 설계에 대한 하위영역은 교수체제설계, 학습자 특성, 교수방법 및 전략, 메시지 설계이다. 개발의 하위영역은 인쇄 매체, 시청각 매체, 컴퓨터중심 매체, 통합매체이다. 활용의 하위영역은 매체 활용 및 확산, 수행 및 제도화, 정책 및 규제이다. 관리의 하위영역은 프로젝트 관리, 자원관리, 전달시스템 관리, 정보관리이다. 평가의 하위영역은 문제분석, 준거지향측정, 형성평가, 총괄평가이다. 각 영역의 내용을 보다 자세하게 설명하면 다음과 같다.

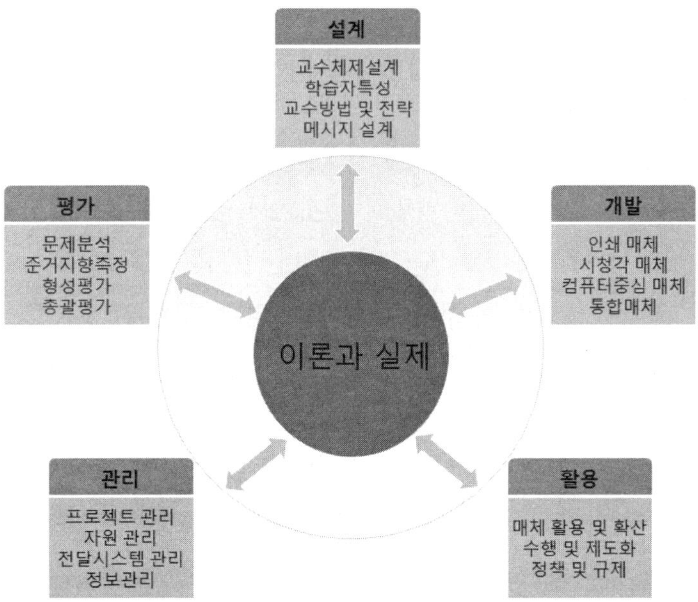

[그림 2-1] 교육공학의 영역(Seels & Richey, 1994)

가. 설계영역

설계영역이란 학습에 대한 조건 및 환경을 분석하여 학습목표에 달성하고자 다양한 방법과 전략을 기획하는 영역이다. 설계의 하위영역은 교수체제설계, 학습자 특성, 교수방법 및 전략, 메시지 설계로 구분된다.

교수체제설계(Instructional Systems Design)는 교수의 분석, 설계, 개발, 수행, 평가 단계를 포함한다. 각각의 단계에 걸쳐 조직적으로 무엇을 학습하고 어떻게 학습이 이루어질지 구체적으로 설계하고 그에 맞는 교수자료를 개발 · 적용해 보고 교수가 제대로 이루어졌는지에 대한 평가의 단계를 거친다. 학습자 특성은 학습에 영향을 미치는 학습자가 지닌 특성으로 설계시 고려해야 할 과정이다.

교수방법 및 전략은 학습과정에서 일어날 수 있는 다양한 학습활동과 체계적인 학습과정을 정하는 절차이다. 메시지 설계는 교수자와 학습간의 의사소통을 돕기 위해 물리적인 형태, 즉 시각기호, 서체, 편집, 색상, 구성 등을 결정하는 과정이다.

나. 개발영역

개발영역은 학습활동에 필요한 교수자료 등을 물리적인 형태로 만들어 가는 과정이다. 개발영역에서는 인쇄 매체, 시청각 매체, 컴퓨터중심 매체 그리고 이들을 통합한 매체 등을 활용하여 개발하는 것이다. 인쇄 매체는 가장 보편적이고 오래된 형태로 책, 이미지 자료, 도표 등 정지된 문자나 시각 매체를 말한다. 시청각 매체는 문자를 포함한 동영상, 투사자료, 영화, 오디오, TV 등을 활용하는 매체이다. 컴퓨터 매체는 정보를 디지털화하여 활용하는 매체로 교수유형은 컴퓨터 보조학습, 컴퓨터 관리학습, 컴퓨터가 자체인 학습 등으로 구분되며 다양한 설계이론과 전략을 이용한 매체이다. 통합매체는 컴퓨터를 제어장치로 이용하여 여러 매체를 통합하여 전달하는 방식이다. 최근에는 쌍방향 테크놀로지를 구현하는 유비쿼터스 형태의 교수매체를 개발하려는 다양한 노력을 볼 수 있다.

다. 활용영역

활용영역은 교육공학의 5가지 영역 중 가장 오래된 전통을 가지고 있다. 교육공학의 체제적인 설계나 개발에 관심을 갖기 이전에 교수를 위해서는 이미 다양한 교육자료들을 활용해 왔다. 활용영역에는 매체 활용 및 확산, 수행 및 제도화, 정책 및 규제 등이 하위영역으로 구분된다.

매체 활용 및 확산은 교수설계 시 채택된 매체의 선정에 따라 학습목표를 수행하기 위해 적합한 교수매체를 활용하고 매체활용의 체제변화에 따라 이를 확산시켜 보급하는 것이다. 수행 및 제도화는 교수설계에서 제시된 전략들을 교실상황에 따라 실행하는 것이며 제도화는 이러한 전략들을 정착하여 체계적인 수행을 하는 것이다. 정책 및 규제는 교육공학의 보급과 확산에 따른 사회의 규칙과 행위이다.

라. 관리영역

관리영역은 교육공학과 교육공학자들이 수행하는데 있어서 매우 중요한 역할을 하는 부분이다. 관리영역은 프로젝트 관리, 자원관리, 전달시스템 관리, 정보관리 등 하위영역으로 구분된다. 프로젝트 관리는 개발프로젝트에 따라 계획, 조정, 감독하는 기능이다. 자원관리는 나머지 네 가지 영역, 즉 설계, 개발, 활용, 평가와 관련된 각종 자원에 대한 지원체제와 서비스 제공을 감독하는 기능이다. 전달시스템 관리는 개발된 교수자료를 학습자에게 제공하기 위한 과정과 방법을 계획하고 조정하는 기능이다. 정보관리는 설계, 개발, 활용, 평가 영역의 정보를 저장하고 학습자원을 공급하기 위해 전달 및 처리하는 기능이다.

마. 평가영역

평가영역은 설계, 개발, 활용, 관리의 영역들에 대한 결과물 또는 과정의 가치를 측정하고 결정할 수 있도록 정보를 제공해 주는 영역이다. 평가영역은 문제분석, 준거지향측정, 형성평가, 총괄평가 등 하위영역으로 구분된다.

문제분석은 교수 설계이전에 정보수집과 의사결정 전략을 수립하기 위해 문제가 제대로 설정되었는가를 평가하는 기능이다. 준거지향평가는 구체화된 학습목표에 학습자가 도달하였는지에 대한 기능이다. 형성평가는 개발 및 활용과정에서 이루어진 내용에 대한 질을 향상시키고자하는 기능이다. 총괄평가는 개발된 결과물에 대한 활용 후 그 효과성을 총체적으로 평가하는 기능이다.

지금까지 살펴본 교육공학의 영역은 학교, 기업, 이러닝, 평생교육 등 다양한 학문분야에 적용되고 있으며 교육공학이 추구하는 것은 학습의 효과를 극대화하고 학습자 중심으로 교육을 이루어지도록 하는 것이다. 교육공학은 지원 및 수단으로 사용되지만 학문분야의 개념, 이론 등과 함께 조화롭게 형성될 때 학문적으로 그 가치를 더해 갈 것이다.

제2절 교육공학의 역사적 발달

교육공학은 1918년 미국의 시각교육 운동이 시작되면서 공식적인 발달을 시작하게 된다. 교육공학이 공식적인 학문의 영역으로 태동하기 전 교육공학의 이론과 교육방법의 발달에 영향을 주었던 많은 학자들의 업적이 있었다. 『세계도회』를 통해 감각적론 교수방법을 제창한 Comenius, 감각적 직관의 중요성을 언급한 Pestalozzi, 다양한 Dewey, 연합주의 학습이론을 정립한 Thorndike를 예로 들 수 있다. 본 절에서는 교육공학의 발달 단계를 초창기, 시각교육, 시청각 교육, 시청각 교육통신, 수업(교수)공학, 교육공학 등 여섯 가지로 분류하고 이를 중심으로 교육공학의 발달적 특징을 살펴보기로 한다.

1. 초창기

대다수의 학자들은 학문분야의 체계가 형성되고 그에 따른 교육매체의 개념이 도입되기 시작한 1920년대를 교육공학의 시작이라고 한다. 교육공학의 시초를 고대 크로마뇽 동굴벽화로 보고 있는 쉐틀러(Saettler, 1968)는 고대 그리스 철학자들의 교육방법이 과학적이지 않지만 현 교육공학의 이론과 방법에 영향을 끼친 여러 개념이 담겨 있다고 하였다. 그러나 학문분야의 구성요소로 볼 때 이 관점은 타당하지 않은 것으로 알려져 있다.

17세기 자연과학이 발달되기 시작되면서 사회적, 정치적, 문화적 등 여러 측면에서 변화가 일어나는 이 시대를 실학주의(realism)라고 일컫는데 이 시대에 경험주의 사상으로 유명한 코메니우스(Johann Amos Comenius, 1592-1670)는 교수원리를 주장하였다.

코메니우스가 주장한 교수원리

- 교육은 단순한 것에서 복잡한 것으로, 구체적인 것에서, 추상적인 것으로 전개되어야 한다.
- 법칙 이전에 사물이 먼저 제시되어야 한다.
- 만들거나 구성하는 일보다는 분석하는 방법을 가르쳐야 한다.
- 권위를 받아들이거나 그것에 의존하기보다는 학습자 스스로가 조사하고 연구하도록 가르쳐야 한다.
- 분명히 이해하고 나서 기억하도록 가르치되, 기억할 실제적 가치가 있는 것에 한해서 기억시키도록 해야 한다.
- 억압 대신 교과에 대한 흥미를 가지고 학습하도록 가르쳐야 한다.
- 모든 교수활동은 모국어로 해야 한다.
- 사물에 관한 언어적 학습에 앞서서 실제 사물을 먼저 학습하게 해야 한다.
- 자연의 법칙과 질서를 발견하고 그것에 입각한 교수방법을 구안해야 한다.
- 체육은 보건을 첫째 목적으로 하여야 하며, 단순히, 몇몇 종류의 스포츠를 위한 것이어서는 안 된다.
- 모든 사람에게 교육받을 기회를 제공해야 한다.
- 라틴어와 희랍어는 끝까지 교육을 마칠 사람에게 한하여 교수해야 한다.
- 교육을 하나의 과학으로 만들고, 모든 교사에게 지침이 될 수 있는 과학적 교육방법을 구상해 낼 수 있어야 한다.

코메니우스는 그가 저술한 『대교수학(Didactica Magna)』(1632)을 통해 교육제도와 교육과정의 개혁을 시도하였고 세계 최초로 그림이 들어가 있는 『세계도회(Orbis Pictures)』라는 책을 출판하였다. 이 책은 누구나 쉽게 이해할 수 있고 흥미 있는 내용으로 구성되어 있으며 라틴어와 실용어가 균형있게 사용되어 읽기 편하게 만들어졌다. 이 책을 통해 감각론에 의한 획기적인 교수 방법을 사용하였다.

그 후 18세기부터 19세기에는 자연주의 교육사상가인 루소(Rousseau)와 함께 스위스의 교육학자인 페스탈로치(Johann Heinrich Pestalozzi, 1746-1827)는 자발적인 활동중심 교수방법을 강조하였고, 독일의 프뢰벨(Friedrich Frőbel, 1782-1852)은 유아원 창시자로서 정적인 교과서를 통한 교육보다는 창조활동을 돕기 위한 교구를 고안하여 여러 가지 교구를 통한 감각교육을 시도하였다.

이와 같은 교육사상가들의 영향으로 20세기에 들어 진보주의 교육철학이 등장하였다. 진보주의 교육철학은 20세기 초반 이후 실용주의 교육철학으로 계승되었으며 미국은 물론 전 세계에 큰 파급효과를 주었고 오늘날의 교육에도 막대한 영향을 미치고 있다.

듀이(John Dewey, 1856-1952)는 진보주의 교육사상을 이론으로 정립한 실용주의 철학자로서 'Dewey School' 이라는 실험학교를 설립하여 실천하였다. 실용주의가 교육에 미친 영향은 행동과 경험중시, 실험적 · 탐구적 방법의 활용, 사회생활과의 연결중시 등이 있다.

2. 시각교육

교육공학의 시작이라고 보는 1920년대부터 시각교육운동이 일어났으며, 미국 내의 각 대학에는 교사를 대상으로 시각 수업에 관한 코스가 개설되기 시작하였다. 이와 함께 시각수업전문가협회가 지역적, 전국적 규모로 설립되면서 시각교육에 대한 전문적인 서적과 사진, 영화필름 등 매체가 개발되어 활발히 확산되었다

이 시기에 미국의 진보주의를 추구하는 많은 교사들의 주축이 되었던 여러 개의 시각교육전문가협회가 1932년 미국전국교육연합회(NEA: National Education Association) 산하의 시각교육부로(DVI: Department of Visual Instruction) 통합되는데 이는 교육공

학 분야의 공식기구가 되었다.

DVI에서는 지금까지 해오던 언어나 텍스트 중심의 교육을 지양하고 그림, 기호(지표, 도상, 상징물 등), 사진 등 시각자료를 수업에 활용하여 추상적인 개념을 구체화하는 시각교육운동을 활발히 전개하였다. DVI 초대 회장이었던 호반(Hoban)은 『교과과정의 시각화(Visualizing the Curriculum)』(1937)을 통해 추상성과 구체성의 정도에 따라 시각화된 자료를 분류하고 시각자료와 교과과정의 통합을 시도하였다. 그러나 시각교육운동은 시각자료를 교과과정에 통합하자는 주장 때문에 시각자료를 수업의 보조물 자리게 머무르게 하였다.

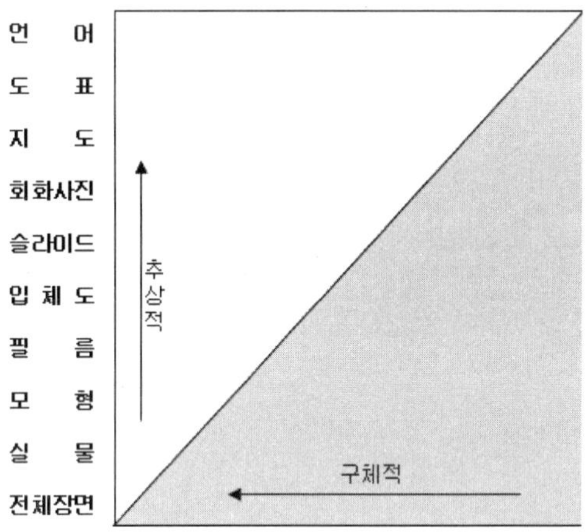

[그림 2-2] 호반의 시각자료 분류

3. 시청각 교육

19세기 말 무선전신, 문자와 그림의 원거리 통신 및 영화의 출현으로 20세기 초 전세계 각국에서 동시다발적으로 이들 매체를 활용하여 많은 연구와 실험이 이루어졌다. 그 결과 제 2차 세계대전 때 영상의 원거리 송수신 기술들이 발명되면서 군사교육현장에 시청각 매체가 도입되어 다양하게 활용되었다 1940년대에는 학습현장에 시청각을 통한 구체적 경험과 비언어적인 커뮤니케이션 방법이 도입되면서 교육효과를 높이기 위해 시청각교육(audiovisual education) 운동이 일어났다.

1947년에 시각교육국(DVI)은 시청각교육국(DAVI: Department of Audio-Visual Instruction)으로 확대 개편되어 시청각 교육이론을 발전시켜 좀 더 구체적인 방법으로 연구하고 개발되었다. 특히 데일(Edgar Dale)은 '교수에 있어서 시청각적인 방법'(Audiovisual method in teaching, 1946)이란 책을 통해 학습자에게 제공되는 학습경험을 구체성과 추상성의 기준에 따라 시청각 교구 및 교재를 분류한 '경험의 원추'(cone of experience) 모형을 개발하였다.

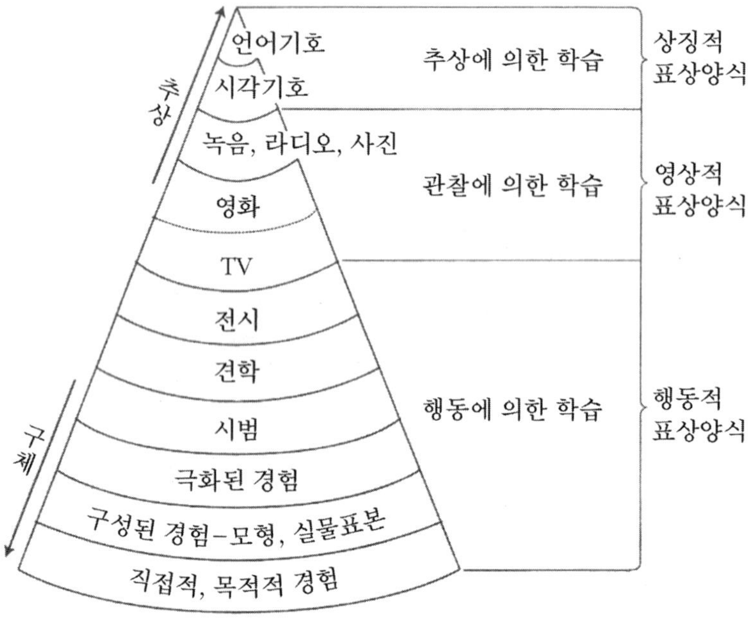

[그림 2-3] 데일의 경험의 원추와 브루너의 지식의 표상양식

데일은 이 모형에서 호반의 개념을 확장시켜 구체적인 것에서 추상적인 것으로의 개념 형성을 강조하였다. 학습경험이 직접적인 경험에서 시작하여 관찰을 통한 경험, 언어적 경험의 순으로 개념형성과정이 효과적으로 개념이 형성된다고 주장하였다. 데일의 '경험의 원추' 모형은 브루너(Bruner)에 의해 주장된 지식의 세 가지 표상양식(mode of representation)으로 설명되는데 이 유형은 데일의 경험의 원추개념을 보완해 주고 있다. 학습자 유형을 행동에 의한 학습, 관찰에 의한 학습, 추상에 의한 학습으로 분류할 수 있다. 시청각 교육에서 시청각 매체로 인한 경험으로

오는 풍부함에 동기가 유발되고 경험으로 얻어지는 추상적 학습을 통해 학습자들이 실세계에서 적용 가능토록 효과적인 학습이 이루어지기 때문에 시청각적 요소를 높이 평가하고 있다. 시청각 교육 또한 시청각 교재를 교과과정에 포함시켜 교수방법의 개선을 시도하였으나, 교수학습과정을 간과하였으며 여전히 시청각 교재를 교사의 보조물로 간주하였다.

4. 시청각 교육통신

가. 커뮤니케이션 이론

1950년대 들어오면서 교수학습과정을 커뮤니케이션 과정으로 보는 새로운 관점이 시작되었다. 교수자와 학습자 간의 이루어지는 학습내용을 커뮤니케이션으로 보고, 이때 통신요소와 그 과정을 분석해 봄으로써 효과적 · 효율적인 학습과정을 탐색하였다.

커뮤니케이션 분야의 대표적인 모형은 벌로(Berle, 1960)의 SMCR 모형으로 교수-학습의 통신과정에 대한 새로운 분석을 시도하게 된다.

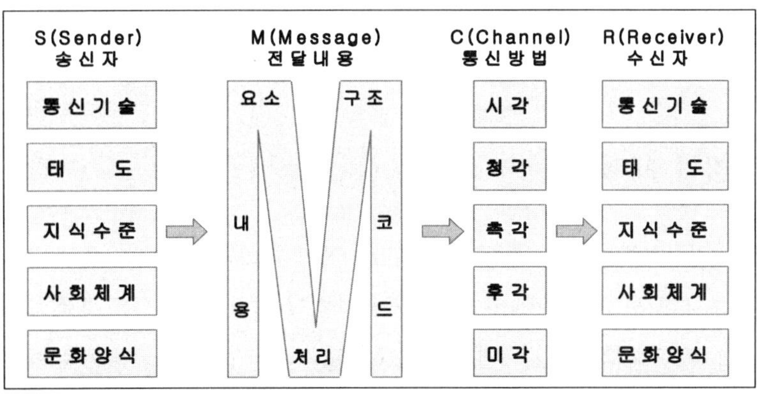

[그림 2-4] SMCR 모형

SMCR 모형은 송신자(혹은 정보원)와 수신자가 가지고 있는 의미 체계에 대한 고려 없이 메시지를 보내고 받게 될 때 생기는 통신상의 오류를 지적하고 있다. 다음으로 메시지는 요소, 내용, 구조, 코드, 처리를 포함하며, 전달되는 내용이 일정한 형태로 부호화되는 과정을 보여주고 있다. 부호화된 메시지는 시각, 청각, 촉각, 후각, 미각의 다섯 가지 감각 통로를 통하여 수신자에게 전달된다.

또 하나의 대표적인 모형으로 쉐논과 슈람(Schanmon & Schramm, 1964)의 통신과정 모형을 들 수 있다. 이 모형은 효과적인 커뮤니케이션을 위해서는 공통된 경험의 장을 확대하고 잡음(물리적, 심리적 잡음 포함)을 최소화하거나 제거해야 한다는 시사점을 제공해 주고 있다.

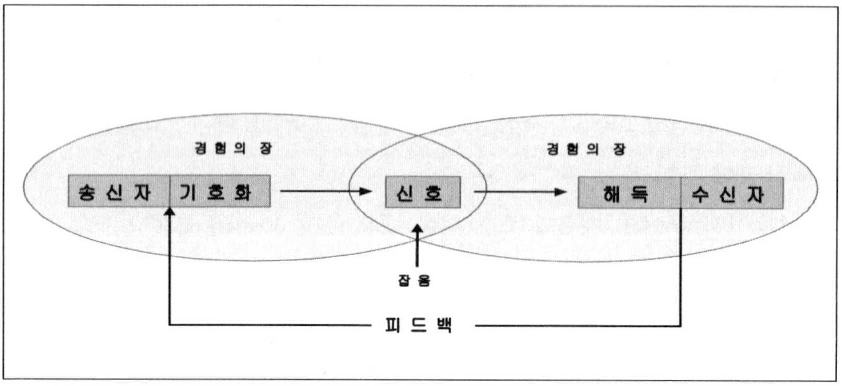

[그림 2-5] 쉐논과 슈람의 통신과정 모형

나. 초기의 체제개념

1950년대와 1960년대 초에 조직이론가들에 의해 받아들여진 체제개념은 현존하는 체제를 분석하고 조직체와 환경과의 상호작용, 그것의 다양한 하위체제간의 상호작용과 통합에 주의를 기울이는 것인데(Griffith, 1964), 이러한 체제개념이 교육공학에도 도입되었다

체제(system)란 '공통의 목적을 위해서 구성된 제 요소들이 체계적으로 형성된 조직체(Honam, 1960)로 정의된다.

이러한 체제개념을 설명하는 대표적인 모형이 Finn(1961)의 검은 상자이다. Finn에 따르면 교수-학습 과정은 다양한 교수방법으로 조직되고 체계적으로 통합된 체제로서, [그림 2-6]과 같이 여러 가지 학습법에 있어 각 교수방법은 학습상황에 따라서 교수-학습 체제 전체의 효율성을 증가시킬 수 있다. 이 때, 검은 상자란 각각의 교수방법을 말하는데, 그 내부구조는 알 수 없어도 입력과 출력을 조정함으로써 교사가 학습자의 학습 성취에 대한 비교적 정확한 반응을 얻게 될 것이다. 그러나 어떻게 이런 반응이 학습자 내부에서 일어나는지는 확실하게 알 수 없다.

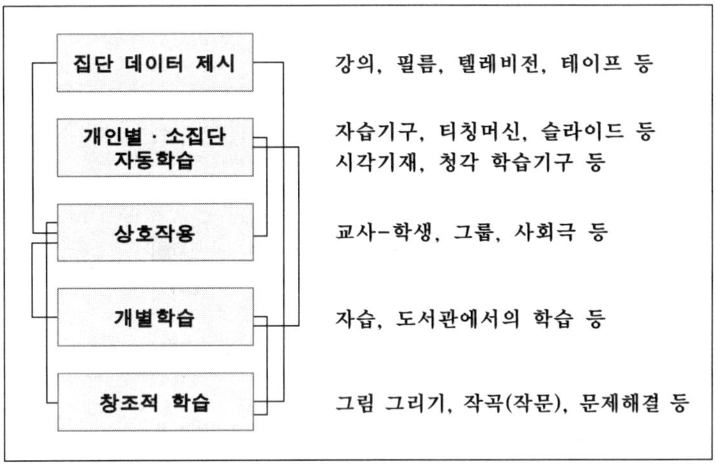

[그림 2-6] 핀의 교수체제-검은 상자 개념

다. 시청각 교육통신

엘리(Ely, 1963)는 통신이론과 초기체제 개념의 통합체제인 '시청각 교육통신' 모형을 새롭게 제시하였다. 엘리가 제시한 모형을 살펴보면 시청각통신계획안에 있는 각각의 요소들에는 학습내용을 담고 있는 메시지, 교육매체를 수행하는 전문요원, 교육매체기기, 효과적인 수업을 위한 방법, 극대화할 수 있는 수업환경, 시설이 포함된다.

시청각통신계획안의 요소의 구조는 활발한 교수-학습관계를 나타내며, 교수-

학습과정에서 필수적인 학습자의 반응, 평가에 따른 피드백 분석과 학습목표의 명세화, 내용선정이 교수-학습현장과 환경에 잘 제시되어 학습통신체제를 갖추고 있다. 그러나 일부에서는 교육통신체제 요소들 간의 상호작용 뿐만 아니라 일관성 있는 통합 체제를 갖추지 못하였다는 비판도 있다(최동근 외, 1997).

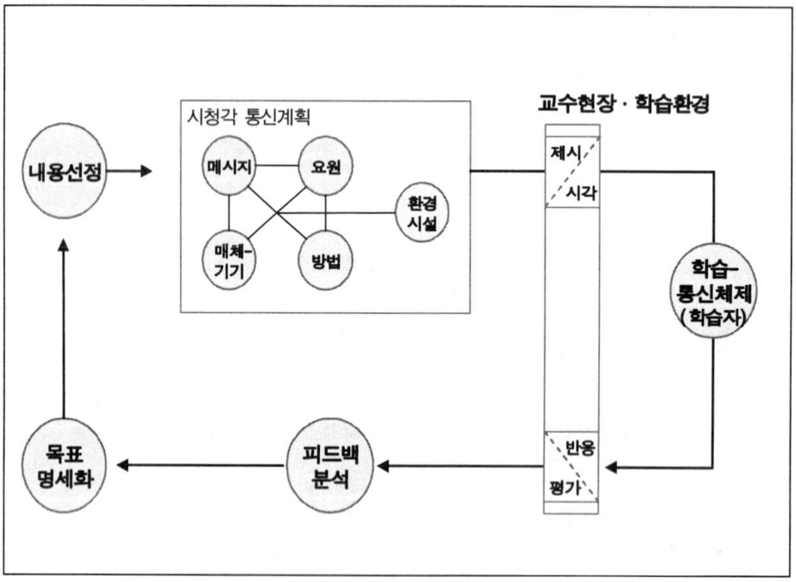

[그림 2-7] 시청각 교육통신과정과의 관계

라. 수업(교수) 공학

시청각 교육 통신에서 행동과학이론, 체제접근의 개념, 교수체제개발 이론의 도입으로 교수공학의 개념이 형성되었으며, 시청각교육국은 1970년 그 명칭을 미국교육공학협회(AECT: Association for Educational Communications and Technology)로 바꾸었다.

1) 행동과학 이론

행동과학 이론은 행동주의 학습이론에 기반을 두고 행동주의의 대표적인 심리학자 스키너(B. F. Skinner)의 조작적 조건형성과 강화이론에 따라 나타나는 행동수정의 개념으로 교수목표와 학습자료 설계에 많은 영향을 준다. 이러한 행동과학이론의 영향으로 학습자의 행동, 행동의 결과, 행동 수정이 중요하게 인식되고 학습과 행동에 대한 강화를 강조하여 특정한 행동을 이끌어 내는 데 중요한 개념이 되었다.

그리고 학습 원리를 적용하여 순차적으로 제시되는 교수방법인 프로그램 학습에서 소프트웨어는 학습자이고 하드웨어는 교수자이다. 이러한 관계를 통합하여 학습자의 개별화 수업에 행동적 수업목표를 명확히 설정하고 학습과제와 교재를 분석해야 하며 행동기준에 대한 학습자의 현재 수행정도를 확인하는 준거지향평가를 사용해야 한다.

2) 체제접근

체제란 '상호 관련된 구성요소들의 집합체'를 말하며, 체제접근(system approach)은 '이러한 구성요소들이 어떤 목표를 향하여 유기적으로 상호 작용하는 과정을 말한다'(Dick & Carey, 1996).

체제적 접근은 체제를 구성하고 있는 각 구성요소들이 어떤 목표를 향하여 유기적으로 상호작용을 하면서 또한 각각의 요소들이 기능을 독립적으로 최대한 발휘하여 체제의 기능을 극대화하는 접근방법으로 과정을 강조한다. 즉, 각 구성요소들이 개별적으로 작용하여 나타나는 결과보다 구성요소들이 서로 상호작용하여 하나의 목표를 향해 작용할 때의 결과가 더 나은 것을 창조해 낼 수 있다는 것이다.

교육공학에서 체제적 접근이 중요한 의미로 여겨지면서 교수공학위원회(CIT: Commission on Instructional Technology)에서는 '교수공학은 특정한 매체나 장치를 넘어서서 수업을 구성하는 부분적 요소들의 집합체 이상이다. 즉 교수공학은 인간학습과 통신이론에 기초한 구체적 수업목표에 의해 교수-학습의 전 과정을 설계, 실행, 평가하는 체제적 방법이며, 이것은 보다 효과적인 수업을 전개하기 위하여 인적(human), 비인적(nonhuman) 자원을 적절히 결합하여 사용하는 방법으로 이해된다(교수공학위원회, 1970)'고 정의 내렸다.

3) 수업개발

행동과학 이론과 체제접근 이론이 통합되어 교수개발이란 영역이 탄생되었다. 교수개발이란 교수시스템을 계획, 제작, 평가, 활용하는 체제접근을 의미하며 교수설계보다 포괄적인 개념이라고 할 수 있다(AECT, 1979). 교수개발은 체제접근에 의해 도출된 모형의 형태로 제시되곤 하는데 이들 모형의 기본적인 구성요소는 정의->개발->평가이다(Twellker, 1972).

하지만 이러한 교수공학은 구성하는 요소들 간의 '복합적이고, 통합적인 조직'의 본질과 어떻게 서로 맞게 결합되는지에 대해 명확한 설명이 부족하다는 한계를 가지고 있다(AECT, 1977).

마. 교육공학

체제적 접근과 교수개발 이론을 도입해 형성된 교수공학의 이론적 형성은 그 한계를 극복하기 위해 다양한 연구와 노력을 기울이게 된다(김신자외, 1999). 1977년 미국교육공학협회(AECT: Association for Educational Communications and Technology)에서는 교육공학의 정의를 다음과 같이 내렸다.

> "교육공학이란 인간학습에 포함된 모든 문제점을 분석하여 이에 대한 해결책을 고안하고 실행하며 평가·관리하기 위하여 사람, 절차, 이념, 장치 및 조직을 포함한 복합적이고 통합된 과정이다"(AECT, 1977).

반면 교수공학은 교수관리 기능, 교수개발 기능, 교수체제 구성요소, 학습자 영역을 가진 교육공학의 하위체제로서 구분하고 있다

그 이후 1980년대의 행동주의 연구와 인지심리학의 영향을 받은 교수체제 설계 모형이 나타나게 되었고, 1990년대에는 급격한 테크놀로지의 발전과 학습자중심의 개념으로 교육공학분야엔 새로운 공학적인 측면에서의 급격한 변화가 이루어졌다. 이에 따라 미국교육공학협회는 1994년 학회의 '정의와 용어위원회'와의 공동연구에 의해 다음과 같은 정의를 내려 새로운 정의를 정립하기에 이르렀다.

> "교수공학이란 학습을 위한 과정과 자원의 설계, 개발, 활용, 관리 및 평가에 관한 이론과 실제이다"(AECT, 1994).

새로운 정의에 나타난 가장 큰 특성은 이론보다는 실제를 중시하며, 교수공학에서의 세 영역인 행동주의 이론, 체제접근, 수업개발보다는 이것을 세분화하여 자원의 설계, 개발, 활용, 관리, 평가의 다섯 영역으로 설정하였다. 또한 교수공학을 교육공학의 하위영역으로서가 아니라 동일한 개념으로 보고 있다. 현재 미국에서는 교수공학보다 실제상황을 잘 표현하고 있는 공학의 기능을 적절히 묘사하고 있는 교육공학과 관련한 개념을 더 많이 사용하고 있다. 교육공학 발달 단계별 개념 정의에 따른 중점과 영향을 정리하면 〈표 2-2〉와 같다(Reiser, R. A. & Dly, D. P., 1977).

〈표 2-2〉 교육공학 발달 단계별 개념 정의, 중점, 영향 1

시 기	정 의	중 점	영 향
초창기 (20세기 초반)	▸ 시각교수는 활동사진, 환등사진 그리고 청사진, 괘도, 도표 실물과 같은 다양한 장치의 교실에서의 사용과 관련	▸ 교수목적으로 매체(실물교재, 필름, 그림, 환등필름)의 사용 ▸ 경험의 관찰을 통한 교육의 증진 ▸ 매체는 교수주도 수업의 보조물, 대체물이 아님	▸ 시각교수 운동
제1공식적 정의 (1920–1930–1960 말)	▸ 시청각을 활용한 의사소통은 학습과정을 통제하는 메시지(교과내용)의 설계와 사용에 일차적 관심을 가지고 있는 교육학 이론과 실제의 한 분야(과)	▸ 교수보다 학습에 중점 ▸ 의사소통모델과 이론 + 메시지(교수내용) 설계 ▸ 과정으로서 기술에 중점 ▸ 교수문제의 해결책과 교수실제에 관련된 과학의 응용 (Finn & Lumsdaine)	▸ 시청각교수 운동 (Shannon과 Weaver)

연방정부의 개입 (1960말 - 1970)	▸ 제 1정의: 교수공학은 교사, 교과서, 칠판과 함께 교수 목적에 사용되어질 수 있는 의사소통 혁명을 위한 매체……. 교수공학을 구성하는 요소로서 텔레비전, 필름, OHP, 컴퓨터, 그리고 다른 Hardware와 Software들	▸ 매체와 교육공학을 동일시	▸ 광범위한 도구, 장치, 기법의 활용
연방정부의 개입 (1960말 - 1970)(계속)	▸ 교수공학은 그것의 구성요소의 종합 이상으로……. 특정한 교수 목적을 위하여 인간 학습과 의사소통에 관한 연구, 그리고 효과적인 학습을 위해 인간자원을 포함한 비인간 자원의 총체적 사용을 통하여 학습과 교수의 총체적 과정을 설계, 수행, 평가하는 체제적인 방법.	▸ 매체와 장치 + 설계 ▸ 체제적 접근으로 교수목적과 평가를 동시에 고려 ▸ 효과적인 학습을 위한 연구 + 교수목적을 위한 인간과 비인간자원의 사용을 동시에 고려한 접근	▸ 매체와 체제적 접근
1972년 DAVI/ AECT의 정의	▸ 교육공학은 총체적인 학습자원의 체계적인 확인, 개발, 조직, 활용과 이들 과정들의 관리를 통하여 인간학습을 촉진하는 데 공헌하는 학문분야…….	▸ 학습자원의 전반적 채용 ▸ 학습자 중심 교수 강조 ▸ 교수계획에 체제적 접근 사용	▸ 교육공학(educational technology) 용어 채택 ▸ 학습자원 + 관리용어 사용
1977년 AECT 정의	▸ 교육공학이란 인간학습에 포함된 모든 문제점들을 분석하여, 이에 대한 해결책을 고안하고, 실행하며, 평가·관리하기 위하여 사람, 절차, 이념, 장치 및 조직을 포함하는 복합적이고 통합적인 과정이다.	▸ 사람, 자원, 장치에 대한 동등한 강조점 ▸ 매체가 단지 교수의 보조물이 아니라는 관점에서 매체의 역할 강조	▸ 인간학습 문제의 해결책 : 수행공학 관점에서 접근 ▸ 분석단계를 최초로 언급

1994년 AECT의 정의	▸ 교수공학이란 학습을 위한 과정과 자원의 설계, 개발, 활용, 관리 및 평가에 관한 이론과 실제이다.	▸ 5개 영역 (설계, 개발, 활용, 관리, 평가)의 이론과 실제를 통합 ▸ 학습을 위한 과정과 자원 통합(교사+매체) ▸ 교수는 학습목적 달성을 위한 수단	▸ 인지이론과 구성주의 이론 ▸ 첨단매체의 발달과 교수방법의 다양화

제3절 수업매체(instructional media) 이해

앞 절에서 살펴본 것과 같이 교육공학의 궁극적인 목적은 효과적, 효율적, 매력적인 학습을 하기 위한 것이며, 이러한 학습이 이루어지기 위해서는 다양한 교수매체가 체계적으로 활용되어야 한다. 따라서 교사는 수업에 활용하는 수업매체의 개념을 이해하고 수업매체의 유형과 제작 과정 등을 잘 숙지하여 수업의 내용에 따라 적절한 수업매체를 선택하고 활용할 수 있는 능력을 갖추어야 한다. 본 절에서는 수업에 적용할 수 있는 수업매체의 개념, 유형과 제작 그리고 수업매체의 교육적 활용에 대하여 알아보고자 한다.

1. 수업매체의 개념

매체(media)는 'medius'라는 라틴어에서 유래된 말로서 ~사이를 뜻한다. 일반적으로 매체란 송신자와 수신자 사이에 커뮤니케이션 과정에서 이루어지는 정보나 지식을 전달하는데 사용되는 매개수단으로 신문, 방송, 영화, 문자, 그림, 오디오, 비디오, 멀티미디어 등을 말한다. 이러한 매체를 수업(instructional)에 적용하여 수업목표를 극대화하기 위하여 사용되는 것을 수업매체라고 한다. 수업매체는 크게 협의의 개념과 광의의 개념으로 구분할 수 있다.

협의의 수업매체는 수업활동에서 내용을 구체화하거나 보충하여 학습자가 명확하게 이해할 수 있도록 도와주는 수단으로 모든 기계나 자료를 의미한다. 예를 들면, 시청각 교재 및 시청각 기재—VCR, 슬라이드, 그림, 멀티미디어 자료, 신문, 방송, 영화, 문자, 오디오, 비디오, TV, 다이어그램, 인쇄 자료, 도표, SNS(Social Network Service)—등이 있다.

광의의 수업매체는 학습목표 분석과 학습자 분석에 의거하여 목적에 도달하기 위한 체계적인 과정이다. 이것은 교수활동을 위한 보조자료를 넘어 교수-학습과정에서 교수목표를 달성하기 위해 교수-학습자간 사용되는 모든 수단을 의미한다. 예를 들어, 폭넓게 구분하면 시청각 기재 및 교재, 컴퓨터 프로그램, 인적자원, 학습환경 및 시설 등이 있다.

현재, 자료나 매개체의 이용방법과 활용을 위한 계획(planning), 설계(design), 실행(implemenation), 평가(evaluation)의 방법론적인 측면이 포함된 광범위한 개념이 변화되었다. 즉, 수업매체는 교수-학습현장에서의 단독으로 사용되는 것이 아니라 기재 및 컴퓨터 프로그램을 활용하여 학습목표에 달성하기 위해 수업과정을 분석, 설계, 개발, 활용, 평가하는 조직적이고 체계적인 과정이 포함되는 것이다. 이러한 수업매체는 광의의 매체개념으로써 교육공학과 밀접한 관련이 있음을 알 수 있다.

맥루한(Mcluhan)은 모든 매체와 기술은 인간의 능력 확장과 관련된다고 하였다. 교사의 수업활동에 있어서 매체를 통한 학생과의 효과적인 지식의 전달은 인간적 능력의 확장이라고 볼 수 있다.

최근 학습자들이 활용하는 수업매체는 구성주의적 접근으로 하이퍼텍스트 또는 멀티미디어가 대표적이다. 수업매체 적용은 학습자와 학습과제가 최적의 상호작용 관계로 이루어질 때 학습효과는 극대화한다. 따라서 수업매체 선정 시 매체 그 자체로만 보는 것이 아니라 수업설계 개발에서 적용되는 통합과정으로 매체의 종류와 효과성에 따라 선택되어야 한다.

수업매체의 효과적인 사용을 위해 유형별로 그 특징을 알아보고 제작기능을 살펴보기로 한다.

2. 수업매체 유형과 제작

수업매체는 다양한 유형이 있으며 크게 시각매체, 오디오매체, 비디오매체로 구분한다. 시각매체는 전기로 작동하는 것에만 국한되지는 않는다. 다수의 비투사 매체들을 사용하면 수업이 사실적이며, 흥미를 느낄 수 있을 것이다. 그림, 도표, 그래프, 포스터 등 추상적인 개념에 대해 시각적으로 큰 도움이 된다. 이러한 비투사 매체들은 여러 가지 방법으로 전시된다. 투사 매체들은 OHP 및 파워포인트 저작도구 등을 예로 들 수 있으며, 이것은 학생 및 교사들의 발표에 많이 활용되고 있다. 이 장에서는 학습을 향상시키고 학습목표를 달성하기 위해 사용할 수 있는 다양한 수업매체를 다룬다.

가. 시각매체

교사는 시각자료를 사용하여 학생들이 복잡한 아이디어를 이해하는 데 도움을 줄 수 있다. 시각자료는 학습자들이 지식에 대한 탐구에 참여하도록 한다.

1) 비투사 자료

비투사 자료는 추상적인 아이디어를 보다 사실적인 형태로 표현할 수 있다. 비투사 자료는 학습할 때 장비가 추가로 필요하지 않기 때문에 활용이 편리하다. 또한 투사자료에 비에 상대적으로 비용이 저렴하고 말하기, 글짓기 등 창작활동에 창의적인 표현을 자극하는데 활용될 수 있다. 비투사 시각자료는 시험 및 평가에서도 활용되고 있다. 시각으로 표현할 수 있는 인물사진, 장소, 사물, 모형 등을 식별하는 것과 같은 목표에 대한 평가에서 이러한 형태의 자료는 매우 유용하게 사용된다.

반면에 비투사 자료의 단점은 다수의 학생들에게 보여주기에 비효율적이며, 확대하는 것이 가능하지만 많은 비용과 자료의 높은 해상도가 요구된다.

비투사 자료들은 실물, 모형, 그림, 도표, 그래프, 포스터, 만화, 전시물 등이 있다. 더 구체적으로 비투사 자료들의 특징과 수업에 활용하는 것을 살펴보기로 한다.

가) 실물

실물은 실제의 물체나 인물을 말한다. 실물은 정보를 제공하고, 호기심을 일으키며 직접적인 경험을 하도록 도와주는 좋은 수업자료이다. 교육적 가치는 매우 크지만, 교실에 실물을 배치하고 보관하기에는 여러 가지 제약이 따른다. 그러나, 그럼에도 불구하고, 실물의 크기를 확대 또는 축소하고, 취급의 위험 요소를 제거할 수도 있고 단순화, 구조물의 단편 또는 투명화 등을 표현할 수 있어 학습효과를 극대화할 수 있다.

① 절단면: 기계 내부의 실제 모양이나 그 움직임을 살펴보기 위하여 한쪽을 잘라낸 형태의 실물
② 견본: 실제 식물이나 동물 또는 그 일부분을 자세하게 살펴볼 수 있도록 특수처리해 좋은 실물
③ 전시물: 보통 과학적이거나 역사적인 연구를 위해, 또는 단순한 언어적 학습이나 훈련을 보완해 주기 위해 여러 모조물을 수집해 놓은 것

나) 모형

모형은 실물을 나타내도록 고안된 3차원 대상물이다. 보통 모형은 실제크기보다 크거나 작거나 또는 같은 크기로 만들 수 있다. 또한 수업목적을 위하여 실제보다 자세하게 또는 단순하게 만들기도 한다. 모형은 실물이 제공하지 못하는 학습경험을 제공할 수 있다. 예컨대, 색깔을 다양하게 칠하기도 하고, 내부를 보여줄 수 있도록 절반의 절개상태를 유지하기도 한다. 또한 모형으로는 비행기에서부터 코뿔소에 이르기까지 다양한 종류의 대상물도 사용이 가능하며 학습자가 직접 조작해 볼 수도 있다. 이러한 조작기회를 통하여 모든 학습자는 그들의 지적 · 심동적 기능을 증진시킬 수 있다. 교사의 입장에서는 그 학습자가 단순히 수동적으로 듣는 것보다 직접 경험하는 것을 선호한다고 믿게 될 때에는 실물이나 모형을

통한 교육을 전개하는 것도 바람직하다.

다) 사진

사진이란 사람이나 장소, 사물의 존재를 재현시키는 사진을 말한다. 수업에서 일반적으로 쓰여지는 사진에는 여러 가지 사진, 엽서, 책의 삽화, 견본사진, 각종 안내서와 그밖에 특별한 수업단원을 준비하기 위하여 상업적으로 만들어진 내용물까지 다양하게 있다.

(1) 장점

사진은 압축된 아이디어를 보다 실제적인 형태로 바꾸어 놓을 수 있는데, 이는 언어적 수단을 이용하는 단계에서 학습자에게 보다 명확한 수준의 경험이 수립되게 한다. 사진은 교과서를 포함한 여러 종류의 책, 잡지, 신문, 달력 등에서 얼마든지 이용할 수 있으며, 도서관이나 기타 여러 곳에서 손쉽게 이용할 수 있고 이용하는 데도 상대적으로 비용이 적게 든다. 그리고 어떠한 교과목이나 어떠한 유형의 수업에서도 이용할 수 있다.

(2) 단점

일부분의 사진을 다수의 집단에게 사용하기에는 그 크기가 한정된다. 물론 어떤 사진이든 확대가 가능하지만 많은 비용이 든다. 따라서 작은 사진을 집단수업에서 사용하고자 할 때에는 실물화상기 등을 이용하는 것이 효과적이다. 사진은 2차원적인 영상이기 때문에 같은 물체를 다른 각도에서 여러 장 찍어 보여준다거나 연속적으로 보여주어 움직임을 관찰할 수 있게 보관해 줄 필요가 있다. 물론 최근에는 컴퓨터에 의한 사진의 확대 및 축소가 가능하고 여러 가지 변형이 가능하기 때문에 다양한 방법으로 사용할 수 있다.

라) 그림

그림은 구체적 묘사를 생략하며 표현하고자 하는 부분을 강조하여 표현한 것이다. 수업의 과정에서 학습효과를 높이기 위해 사용되는 그림은 학습요점을 정확히 표현하기 때문에 모든 연령층의 학습자가 쉽게 이해한다.

그밖에 칠판이나 기타의 장소에 교사가 제작해 놓은 그림은 교수-학습 현장에서 다양한 효과를 나타내기도 한다.

마) 포스터

선과 색깔, 그리고 몇 가지의 어구와 상을 시각적으로 배열한 포스터는 보는 사람의 시선을 끌고, 나아가 짤막한 내용에 메시지 전달과 설득이 가능하다. 효과적인 포스터는 반드시 역동적이어야 하고 다양한 색깔로 표현되어야 하며, 여러 가지 학습장면에서 효과적으로 사용될 수 있다.

포스터는 새로운 주제를 가지고 학습하는 특별교실 또는 학교행사에서 학습자의 흥미를 자극할 수 있고 학습동기를 유발시키기도 한다. 뿐만 아니라 과학실험실, 산업체 교육, 그리고 다른 경우에도 학습자들에게 안전수칙을 기억하게 하여 사고율을 줄이기도 한다. 또한 포스터의 제작과정을 직접적으로 경험함으로써 학습자 자신의 참여를 이끌기도 한다.

바) 만화

만화는 사람 또는 사물을 풍자하여 제시함으로써 즐거움, 위트, 지혜 등을 표현할 수 있다. 이러한 만화를 이용하여 최근에는 만평(실제 인물이나 사건 등을 풍자하여 그린 그림)에 많이 사용되고 있으며 독자들의 이해와 해석에 따라 읽힌다.

만화는 어린이나 성인에게도 쉽게 그리고 빠르게 내용을 전달해 주고 , 교사에 의해서 수업의 요점을 강조하는 방법으로 사용되기도 한다. 하지만 사실상 만화는 보는 사람의 경험에 따라 그 내용 파악이 여러 가지로 달라질 수도 있기 때문에 수업목적으로 쓰기 위해서는 학습자의 경험적인 능력과 지적인 능력에 알맞게 선정되고 활용되어야 한다.

사) 제시물

지금까지 살펴본 비투사 자료들을 수업에 사용하고자 할 때 그것을 제시할 수 있는 구체적인 방안이 필요하다. 비투사 자료들을 제시하기 위해서는 칠판, 다용도판, 게시판, 융판, 자석판 등 여러 가지가 있다. 이러한 제시물을 선택할 때에는 학습자의 특성, 자료의 형태, 수업상황, 학습목표, 그리고 이러한 도구사용의 가능성 등을 고려해야 한다.

(1) 칠판

제시물의 형태 중에서 가장 흔하게 쓰이는 것이 칠판이다. 최근에는 칠판이 다양한 색과 기능을 갖고 있다. 예능 시간에 사용되는 칠판은 악보의 오선줄이 그어져 있으며, 글쓰기가 편하게 선이 그어져 있는 것도 있다. 분필 역시 여러 가지 색깔이 있어 수업과정에서 구분하여 사용하면 가독성을 높일 수 있다. 특히, 칠판은 반사가 되지 않아 온라인 강의를 촬영할 때 효과적이다.

(2) 다용도판

다용도판(multipurpose board)은 흰색판(white board)으로 불리는 변형된 칠판으로 적절한 필름, 슬라이드, 투시환등기 및 실물환등기의 영사막과 같이 다양한 용도로 쓸 수 있는 매체이다. 다용도판은 일반칠판과는 달리 분필로 쓸 수 없고 특수한 펜을 사용해야 한다. 특수펜은 유성 또는 수성펜으로 여러 가지 색이 있으며 분필처럼 사용할 때 가루가 날리지 않는 이점이 있다.

최근에 다용도판이 유리로 시판되어 토론학습이나 자기주도학습으로 수업을 진행할 때 사용되고 있다. 유리 다용도판은 유성펜으로 필기가 가능하지만 포스트잇을 사용하여 자신의 생각을 적어 붙일 수도 있으며 팀별로 작업한 결과를 제시할 수도 있다. 특히 브레인스토밍할 경우에 효과적으로 사용된다.

위에서 언급한 칠판이나 다용도판으로 수업을 할 때의 주의사항을 살펴보면 다음과 같다.

① 수업시작 전에 필요한 그림이나 판서를 미리 해 두는 것이 좋다. 수업시간 중에 판서를 하거나 그림을 그리는 시간이 너무 많이 소요되면 학습자가 부담스럽게 여기게 되고, 따라서 학급분위기를 제대로 유지할 수 없게 된다.

② 사전에 칠판에 무엇을 쓸 것인가, 어느 곳에 쓸 것인가를 조직해 놓는 것이 필요하다.

③ 칠판에 써 놓은 내용을 사용할 때까지 종이나 신문지 또는 지도 등으로 가려 두는 것이 좋다.

④ 학습자와의 눈맞춤이 중요하므로 이야기할 때는 반드시 학습자의 정면에 서서 이야기해야 하며, 칠판을 향하지 말아야 한다.

⑤ 칠판에 너무 의존하지 말고, 제시기술을 다양하게 써야 한다. 수업 중 필요할 때에는 과제물, 투시환등기, 괘도와 같은 다양한 도구를 활용하는 것이 좋다.

⑥ 무엇인가를 혼자만 손에 들고 읽지 말고 모두가 볼 수 있는 방안을 선택하는 것이 좋다.

⑦ 교실의 모든 지점에서 칠판을 볼 수 있게 사전에 확인해 둘 필요가 있다. 만일 글자가 어리거나 햇빛에 의해서 방해를 받으면 칠판의 각도를 달리하거나 차단막을 설치해야 한다.

⑧ 만일 칠판에 글씨를 쓸 때 자신도 모르게 어느 한쪽으로 쳐지거나 비뚤비뚤해질 경우 사전에 칠판 자체에 표시를 해 두는 것이 좋다.

⑨ 글씨를 쓸 때 분필의 각도를 잘 조절하여 이상한 소리가 나지 않도록 주의한다.

⑩ 내용을 강조하기 위하여 색깔분필을 사용하는 것이 좋으나 가독성 있는 색을 사용하여 학습자가 내용이 잘 보이도록 유의한다.

⑪ 써 놓은 내용 앞에 계속해서 서 있지 말고 학습자의 시야를 가리지 않게 주의해야 한다.

⑫ 자나 모형자 등을 활용하여 시간도 절약하고 판서의 질을 높이도록 한다.

⑬ 여러 번 자주 사용하는 모양은 미리 쉽게 그릴 수 있도록 본을 떠 놓는 것이 좋다.

⑭ 학습자가 눈치채지 못하게 밑그림을 미리 그려 두고 실제 수업시간에 다시 그려 학습자가 감탄할 수 있게 만드는 것도 중요한 기술이 된다.

(3) 게시판

즉시 알리려는 정보나 새로운 뉴스 등은 게시판을 이용하는 것이 효과적이다. 게시판의 크기나 모양은 얼마든지 다양하게 준비할 수 있으며, 게시판 자체를 상하지 않게 하기 위해서는 핀이나 압침 등 날카로운 기구를 사용하면 된다. 게시판 이용에는 목적에 따라 장식용 게시판, 동기부여용 게시판, 교육용 게시판 등의 세 가지 유형으로 구분할 수 있다.

이에 한 가지 더 추가한다면 학습자 참여용을 들 수 있다.

게시판은 사용 목적과 아울러 강조점, 매력성, 균형, 상호작용성, 충분한 크기, 내구성, 디자인 감각적 등 특성을 지녀야 한다.

(4) 융판

초등학교의 경우 비교적 많이 활용되는 도구가 융판이다. 두꺼운 마분지나 가벼운 나무판 위에 특수한 천을 씌우고 그 위에 여러 가지 가벼운 게시물을 붙일 수 있게 게시물 뒷면에 샌드 페이퍼를 부착시킨다.

융판은 특별히 어떤 모양이 이루어지는 과정이나 절차를 나타내는 것과 같이 쉽게 움직여야 하는 대상물을 설명하는데 유용하게 사용할 수 있다. 교사는 흔히 어떤 이야기나 시, 또는 독서자료를 보충하기 위한 방법으로 주인공의 특성 · 성격 · 이야기 장면 등을 융판을 이용하여 쉽게 보여줄 수 있다.

2) 투사자료

투사매체는 주로 강한 빛을 이용해서 투명한 필름을 투사하여 정화상이 화면에 확대되어 제시되는 매체형태이다. 실물화상기, TP, 슬라이드, DVD, CD-ROM 등 이에 속하며 아날로그 형태와 디지털 형태로 시각자료를 저장하고 사용한다.

가) 실물 화상기

실물 화상기는 액정 위에 비디오 카메라가 설치되어 실물, 책, 사진, 그래픽 자료 등을 아래로 비추어 스크린에 비춰지는 것이다. 실물화상기는 텔레비전 모니터 또는 디지털 투사기에 연결하면 작은 물체들을 교실안의 모든 학생이 크게 잘 볼 수 있다. 보여주고자 하는 매체들은 가까이 가지 않아도 학생들이 잘 관찰할 수 있도록 편리하게 사용된다. 문학, 자연과학, 사회과학, 예술, 경영 등 모든 교과에 사용되어 실제 자료들을 제시하여 토론하고 비평하며 제시 등에 적절히 사용되고 있다.

실물화상기의 장점은 별도의 제작이 필요 없고 모든 학생이 동일한 관점에서 볼 수 있다는 것이다. 주로 학생의 작품을 수업시간에 제시하여 유용하게 사용하며 일반 조명에서도 잘 보인다. 반면에 실물화상기의 단점은 장비가 크고 고가이며 실물화상기에는 반드시 대형모니터나 투사기가 필요하다.

[그림 2-8] 실물 화상기

나) 투시환등기

투시환등기(Overhead Projector)는 지난 수십 년 동안 대부분의 교실이나 교육훈련 장소에서 가장 널리 쓰여진 수업매체로 흔히 OHP라고 불리운다. OHP의 구조는 액정판 안에 설치된 강력한 램프를 통해 나온 불빛이 프레넬(fresnel)렌즈로 모아져 TP를 비추어 스크린에 보여주는 것이다. TP(Trans Parency)는 OHP에 올려놓고 사용하는 필름으로 8×10인치 크기의 투명한 필름이다.

먼저 OHP의 특성을 살펴보기로 한다.

① OHP는 조작이 매우 간단하다.

② 교실의 조명을 끄지 않고도 크고 선명한 상을 볼 수 있게 해 준다.

③ 교사가 학생들과 마주 보고 수업을 진행하므로 학생들의 반응을 관찰하면서 수업 방식이나 속도, 교재의 제시순서를 조절할 수 있다.

④ 투시물 자료는 물론 주판이나 실물 따위의 불투명한 물체와 샤알레에 담긴

약품 같은 투명한 액체도 제시가 가능하다.

⑤ 자료제시대는 오버레이(overlay: 문자나 다른 정보를 포함한 하나 이상의 추가 적인 TP로 기본 TP 위에 겹쳐 놓은 제시 방법)나 마스크(mask: 기본 TP 위에 강조하고자 하는 부분을 가리고, 이를 제거하면서 제시하는 방법)의 사용을 용이하게 해 주므로 비교, 전개, 순서적 제시가 가능하다.

⑥ 스크린에 확대투사되는 큰 영상은 추상적인고 복잡한 사실을 시각적으로 쉽게 이해시켜 준다.

⑦ 교사가 포인터(pointer)나 연필로 투시물 자료의 내용을 지적하면 포인터의 그림자가 스크린에 나타나 학생들의 주의를 집중시키고 호흡을 같이 할 수 있다.

그리고 OHP에 사용되는 TP(Trans Parency)의 특징은 제작에 경비가 많이 들지 않고 시간이 오래 걸리지 않으며 교사에게 제작에 대한 부담감을 주지 않는다는 것이다. 그러므로 교사 자신이 특정한 학습목표에 꼭맞는 적절한 교재를 자작하기에 좋다. 교사가 자작하는 자료 외에도 상업적으로 만들어진 양질의 TP자료가 저렴한 가격으로 여러 분야의 과목에서 제작되어 보급되고 있다.

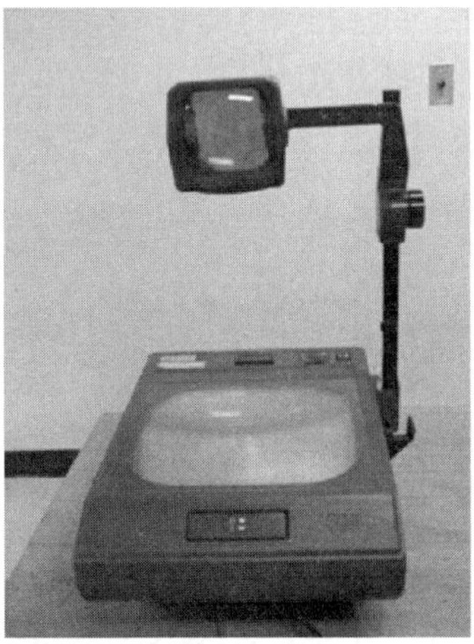

[그림 2-9] OHP(Overhead Projector)

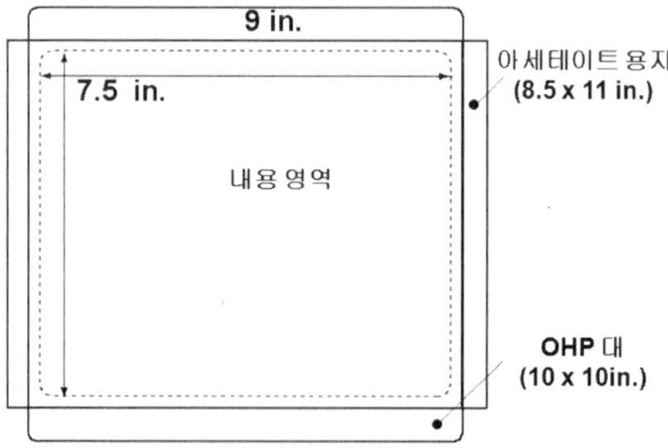

[그림 2-10] OHP TP 제작 영역

다) TP 제작

(1) 직접 그리는 방법

직접그리기는 색상펜을 사용하여 TP에 직접 그리는 것이다. 색상펜은 OHP전용 색상펜이라고 표시된 제품을 말하며 이 전용펜은 유성이지만 투명한 필름에 색상 표현이 가능한 일반 유성펜하고는 다르다. 교사나 학생 누구나 손쉽게 제작이 가능한 것이 가장 큰 장점이다.

(2) 복사기를 이용하여 제작하는 방법

OHP 전용 필름을 일반복사기에 넣어 인쇄하고자 하는 원본을 이용하여 필름에 복사하는 방식이다. 칼라 복사기를 활용하면 칼라 OHP가 제작되는 것이다.

[그림 2-11] 복사기를 활용한 TP 결과물

(3) 컴퓨터를 이용하여 제작하는 방법

컴퓨터에 제시된 모든 문서나 그림 등을 열전사 방식의 프린터에 특수처리된 TP를 넣어 인쇄하는 방식이다. 파워포인트 같은 전문적인 프레젠테이션 그래픽 프로그램을 활용하면 제시하고자 하는 수업자료를 효과적으로 사용할 수 있다.

칼라프린터용 전용 TP는 특수처리가 되어 사용시 거친면을 인쇄면으로 설정하여 프린트하면 그림과 같이 멋진 칼라 TP가 제작된다(이해를 돕기 위해 TP 아래에 흰 종이를 부착함).

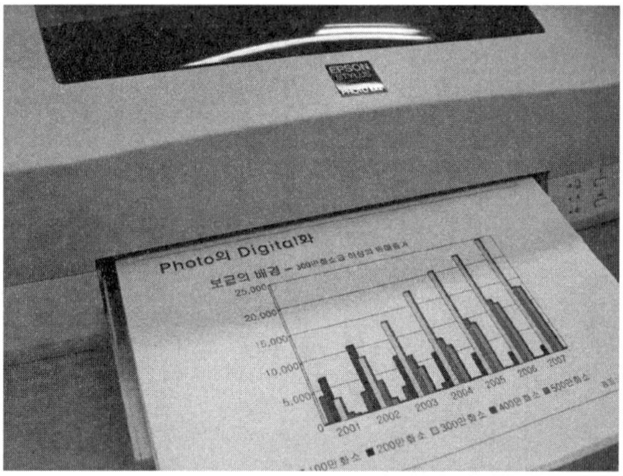

[그림 2-12] 칼라프린터를 활용한 TP 결과물

이와 같이 다양한 TP제작 방법을 자세히 알아보고 OHP 매체의 효과적인 활용도를 살펴보았다.

OHP 활용에 있어서 장점은 암막커튼이 필요 없는 일반교실에서 사용이 가능하며 교실의 학생들을 향하여 투사가 되어 모두 볼 수 있으며 조작성도 쉽다. 그러나, 발표자의 능력이 떨어지고 음성 정보가 함께 삽입이 불가능하고 TP의 보관 등이 힘들다. 또한, 보여주고자 하는 정보는 스크린에 비추어지는 일그러짐(Keyton) 현상으로 변형을 유발한다는 단점이 있다.

라) 슬라이드

슬라이드는 작은 사진의 형태를 필름으로 제작하여 낱개로 트레이에 탑재되어 사용되는 것이다. 35mm 슬라이드 전용필름으로 제작하여 5cm×5cm 마운트로 감싸는 것이다.

슬라이드는 현장학습에서 볼 것을 미리 소개하기도 하며 어떤 조작에 대한 근접 촬영으로 이행되는 과정을 순서대로 보여주며 가르치는데 사용된다. 또한 예술적 경험을 슬라이드를 통해 세밀하게 관찰 또는 감상하기도 한다.

(1) 일반카메라를 사용하여 슬라이드를 제작하는 방법

일반카메라에 35mm 슬라이드 전용 필름을 넣어 물체를 촬영 후 현상한 다음, 마운트에 장착하는 것이다. 마운트에 장착된 슬라이드 필름은 슬라이드 프로젝트 트레이에 순서대로 나열한다. 트레이에 나열된 슬라이드는 슬라이드 프로젝트를 통해 투사하여 보는 것이다.

[그림 2-13] 슬라이드 프로젝터

(2) 슬라이드 레코더를 활용하여 슬라이드를 제작하는 방법

컴퓨터 그래픽 프로그램(파워포인트 등)으로 활용하여 만든 자료들을 컴퓨터 전용 카메라를 통해 제작하는 형태이다. 즉, 슬라이드 레코더의 카메라에 35mm 전용 슬라이드 필름을 넣어 컴퓨터 화면에 제시된 화상을 프린터 인쇄하듯 슬라이드 레코더에 신호를 보내 촬영한 후 필름을 빼내어서 현상을 하는 것이다. 현상된 슬라이드 필름은 슬라이드 프로젝트를 통해 관찰 또는 감상할 수 있다.

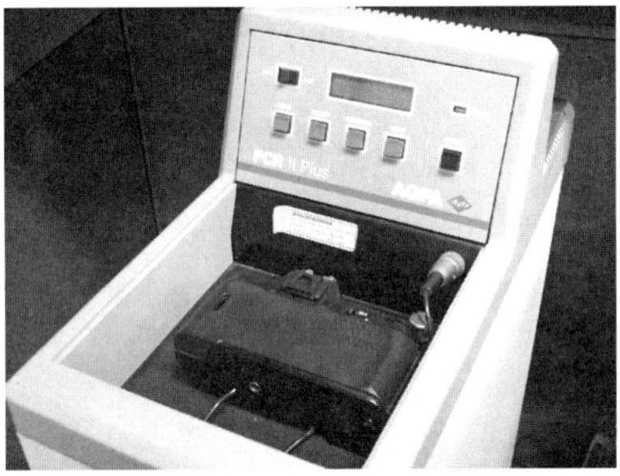

[그림 2-14] 슬라이드 레코더

(3) 컴퓨터로 슬라이드를 제작하는 방법

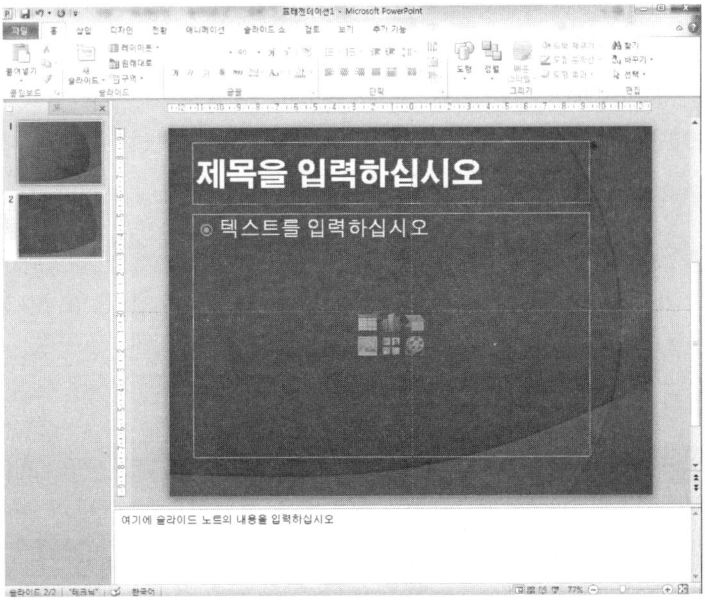

[그림 2-15] 컴퓨터를 활용한 슬라이드 저작 도구

컴퓨터를 이용하여 슬라이드를 제작하는 것으로 대표적인 응용프로그램은 파워포인트이다. 파워포인트는 편리하고 빠르게 슬라이드 제작이 가능하며 사용자가 편리하게 잘 만들 수 있는 소프트웨어이다. 파워포인트로 제작된 슬라이드는 LCD 프로젝트를 사용하여 수업현장에서 활용할 수 있으며 최대의 장점은 수업현장에서도 즉시 수정이 가능한 점이다.

슬라이드 활용법은 리모콘 또는 마우스를 사용하며, 화면 근처의 불은 어둡게 한다. 발표 시 적절한 속도를 유지하고 내용은 최대한 간단히 설명은 간략하게 처리한다. 최근 기업에서 요구되는 인재상으로 유능한 프레젠터를 요구함으로 이와 같은 슬라이드 매체의 활용법과 제작법을 능숙하게 응용하고 활용할 수 있어야 한다.

나. 디지털 이미지 저장 매체

이미지 및 동영상 등을 저장하여 활용하는 매체는 USB, CD-ROM, DVD-ROM, 디지털 카메라, 디지털 캠코더, 스캐너 등이 있다. USB는 대용량 이미지를 저장할 수 있으며 크기가 작아 휴대하기 편리하다.

CD-ROM(Compact Disc-Read-Only Memory)은 고품질의 오디오 및 동영상 정보뿐만 아니라 대량의 문자 정보 및 시각자료들을 저장할 수가 있다. DVD-ROM은 CD-ROM보다는 대용량으로 문자 및 시각자료, 애니메이션, 소리, 동영상 등 대량의 저장 공간을 필요로 하는 경우에 사용된다. 디지털 카메라는 사진필름으로 저장하는 대신에 메모리카드를 이용하여 저장하고 직접 컴퓨터에 연결하여 이미지를 제작 또는 활용할 수 있다. 디지털 캠코더는 동영상 촬영 시 동시 디지털 자료로 저장되어 편리하게 동영상 콘텐츠를 제작할 수 있다. 최근에 디지털 캠코더는 동영상 콘텐츠를 다루는 학습자나 기업에서 뿐만 아니라 UCC 개발에도 용이하게 사용되고 있다. 그러나 고가인 것이 단점이다.

스캐너는 기존의 아날로그 형태의 자료들을 디지털로 변화시켜 사용하는 것이다. 스캐너 사용법은 스캔부분 위에 올려놓고 컴퓨터와 스캐너를 연결하여 스캐너 소프트웨어를 사용하여 디지털 이미지로 스캔한 후 저장하여 활용하는 것이다.

스캐너는 필름전용과 일반자료용 등이 있으며 필름전용은 네가티브 및 포지티브 필름 모두 스캔이 가능하다.

다. LCD 프로젝터

LCD 프로젝터는 컴퓨터에 영상을 그대로 보여주는 기능을 한다. 프레젠테이션 전용 소프트웨어와 함께 사용하여 효과적으로 프레젠테이션을 할 수 있어 유용하게 쓰여지고 있다. LCD 프로젝트는 시각정보 뿐만 아니라 오디오와 동영상이 포함된 멀티미디어 정보까지도 처리할 수가 있다. 또한, LCD는 컴퓨터, 비디오 플레이어, 또는 텔레비전 신호 등을 모두 받아들인다.

[그림 2-16] LCD 프로젝터

최근에는 LCD 프로젝터에 카메라 렌즈를 장착하여 실물을 그대로 보여주는 실물화상기 기능까지 추가된 멀티 프로젝터도 개발되어 활용되고 있다.

라. 오디오 매체

전달도구는 USB, iPOT, MP3 기기, 라디오, CD 플레이어, 테이프 플레이어, 레코드 플레이어 등이며 전달내용은 오디오를 활용한 방송 프로그램, 오디오 CD, 카세트테이프, 레코드판 등이다. 이 중 아날로그 형태는 테이프나 레코드판 형식이며 디지털 형태는 오디오 파일인 MP3, wav, rmj 등 파일이며 오디오 CD 등을 이용하여 저장하고 활용한다. 최근 대용량의 MP3 기기들의 발전으로 다양한 오디오 파일을 압축율이 좋은 MP3로 파일을 변환하여 학습자료로 많이 애용하고 있다. 오디오 제작 소프트웨어를 활용하여 파일 변환은 물론이고 오디오 편집 및 제작도 가능하다. 예를 들면, 용량이 큰 wav 파일을 압축률이 좋은 MP3로 변환할 수 있고 오디오 제작 및 녹음 뿐만 아니라 잡음이나 잘못된 소리를 잘라 내는 편집도 가능하며 누구나 손쉽게 다룰 수 있다.

오디오 제작 시 요령을 살펴보면 다음과 같다

- 배경 소음을 최소화
- 소리 크기의 일관성
- 목소리의 질을 명료화
- 표현의 명료화
- 대화의 어조
- 학습자 관여
- 유인물과의 조화
- 분명한 내용
- 적절한 길이

[그림 2-17] 카세트 및 CD 플레이어

마. 비디오 매체

전달도구는 VTR, TV, 영사기, 컴퓨터, LCD 프로젝터, VCR, DVD 플레이어 등이며 전달내용은 비디오테이프(VHS 1/2inch, 8mm, 6mm 등), DVD, 동영상파일(AVI, MOV, MPG, WMV, ASF 등) 등이 있다.

학습자가 직접 경험하지 못하는 장면이나 현상은 비디오 자료를 통해 쉽게 접할 수 있으며 시간적 소요를 많이 필요로 하는 관찰 학습은 비디오 그래픽 처리함으로써 생생하게 빠른 속도로 접할 수 있다. 이렇듯 비디오 매체는 시공간 조작이 가능하며 무엇보다도 현실감 있는 학습으로 이어질 수 있도록 하는 매체이다.

1) 아날로그 비디오

아날로그 비디오 활용 방법은 VHS 테이프를 사용하여 영화를 보거나 TV 프로그램 녹화시 사용되며 VHS 비디오카메라를 활용하여 동영상을 촬영하여 사용한다.

아날로그 비디오 제작에 필요한 장비는 카메라, 레코더, 마이크, 그리고 편집기이다. 대부분 카메라는 뷰파인터 형태이다 뷰파인터 카메라는 작동하는 사람이 픽업튜브를 통해받는 이미지를 작은 TV 장치로 모니터링할 수 있기 때문에 뷰파인터라고 이름지었다. 또한 테이프에서 다른 테이프로 녹화할 때 패치 코드나 케이블을 이용해서 두 대의 VCR을 연결한 후 자신의 비디오를 편집할 수 있다.

[그림 2-18] 캠코더

[그림 2-19] 아날로그 비디오 편집기

2) 디지털 비디오

디지털 비디오의 화질은 아날로그 비디오보다 두 배나 선명하다. 촬영된 동영상은 파일로 저장이 가능하며 컴퓨터를 활용하여 제작할 수 있다.

동영상 편집 프로그램을 활용하여 동영상을 캡쳐하고 오디오 및 그림 파일도 삽입할 수 있으며, 자막도 손쉽게 작성할 수 있어 훌륭한 동영상 콘텐츠를 제작할 수 있다.

[그림 2-20] 디지털 비디오 편집기

가) 비디오의 특징

모션 미디어(motion media)를 통해 우리는 작은 세계나 대우주에서 일어나는 현상을 아주 가까운 거리 혹은 아주 먼 거리에서 볼 수 있다. 학생들은 우주 왕복선에서 지구를 볼 수 있으며(매크로뷰, macroview), 현미경을 통해 세모의 분열을 관찰할 수도 있다(마이크로뷰, microview).

(1) 장점

비디오는 다음과 같은 여러 가지 실제적 장점을 지니고 있다.

① 동작: 움직이는 동영상으로 동작이 필요한 설명을 할 수 있고 시각자료보다 개념 정립을 확실하게 할 수 있다

② 연속적인 과정 제시: 식물의 성장과정이나 기계를 조립할 경우 연속적인 동작이 중요시되기 때문에 더욱 효과적으로 사용할 수 있다.

③ 간접 경험을 통한 지식획득: 직접 관찰하기 어려운 일식이나 화산 폭발, 전쟁 등과 같은 위험할 수 있는 현상을 관찰 가능하게 한다.

(2) 단점

한편 비디오 활용의 단점도 지적할 수 있다.

① 조작의 한계 : 단체 관람시 논의 및 의견 개진을 위해 자유로운 조작을 하기 어렵다.

② 표현의 한계: 동작 개념은 유용하지만 평면도, 조직도, 지도 등과 같이 단면을 다루기에는 부적합하다.

③ 추상적, 비시각적 수업의 한계: 개인의 감정이나 철학, 수학 등은 비디오로 표현하기는 힘들다.

3. 컴퓨터의 교육적 활용

컴퓨터가 우리 생활에 등장함에 따라 컴퓨터를 교육에 활용하려는 많은 시도와

노력이 있었다. 특히, 정보화 사회로 일컬어지는 현대사회에서는 컴퓨터와 정보통신 기기의 급격한 발달에 따라 이를 교육 현장에 도입하여 새로운 형태의 교수-학습과정을 창출하고자 하는 변화의 물결이 일고 있다.

학습자는 암기위주의 지식을 습득하는 것에서 다양한 정보를 효율적으로 수집하고 분석, 종합하여 이를 효과적으로 활용하는 정보처리 기술과 새로운 상황에 따라 정보를 재조직 창출해 내는 문제해결 능력이 필요하게 되었다. 교육현장은 이제 교실 환경에 제한되지 않고 컴퓨터와 통신 서비스인 인터넷 등을 활용하여 학습에 현장감을 도입하고 풍부한 학습자료를 제공함으로써 학습자의 흥미와 요구에 맞는 양질의 개별학습 기회를 제공하는 체제로 변모하게 된다. 이에 따라 교사의 역할도 크게 달라지게 되었다. 학생들이 정보화 사회에 잘 적응할 수 있도록 학습자 중심의 학습형태를 구현하기 위한 지식과 기술을 갖추고, 테크놀로지를 수업에 적절히 활용함으로써 새로운 학습환경을 제공하고, 교수-학습과정을 지원하는 다양한 매체, 정보, 자료를 효율적으로 수집하여 활용하는 적극적인 수업의 안내자, 촉진자, 정보매개자 역할을 감당해야 한다.

본 장에서는 컴퓨터의 활용 영역을 크게 다음의 세 가지, 즉 컴퓨터에 관한 교육 교사로서의 역할을 하는 컴퓨터, 교수-학습과정의 도구역할을 하는 컴퓨터 등으로 나누어 설명하고자 한다.

가. 컴퓨터에 관한 교육

1) 컴퓨터 하드웨어의 기본요소

컴퓨터의 크기나 처리용량에 관계없이 컴퓨터는 몇 가지 기본 구성요소가 있다. 이 같이 컴퓨터에 쓰이는 기계적 장치를 하드웨어라고 하며, 그 구체적 내용은 다음과 같다.

가) 입력

입력이란 필요한 정보를 컴퓨터에 넣는 것이다. 입력을 위하여 가장 널리 쓰이는 장치는 키보드와 마우스이다. 이 밖에도 조이스틱(joystick), 터치패드(touchpad),

전자펜(electronic pen) 등이 있다.

나) 중앙연산장치(central processing unit: CPU)

중앙연산장치는 컴퓨터의 조작을 가능케 하는 두뇌역활을 한다. 개인용 컴퓨터의 경우 이 장치가 기계 내의 작은 칩의 형태를 띠고 있다. 인텔사의 펜티엄(Pentium)칩이나 AMD사의 애쓸론(Athlon)칩 등이 이에 해당된다.

다) 임시저장장치(random access memory: RAM)

사용자의 조작에 의해 작업을 수행하는 동안만 임시로 정보를 저장하는 곳이다. 전원이 켜진 상태에서만 사용이 가능하며 전원이 꺼진 후에는 작업 중이던 모든 내용이 지워진다. 컴퓨터의 기억 용량은 보통 한 번에 저장될 수 있는 바이트의 양에 의하여 결정된다. 바이트(bytes)는 하나의 숫자나 철자를 나타내는 데 필요한 비트(bits)의 수이다. 보통 K라는 약자로 표시되는 1킬로바이트는 약 1, 000바이트(정확하게는 1,024 바이트)이다. 근래 들어서는 메가바이트(100만 바이트)를 넘어 기가바이트(100만 메가바이트)가 임시저장 장치에 사용되고 있다.

라) 저장(storage)

프로그램이나 처리된 정보가 저장되는 곳이다. RAM과 달리 전원에 관계없이 자료를 저장할 수 있다. 컴퓨터 본체 안에 하드디스크의 형태로 자리잡고 있다. 이동용 저장장치로는 플로피디스크와 CD-ROM, DVD-ROM, USB 등이 사용된다.

마) 산출(output)

이 장치는 프로그램 수행의 결과를 나타내는 것으로써 모니터가 주로 사용된다. 프린터나 스피커 등도 산출을 위한 장치이다.

3) 하드웨어의 선정

여기에서는 하드웨어의 선정과정에서 교사가 해야 할 일에 관하여 중점적으로 소개한다.

가) 요구분석

컴퓨터 하드웨어의 평가와 선택의 첫 번째 단계는 하드웨어를 필요로 하는 이유를 확인하는 일이다. 왜 컴퓨터를 사려고 하는지, 그 시스템에 쓰려고 하는 프로그램은 어떠한 것인지 등의 요구에 대한 분명한 대답을 하지 않은 채 하드웨어를 고르면, 결국은 잘못된 선택을 하게 된다.

또한, 어떤 소프트웨어를 주로 사용할 지에 대한 고려도 해야 한다. 소프트웨어 없이는 컴퓨터는 제 기능을 다할 수 없기 때문에 컴퓨터의 가능성은 알맞은 소프트웨어의 질과 양에 달려 있다. 그러므로 하드웨어를 선택하는데 있어서 미래의 소프트웨어의 변화와 추이를 감안해야 한다.

나) 적합성

컴퓨터 하드웨어를 고르기 위한 다음 단계는 이전에 구입한 도구들과의 적합성(compatibility)을 확인하는 것이다. 만일 변화가 필요하다면 빨리 바꾸는 것이 좋다. 컴퓨터에 관련된 부품이 워낙 많기 때문에 도구들 간의 적합성을 확인해야 하고, 아울러 그 컴퓨터에 쓸 수 있는 소프트웨어의 적합성을 확인해야 한다.

다) 확장성

확장성(expandability)은 컴퓨터 시스템을 구입하는데 있어서 고려해야 할 또 다른 중요한 요소이다. 컴퓨터 기술은 하루가 다르게 발전하므로 필요하다면 새로운 여러 가지 기술 (모뎀, 프린터, 하드디스크 드라이브 등)을 새롭게 보완해 줄 수 있어야 한다.

라) 매뉴얼

컴퓨터와 관련된 매뉴얼은 처음 컴퓨터를 사용하는 사람도 읽기 쉽고 이해하기 쉬워야 한다. 여러 가지 정보를 쉽게 알려 줄 수 있도록 도표 및 그림 등이 제시되어야 하고, 시스템의 다양한 부분을 보여줄 수 있어야 한다.

마) 서비스

컴퓨터 하드웨어를 파는 회사에서는 구입한 도구에 대한 사후 서비스에 철저해야 한다. 그 회사의 서비스센터는 준비되어 있는지 등에 관한 평판을 주위에서 들어보아야 한다.

나. 교사의 역할을 하는 컴퓨터

교사의 역할을 하는 컴퓨터란 컴퓨터가 교사의 역할을 담당하여 교수-학습을 지원하는 형태로 컴퓨터 보조수업(CAI, computer assisted instruction)과 컴퓨터 관리수업(CMI, computer managed instruction)으로 나뉘어진다. CAI는 컴퓨터가 교과내용을 학습자에게 가르치는 형태이며 CMI는 컴퓨터를 활용해서 수업과 관련된 정보나 자료를 분석, 기록, 평가하여 교사의 수업관리를 지원하는 형태이다.

1) 컴퓨터 보조수업(컴퓨터 학습 프로그램)

가) CAI의 개념 및 기원

교사가 학습자를 가르치는 역할을 하듯이 컴퓨터가 학습내용을 제시하고 피드백을 주며 학습이 일어나도록 유도하는 역할을 하는 것이 교사로서의 컴퓨터 활용영역이다. 이러한 영역으로 컴퓨터가 활용될 때 학습자는 컴퓨터로부터(form computer) 배운다라고 말할 수 있다. 이렇게 학습을 도와주는 프로그램은 CAI 이외에 CBL(computer based learning), 교육용 소프트웨어 또는 코스웨어라고 불리며, CBL은 CBI(computer based instruction)와 CMI(computer managed instruction)를 병합한 활용 형태를 의미하기도 한다.

CAI의 기원은 Pressley, Skinner 등에 의한 교수기계(teaching machine)와 프로그램 학습(programmed learning)으로 거슬러 올라간다. 교수기계란 학습내용을 진행하면서 학습자에게 제기된 문제의 각 항목에 대해 학습자가 해답을 기록하면 그 답의 정오(正誤)를 즉각적으로 피드백해 주도록 고안된 자공학습 장치이다, 프로그램 학습은 교수기계의 원리와 장점을 유지하면서 큰 부피와 많은 경비가 드는 단점을 줄일 수 있도록 개발된 책의 형태이다. 프로그램 학습이란 학습자가 학습목표에 점진적으로 교육적 장치를 의미한다. 이러한 프로그램 수업의 주요한 원리는 지금도 CAI의 설계에 적용되고 있다. 프로그램 학습 원리를 요약하면 다음과 같다.

- 학습목표를 명확하게 제시한다.
- 학습내용은 학습자가 잘 이해할 수 있도록 매우 작은 단계 또는 단위로 나누어 제시한다.
- 학습자들이 직접적이고 적극적인 반응을 통해 학습을 이끌어 간다.
- 학습자의 반응에 대해 즉각적으로 피드백을 준다.
- 학습자가 자기의 학습 속도에 맞추어 학습내용을 진행할 수 있도록 허락한다.
- 특정 질문에 대해 학습자의 반응이 틀린 경우 그 반응에 대한 처방적인 내용을 제시하여 학습의 효과를 높인다.

나) CAI의 특징

CAI를 수업에 사용하여 학습의 효과성을 높이려면 CAI가 가지고 있는 특성을 이해할 필요가 있다. CAI의 장점과 제한점을 살펴봄으로써 CAI의 활용 가능성을 검토해 보자. 우선, CAI의 장점은 개별화 수업을 가능하게 하며 상호작용성과 풍부한 학습경험을 제공한다는 것이다.

(1) CAI의 장점

첫째, CAI는 개별화 수업을 허용한다. CAI는 학습자 개개인의 요구에 맞는 학습을 진행하도록 허락한다. 학습자의 각기 다른 학습 수준과 속도에 따라 개별적인 학습이 가능하며 학습자의 반응에도 개별적인 피드백을 제공해 줄 수 있다. CAI는 이전의 매체에서 제한적으로 실시되던 개별화 교수가 본격적으로 실시될 수 있도록 허용한 것이다. 학습자는 자신의 수준에 맞는 내용이나 학습순서 및 학습의 계열을 선택할 수 있으며 학습 속도와 학습의 양을 조절할 수도 있다.

둘째, CAI는 상호작용적이다. 교실 수업에서 교사와 학습자간의 개별적인 상호작용 정도에 비해 CAI에서 컴퓨터와 학습자의 상호작용은 매우 역동적으로 일어난다. CAI의 원리는 학습자의 직접적인 반응에 의해 학습을 끌어가기 때문에 학습자의 반응을 유도해 내는데 효과적이다. 학습자는 프로그램이 제공하는 문제에 대해 키보드나 마우스 등의 입력 장치를 활용해 답을 해야 하며, CAI는 학습자의 반응에 대해 즉각적인 피드백을 제공한다.

셋째, CAI는 풍부한 학습경험을 제공함으로써 학습자의 동기를 유발하고 학습의 효과를 높일 수 있다. CAI는 다양한 방식으로 학습내용을 제시할 수 있다. 컴퓨터의 다양한 기법, 애니메이션, 그래픽, 문자, 소리를 사용하여 최대한 효과적이고 흥미 있는 방식으로 내용을 구성할 수 있다. 또한, CAI는 반복적인 연습, 현실적 있는 경험, 실제상황 모의 및 게임등의 다양한 형태로 학습경험을 제공할 수 있다.

(2) CAI의 제한점

CAI는 위에서 언급한 교육적 이점과 더불어 다음과 같은 몇 가지 제한점을 가지고 있다.

첫째, 우수한 질의 CAI가 부족하다. CAI가 수업에 적극적으로 활용되려면 다양한 교과내용을 담은 양질의 코스웨어가 충분히 개발되어 보급되어야 한다.

둘째, 하드웨어의 구입비용이 높다. CAI를 활용하려면 적합한 하드웨어와 함께 코스웨어가 구입되어야 한다. 다른 매체에 비해 아직은 가격이 비싼 편이다.

셋째, CAI를 개발하는 비용이 높다. 코스웨어를 개발하는데 드는 비용이 다른 매체의 제작에 비해 높은 편이다.

이러한 특성을 가지고 있는 CAI가 수업에 효과적으로 활용되기 위해서는 양질의 코스웨어를 선정할 수 있는 교사의 안목이 필요하다. 이를 위해 교사는 교수설계 및 학습이론에 대한 기본적인 지식을 습득해야 할 것이다. 또한 자신의 교과목 영역에 대한 이해에 기초하여 여러 가지 수업방법과 병행하여 CAI 프로그램을 적절히 활용함으로써 학습자에게 다양한 학습기회를 제공하기 위한 적극적 시도를 해야 한다.

(3) CAI의 유형

CAI는 학습내용의 구성에 따라 반복연습형, 개인교수형, 시뮬레이션형, 게임형으로 분류되어 각 유형은 학습목표와 내용의 특성에 따라 다른 절차를 사용하여 설계 · 개발한다(Alessi & Trollip, 1985).

(가) 반복연습형

반복연습형의 CAI는 지식이나 개념을 반복적인 연습을 통하여 정확하고 효과적으로 숙달할 수 있도록 개발된 형태의 코스웨어를 일컫는다. 다시 말해서, 반복연습형의 코스웨어는 이미 배운 사실적인 정보나 정의된 개념 등을 효과적으로 습득할 수 있도록 학습자에게 질문이나 문제 상황 등을 제시한 후 학습자의 입력된 반응에 대해 피드백을 제시함으로써 반복훈련 및 연습 기회를 통해 학습자의 기억력을 높여 학습의 효과를 높이고자 하는 목적으로 개발된 유형이다. 이 유형에 반복적으로 다양한 화면이나 역동적인 피드백을 제시함으로써 학습자의 동기를 유발하는 전략을 투입할 필요가 있다.

반복연습형의 구조는 [그림 2-21]과 같이 크게 도입, 문항선택, 문항제시와 반응입력, 반응판단과 피드백 및 종료 등으로 이루어진다. 반복연습형의 일반적인 진행 절차는 다음과 같다(Alessi & Trollip, 1985).

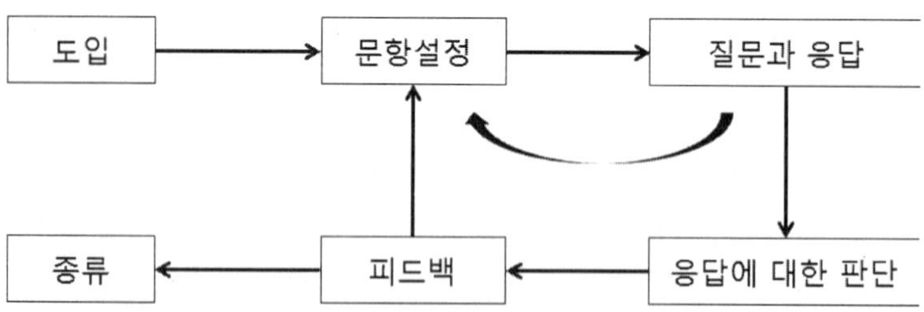

[그림 2-21] 반복연습형

도입부분에서는 코스웨어의 목적, 성격, 학습 진행 방법 및 학습자의 반응요령 등 학습을 행해 나가는데 필요한 기본적인 사항들을 설명한다. 문항선택은 학습자에게 제시되는 문항이 컴퓨터에 의해 선택되는 단계로서 문항의 난이도, 문항수,

문항의 제시 형태, 학습자의 반응시간 및 학습자에게 부여하는 선택권 등을 고려하여 다양한 방법으로 개발되어 제시될 수 있다. 문항의 제시와 반응의 입력단계는 문항이 학습자에게 제시되고 학습자는 반응을 입력하게 된다. 반응판단과 피드백 단계는 입력된 학습자의 반응을 판단하여 그에 따른 적절한 피드백을 제공한다. 일반적으로 피드백은 정답에 대해서는 짧게, 오답에 대해서는 구체적인 정보를 주는 것이 좋으며 부정적인 피드백보다 긍정적인 피드백이 학습에 효과적이라고 알려져 있다.

① 활용영역 : 이미 습득한 개념, 규칙, 철자 등의 사실적 정보 및 기본적인 용어를 보다 빠르고 정확하게 숙달하는데 활용된다, 예를 들면, 영어단어 외우기, 구구단 외우기 및 화학원소의 이름과 기호 익히기 등에 효과적으로 활용될 수 있는 프로그램의 유형이다.

② 설계전략

〈표 2-3〉 반복학습의 설계전략

주요단계	내 용
동기유발	주의집중, 흥미, 호기심
목표제시	학습목표의 제시
학습안내	학습진행 방법 및 학습자의 반응요령
수행유도	질문, 학습자 응답
피 드 백	즉각적인 피드백, 긍정적인 피드백

(나) 개인교수형(tutorial)

개인교수의 유형의 코스웨어는 실제 교사가 학습자를 일대일로 지도하여 학습목표에 도달하도록 하는 과정을 구현한 프로그램이다. 이러한 유형의 프로그램은 교사의 역할을 그대로 수행하여 학습자에게 학습내용을 구체적으로 제시하며 학습자는 프로그램과 상호작용함으로써 독자적으로 학습할 수 있다. 이 유형의 장점은 학습자가 자신의 학습능력과 흥미에 따라 각자의 진도로 학습을 진행해 나갈 수 있다는 것이다.

개인교수형의 구조는 [그림 2-22]와 같이 크게 도입, 정보제시, 질문과 반응입력, 반응판단과 피드백 및 종료 등으로 이루어진다. 정보제시형의 일반적인 진행 절차는 다음과 같다(Alessi & Trollip, 1985).

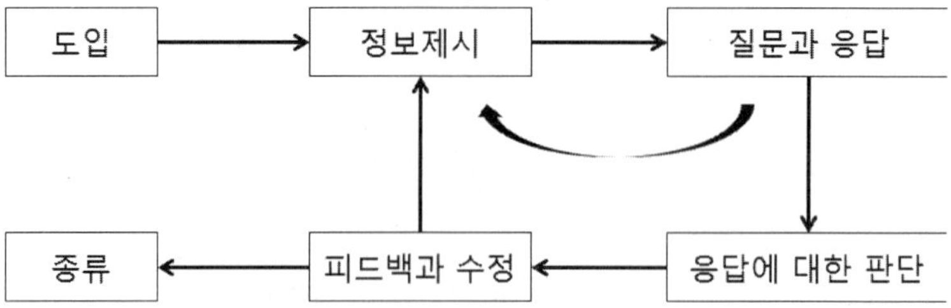

[그림 2-22] 개인교수형

도입부분에서는 학습목표를 제시해 주고, 학습자에게 프로그램을 통해 학습해 나가는데 필요한 기본적인 정보, 즉 학습진행 방법, 도움 요청 방법 및 질문 응답방법과 단계로써 학습내용을 구조화시켜 제공하는 단계이며, 필요에 따라 선수학습 내용이나 학습을 보다 효과적으로 유도하는 도움말을 포함하기도 한다. 질문과 응답은 학습내용에 대한 학습자의 이해 정도를 평가하고, 학습자에게 연습기회를 부여함으로써 보충학습의 필요성을 지적하는데 중요한 역할을 한다. 학습자의 반응이 입력되면 그 응답을 판단하여 적절한 피드백을 제공해 준다.

① 활용영역 : 사실적 정보, 개념의 구별, 규칙, 규칙의 적용 등 다양한 학습 유형을 가르치는데 사용될 수 있다.

② 설계 전략

〈표 2-4〉 개인교수형의 설계전략

주요단계	내 용
동기유발	주의집중, 호기심, 흥미 자극
목표제시	개념, 변별, 규칙, 원리, 적용
학습안내	학습진행 방법, 도움요청 및 질문응답 방법
정보제시	학습내용, 예, 사전지식, 도움말
수행유도	질문, 응답

피 드 백	긍정적 피드백, 교정적 피드백
평　　가	학습내용 평가, 요약

(다) 모의실험형(simulation)

모의실험형 코스웨어는 실제와 유사한 가상적 상황을 컴퓨터를 통하여 제시하여 학습자로 하여금 실제상황과 관련된 개념, 원리, 규칙, 절차, 과정 등을 학습할 수 있도록 개발된 프로그램 유형이다. 이러한 형태의 학습 프로그램은 학습자의 적극적인 참여와 탐구력이 요구된다. 이 유형의 장점은 학습자가 큰 경비를 들이지 않고 실제 상황을 경험할 수 있다는 것이다.

모의실험형의 구조는 [그림 2-23]과 같이 크게 도입, 시나리오(가상상황) 제시, 반응요구와 반응입력, 반응판단과 피드백 및 종료 등으로 이루어진다. 모의실험형의 일반적인 진행 절차는 다음과 같다(Alessi & Trollip, 1985).

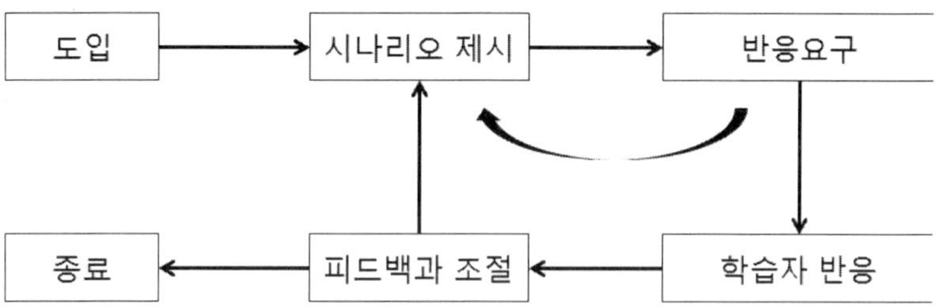

[그림 2-23] 모의실험형

도입부분에서는 학습자가 프로그램을 통하여 학습할 구체적인 학습목표와 학습목표를 효과적으로 달성할 수 있도록 도울 수 있는 학습안내 지침 및 시나리오(가상상황)에 대한 개괄적인 그림을 보여 준다. 또한 모의실험을 진행하는 방법에 대한 설명도 빼놓지 않는다. 가상적인 상황을 제시하는 데 있어서는 시나리오가 현실성을 충분히 반영하였는지와 학습목표를 충실히 실현할 수 있는지의 여부를 고려하여야 한다. 학습자의 반응은 학습자의 연령과 흥미를 고려하여 키보드, 조이스틱, 마우스, 전자펜, 음성 등 다양한 방법으로 입력하도록 개발될 수 있으며, 학습자의 실제 상황과 유사한 행동을 요구하는 것이 좋다. 반응판단과 피드백

단계에서는 학습자의 입력된 반응을 판단하여 피드백을 주게 된다. 피드백은 실제 상황을 그대로 모사한 자연적 피드백과 메시지만을 던져 주는 인위적 피드백이 있다.

① 활용영역 : 실생활에 관련된 개념, 원리, 규칙 등을 포함하는 구체적인 지식과 주어진 상황에서 문제를 해결하는 문제해결력 및 의사결정 능력을 배양하는데 다양하게 활용될 수 있다. 예컨대, 개구리 해부와 같은 실험을 통한 실험절차의 습득, 사업경영상 나타나는 다양한 시나리오를 통한 의사결정 능력의 배양 등이 여기에 포함된다.

② 설계전략

〈표 2-5〉 시뮬레이션형의 설계전략

주요단계	내 용
목표제시	학습목표의 제시
학습안내	모의실험을 진행하는 방법, 시나리오에 대한 개괄적인 그림
정 보	시나리오 제시
수행유도	질문, 학습자 반응
피 드 백	자연적인 피드백, 인위적인 피드백

(라) 게임형(game)

게임형의 코스웨어는 교육적인 목표를 가지고 오락적 요소, 규칙, 경쟁적 요소 등을 가미해 학습의 효과를 높이고자 설계된 프로그램 형태를 말한다. 학습용 게임의 가장 큰 특성은 게임의 교육적인 의도성이라고 말할 수 있다. 즉, 학습용 게임형은 분명한 학습목표를 가지고 학습을 촉진시키고자 설계된 프로그램으로써의 가능성이 중요하다는 것이다. 이 유형의 장점은 경쟁적인 학습상황을 통해 학습자의 동기를 유발할 수 있고, 적극적인 참여를 이끌어 내는 것이다.

게임형의 구조는 [그림 2-24]와 같이 크게 도입, 시나리오(가상상황) 제시, 반응 요구와 반응입력을 통한 상호작용, 종료 등으로 이루어진다. 게임형의 일반적인 진행 절차는 다음과 같다(Alessi & Tpollip, 1985).

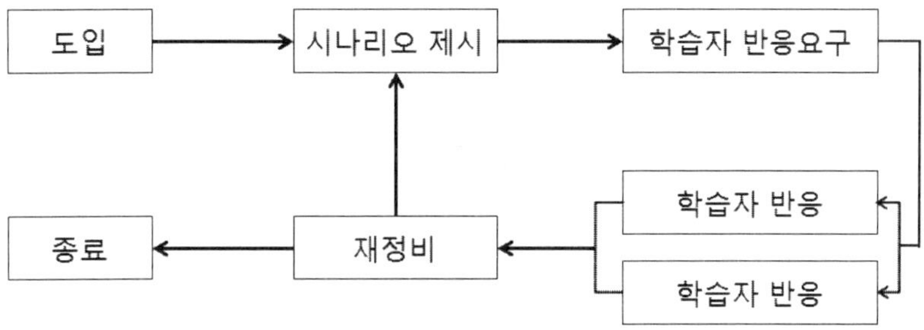

[그림 2-24] 게임형

도입단계에서는 게임을 통해 도달해야 할 학습목표, 규칙, 진행방법, 절차 및 벌칙 등에 대한 정보가 제시된다. 시나리오 제시단계에서는 게임이 의도하고 있는 교육적인 내용이 게임의 요소와 결합되어 제시된다. 학습자나 상대방의 반응이 상호작용하여 게임이 운영된 후에도 승자가 결정되고 그에 따른 보상이나 피드백이 주어지게 된다.

① 활용영역 : 게임형은 사실적 개념, 원리, 절차, 종합, 문제해결 능력, 태도 등 다양한 학습 유형을 주제로 개발되어 왔고, 교수자의 의도에 따라 효과적인 학습의 촉진제로 다양하게 활용될 수 있다.

② 설계전략

〈표 2-6〉 게임형의 설계전략

주요단계	내 용
목표제시	학습목표의 제시
학습안내	게임의 목적, 규칙, 방향에 대한 설명
정 보	시나리오 제시
수행유도	학습자 반응 요구, 학습자 반응
피 드 백	게임의 승자에 대한 정보, 결과에 대한 피드백

4) 컴퓨터 관리수업

컴퓨터 관리수업(computer managed instruction: CMI)이란 학습자의 성취에 관한 정보를 관리하고 개인별 학습내용을 관리하고 처리하는데 컴퓨터 체제를 이용하는 것을 말한다. 요즈음 많은 사람들이 개인별 수업에 보다 많은 관심을 기울이기 때문에 컴퓨터 관리수업의 활용이 점점 더 중요하게 다루어지고 있다. 형식적인 교육과 군대, 기업체, 산업체, 그리고 정부기관의 훈련 프로그램에 있어서도 효율성, 효과, 기회균등에 보다 큰 관심이 기울여지고 있으며, 이를 위하여 교사들은 개개의 학습자가 각기 다른 학습양식을 가지고 있으며 그 개인차에 따른 수업이 이루어져야 이런 문제가 해결될 수 있다고 인식하고 있다.

개인별 학습이란 학습자가 각기 다른 시간에 여러 가지 방식으로 교육을 전개할 수 있게 조치되어야 한다는 것을 의미하는데, 이는 교사 한 사람의 힘으로는 불가능하다. 이를테면 한 사람의 교사가 50여 명의 학습자를 각각 주제별로 다양한 방식을 적용하며 개인별 학습을 진행시켜 나갈 수 없다는 것이다. 그러나 컴퓨터는 학습자의 기록을 보관하는 것은 물론 채점하고 테스트의 결과를 분석하고 적절한 도구를 선정하고 방법이나 활동을 고안하는 등 각종 일 처리를 할 수 있다. 결국 통합적 학습체제(integrated learning system : ILS)의 구성이 컴퓨터를 이용함으로써 가능해진다.

가) 컴퓨터 이용 시험

컴퓨터 관리수업의 구체적인 한 가지 형태로 컴퓨터를 이용한 시험의 관리를 생각해 볼 수 있다. 구체적으로 컴퓨터는 시험문제의 저장과 보관을 적절하게 할 수 있다. 시험문제는 교과목별, 목표별, 난이도별로 저장이 가능하다. 그리고 문제은행 속에 보관된 각 시험문항은 언제나 수정될 수 있고 최근 것으로 대체될 수 있으며 오래된 문항을 수정할 수 있다. 또 교사는 언제라도 문제은행 속에서 시험문제를 선택해 낼 수 있으며, 컴퓨터 자체가 무작위로 선별하거나 특정한 목적을 가지고 시험지를 구성할 수도 있다. 또한 컴퓨터는 원하는 형태의 각기 다른 방식으로 시험 문제지를 프린트해 낼 수 있고, 컴퓨터 앞에 앉아 있는 학습자를 상대로 알맞은 방식으로 시험을 치르게 할 수 있다.

이 경우 컴퓨터는 학습자의 반응에 따라 정답과 오답의 반응인지 아닌지를 즉각적으로 나타낼 수 있다. 또한, 그 시험에 대한 학습자의 성적을 영구적으로 보관할 수 있다. 시험의 결과와 그에 대한 분석 결과는 학습자가 시험을 치르면서 컴퓨터에 반응하는 대로 컴퓨터가 빠르게 인지하여 그때 그때마다 원점수와 표준화된 점수로 환산하여 보여줄 수 있다. 아울러 그 학습자가 소속된 집단의 평균과 표준편차를 즉시 계산하여 보여주기도 한다.

나) 학습활동과 학습자료 선정을 위한 컴퓨터의 역할

컴퓨터는 학습자의 배경이나 흥미, 시험결과와 교사가 선택할 수 있는 알맞은 학습자료, 학습시간이나 기타 필요한 요소를 토대로 각각의 학습자에게 알맞은 학습처치를 해 줄 수 있다. 때때로 전통적 수업에서는 교사나 훈련자의 능력이 모든 학습자의 특성이나 그에 따른 여러 가지 학습활동의 다양성을 인지할 수 없기 때문에 알맞은 학습처지를 하는데 불편을 겪었다. 하지만 컴퓨터는 인간의 한계를 뛰어넘는 방대한 능력을 통해 수많은 요소들을 감안하여 알맞은 수업활동과 학습자료의 선정을 가능하게 만든다.

다) 자료보관

학습자의 시험성적 자료는 컴퓨터에 보관할 수 있다. 또한, 그러한 자료는 학습자가 시험을 치를 때마다 새로운 자료로 대체할 수 있으며, 결과에 따른 성적표의 작성도 간단하게 처리할 수 있다. 그밖에 평균점수, 마지막 성적의 여부 등 이 모든 일들이 컴퓨터에 의하여 자동으로 처리될 수 있다.

다. 교수-학습과정의 도구로 활용되는 컴퓨터

교수-학습과정의 도구로 활용되는 컴퓨터의 의미는 학습목표의 효과적인 달성을 위해 응용 소프트웨어를 수업의 수단, 매체 또는 도구로서 활용하는 것을 의미한다.

예컨대, 국어과의 작문 수업에서 연필이나 원고지 대신 워드프로세서를 사용하여 작문활동을 한다면 쉽게 수정 또는 정정 작업을 할 수 있게 된다. 이런 경우 워드프로세서 프로그램의 사용은 수업 또는 학습의 도구로서 작문 수업을 위해 활용되어진 것이다. 이러한 도구적 소프트웨어는 학습내용을 담고 있는 것이 아니라 교사와 학습자가 학습목표에 보다 효과적으로 도달할 수 있도록 돕기 위한 보조자료로서 사용되는 것이다. 대표적인 도구적 소프트웨어는 워드프로세서, 스프레드쉬트, 데이터베이스, 프리젠테이션 도구, 인터넷 등이다.

1) 워드프로세서의 활용

워드프로세서란 문서 작성과 관련하여 글의 기록, 편집, 저장, 인쇄 등의 기능을 수행하는 응용 소프트웨어이다. 워드프로세서는 과거의 타자기의 기능을 뛰어넘어 글의 삭제, 수정, 편집이 용이하며 다른 소프트웨어와 결합하여 향상된 문서를 작성할 수 있게 해 준다. 이 프로그램의 교육적인 장점은 문서의 작성 시간을 줄여주고, 학습자의 인지적 활동을 고무한다는 것이다.

- 활용영역: 국어과의 다양한 영역에 활용될 수 있다. 예컨대, 작문 수업, 학습내용의 정리, 독후감 작성 등의 영역에 도구로써 사용되는 것은 필수적인 일이다. 특히, 글을 구성하는 과정을 통하여 학습자의 인지적 또는 초인지적 과정을 촉진하는 도구로서 사용될 수 있다.

2) 스프레드쉬트의 활용

데이터의 산술 계산과 처리 및 그래프 작성기능 등을 이용하여 데이터의 조작을 효율적으로 수행하는 회계관리용 응용 소프트웨어이다. 스프레드쉬트 프로그램을 이용하여 다양한 데이터를 입력해 자동 계산 및 재계산을 실행할 수 있으므로 수량적 데이터를 다루는 교과영역에 다양하게 활용될 수 있다. 장점은 수량 데이터를 신속하게 처리할 수 있으며, 복잡한 계산에 쓰는 시간을 절약하여 학습내용과 관련된 개념과 원리 파악에 주력할 수 있다.

- 활용영역: 수학적 개념, 원리를 습득하는 영역과 계산 기능을 활용하는 문제 해결 영역에 활용될 수 있다.

3) 데이터베이스의 활용

데이터베이스 프로그램은 필요한 데이터의 입력, 수정, 정리 및 검색 등의 기능으로 데이터의 효율적인 활용을 지원해 주는 응용 소프트웨어이다. 방대한 양의 자료를 손쉽게 기록, 정리 · 관리하면 사용자가 필요한 경우 신속하게 검색 및 인출할 수 있다. 장점은 효율적인 데이터의 관리가 가능하며 적용, 종합, 분석 등의 고등정신 능력의 발달을 도모할 수 있다는 것이다. 또한, 데이터베이스 프로그램의 활용을 통해 체계적인 사고과정을 가르칠 수 있으며, 학습자의 문제해결력을 향상시킬 수 있다.

- 활용영역: 데이터베이스 프로그램은 일련의 사건, 사물, 현상간의 상호관련성 및 차이점을 분석하는 교과영역에 해당되는 과학, 사회 역사 등의 교과목에 다양하게 활용되어질 수 있다. 예컨대, 문화재의 유형을 분류한다든지, 기온과 강수량의 관계에 관한 것 등 다양한 데이터의 분류, 정리, 관리, 검색 등을 통해 학습내용의 이해를 도모할 수 있는 영역에 효과적이다.

4) 프레젠테이션 도구의 활용

프리젠테이션 도구는 텍스트와 이미지, 동영상, 음향 등을 이용하여 특정 내용을 다른 사람에게 전달할 목적으로 제작된 응용소프트웨어이다. 정보에 대한 다양한 표현방식이나 주요 학습내용에 대한 강조 등이 이 소프트웨어의 다양한 멀티미디어적 특성으로 교육상황에서 다양한 용도로 활용될 수 있다. 프리젠테이션이라는 기본용도 이외에 학습자들이 생각하는 내용을 시각화할 수 있다는 점에서 표현력과 창의적 사고력의 증진을 기대할 수 있다.

- 활용영역: 학습자들이 생각한 것을 시각적으로 표현하는 활동이 필요한 모든 교과에 적용될 수 있다. 예컨대, 국어교과에서는 학습자들이 직접 시나 수필 등을 작성한 후 텍스트, 이미지, 도형 삽입기능을 활용하여 자신이 생각하는

것을 표현하도록 한다. 이는 자신의 사고를 시각화할 수 있다는 점에서 창의력과 사고의 명료화 등의 향상에 기여할 수 있다.

5) 인터넷의 활용

인터넷을 교육상황에 활용하고자 하는 노력은 다양하게 이루어지고 있지만, 인터넷 그 자체로는 의사표현의 도구에 지나지 않는다. 이를 어떻게 활용할 것인지의 문제는 철저하게 사용자의 의도에 달려 있다. 근래 들어 인터넷의 교육적 활용은 온라인 교육으로 대표되고 있으나 교실상황에서도 다양한 형태로 활용될 수 있다. 특히, 생생한 정보 제공과 전문가와의 만남, 학습자 주도의 탐구식 학습 전개, 협동학습체제 및 학습공동체 구축 등은 인터넷을 활용함으로써 얻을 수 있는 이점들이다.

- 활용영역: 웹퀘스트(WebQuest)가 가장 대표적이고 체계적인 인터넷의 활용사례이다. 웹퀘스트는 1995년 미국 샌디애이고 대학의 Dodge 교수가 만들어낸 인터넷 활용 학습형태의 하나이다. 학습자들이 배워야 할 내용과 주요 학습활동, 웹자료 평가 등 제반 교육과정을 하나의 웹페이지에 통합/제시함으로써 보다 체계적인 환경 속에서 학습자들이 학습을 전개할 수 있도록 하고 있다.

인터넷이 제공할 수 있는 서비스의 형태

* 전자우편(E-Mail)
 컴퓨터 네트워크를 통하여 원하는 사람과 메시지나 정보를 주고받을 수 있는 시스템이다. 전송시간이 짧고, 하나의 편지를 동시에 여러 사람에게 보낼 수 있으며, 문서 파일도 함께 주고받을 수 있다.

* 파일전송(FTP: file transfer protocol)
 컴퓨터의 네트워크를 통해 필요한 파일을 가져오거나 자신의 파일을 상대방에게 전송해 주는 것으로 전 세계의 정보 자원을 자신의 것을 이용할 수 있는 서비스이다.

* 뉴스그룹(Newsgroup)

동일한 정보를 다수의 사람들이 공유하고 토의할 수 있도록 하기 위한 시스템이다. 이 기능은 어떤 특정 주제에 대해 관심을 가지고 있는 사용자들이 필요할 때마다 정보를 검색하여 볼 수 있도록 한다.

* 토론그룹(Listserv)

주제별로 분류된 전자우편 주소를 자동으로 관리함으로써 참여자들이 서로에게 정보를 쉽게 보내고 받을 수 있게 한 시스템이다. 사용자가 토론그룹 시스템의 인터넷 주소로 전자우편을 보내면 해당 그룹에 소속된 모든 사람에게 전자우편이 발송된다.

* 전자채팅(Internet Relay Chat)

전자대화는 각기 다른 장소에 있는 사용자가 컴퓨터를 통하여 실시간으로 커뮤니케이션을 하는 것이다. IRC는 문자를 이용한 대화뿐만 아니라 음성, 동영상을 통하여 실시간 대화가 가능하다.

* 웹(World Wide Web)

웹은 인터넷이 제공하는 다양한 서비스, 즉 전자우편, 파일전송, 원격접속, 뉴스그룹, 고퍼 등을 모두 통합적으로 사용할 수 있도록 되어 있다. 웹은 인터넷 익스플로러(Internet explorer)와 같은 웹 브라우저를 통하여 초보자도 쉽게 사용할 수 있는 정보검색 인출 시스템이다. 웹의 정보는 하이퍼텍스트로 구현되어 있다. 즉, 순차적이고 직선적인 형태로 구성되어 있던 기존의 텍스트 자료와는 달리 정보의 배열이 비순차적, 무선적으로 조직되어 있어 언제나 원하는 정보에 접근할 수 있다.

라. 멀티미디어와 하이퍼미디어

1) 멀티미디어의 개념

멀티미디어의 개념은 과학기술의 발달과 더불어 그 의미가 조금씩 달라져 왔다. 과거(50년대) 멀티미디어는 영어로 'Multi-Media'로서 두 가지 이상의 각기 다른 매체를 결합하여 사용하는 것을 의미했다. 70년대 멀티미디어는 여러 개의 슬라이드와 비디오 및 영화 등 다양한 영상자료와 음성정보를 통합하여 제시하는 것을 의미했다. 90년대 컴퓨터 공학이 눈부시게 발전함에 따라 멀티미디어는 두 가지 이상의 다른 정보 형태를 제시할 수 있는 체제를 의미하게 되었다. 최근의 컴퓨터가 문자정보, 그래픽, 애니메이션, 정지사진, 음향, 음악 등을 통합하여 표현할 수 있게 됨에 따라 멀티미디어는 이러한 성능을 가진 멀티미디어 컴퓨터를 일컫기도 한다. 또한, 멀티미디어는 문자 그래픽, 청각적 네트워크를 통해 정보를 생성, 전송, 재생할 수 있는 컴퓨터가 운용하는 상호적인 커뮤니케이션이라고 정의되기도 한다. 이러한 개념에 근거해서 멀티미디어의 몇 가지 특성을 살펴보면 다음과 같다.

첫째, 멀티미디어는 상호작용적인 학습환경을 제공해 준다. 영화나 TV 프로그램도 문자, 그림, 사진, 영상, 음향, 애니메이션 등을 통합하여 제시하지만 멀티미디어라고 부르지 않는다. 영화나 TV프로그램은 학습자와의 상호작용이 가능하지 않기 때문이다. 멀티미디어는 기존 매체들이 제공하는 일방적인 커뮤니케이션의 형태를 쌍방향 커뮤니케이션으로 변화시켜 학습자에게 적극적인 참여 경험과 통제인식을 제공한다.

둘째, 멀티미디어는 개별화 수업을 가능하게 한다. 학습자는 각기 다른 흥미와 적성, 학습양식, 학습속도를 가지고 있다. 이러한 이유로 모든 학습자의 요구가 수업에 수용되기란 쉬운 일이 아니다. 그러나 멀티미디어가 제공하는 학습환경에서는 학습자 개개인의 요구와 학습속도에 따라 학습하는 것이 가능하다. 또한, 언제나 정해진 시간, 장소에서 이루어지던 수업의 틀을 깰 수 있으므로 학습자가 원하는 시간과 공간에서 학습하는 것까지도 허용된다.

셋째, 멀티미디어는 풍부한 학습경험을 제공해 준다. 멀티미디어는 가상현실(virtual reality)을 만들어 낼 수 있다. 멀티미디어는 다양한 형태의 매체가 통합되어 학습내용에 대해 실제적인 정보와 경험을 제공해 줌으로써 현실과 유사한 풍부한 학습환경을 제공할 수 있다.

넷째, 멀티미디어는 학습자의 동기를 유발시켜 의미 있는 학습으로 이끌 수 있다. 멀티미디어는 문자정보, 그래픽, 애니메이션, 정사진, 음성정보 등 다양하고 풍부한 정보들을 통합하여 제시하기 때문에 학습자의 흥미와 관심을 불러일으킬 수 있다. 또한, 학습자에게 통제성을 부여하는 방식을 통해 학습에 대한 책임감과 자신감을 증가시킬 수 있다.

다섯째, 멀티미디어는 학습자의 자기주도적인 학습을 촉진한다. 하이퍼텍스트 원리로 구현된 멀티미디어 형태인 하이퍼미디어 학습환경은 학습자에게 통제권과 자율성을 보장한다. 즉, 학습자는 설계자에 의해 개발된 순서대로 학습하는 것이 아니라 자신의 관심과 요구에 맞게 어떠한 주제를 선택해야 하는지 파악해야 하며, 어떻게 학습 목표에 도달할 수 있는지 그리고 만족스런 학습 결과를 위하여 어떠한 학습 전략과 절차를 사용해야 하는지 스스로 결정해야 한다. 학습자는 학습을 성공적으로 마치기 위하여 자기 주도적으로 학습전략, 학습순서, 내용, 난이도를 선정할 수 있는 통제권을 갖게 되는 것이다. 이러한 통제권은 학습자가 자율적으로 학습요구를 확인하고 이 요구에 적절한 학습정보를 찾도록 격려함으로써 학습자로 하여금 효과적인 자기조절 학습으로 이끌 수 있다.

멀티미디어의 이러한 장점을 살려 교육에 효과적으로 활용하려면 관련 학습이론에 대한 연구를 통해 효과적인 설계원리, 활용방안 및 전략들의 제공이 적극적으로 이루어져야 한다.

2) 하이퍼미디어

하이퍼미디어란 하이퍼텍스트(hypertext)의 개념을 적용하여 개발된 멀티미디어 프로그램을 의미한다. 하이퍼텍스트란 말은 1965년 Therdor H. Nelson에 의해 처음 사용된 용어로 컴퓨터에서 비직선적으로 조직된 자료의 형태를 말한다. 즉, 하이퍼텍스트는 순차적이고 직선적인 형태로 구성되어 있던 기존의 텍스트 자료와는 달리 정보의 배열이 비순차적, 무선적으로 되어 있어 학습자가 언제든지 원하는 정보로 건너 뛸 수 있도록 조직된 것이다. 하이퍼텍스트는 인간의 인지구조에 조직되어 있는 정보의 배열과 같이 수많은 노드, 예컨대 주제, 개념, 아이디어를 표현하는 정보의 작은 단위가 비직선적인 링크(link)에 의해 서로 연결되어 있는 형태를 갖는다. 하이퍼텍스트의 개념을 그림으로 나타내면 다음과 같다.

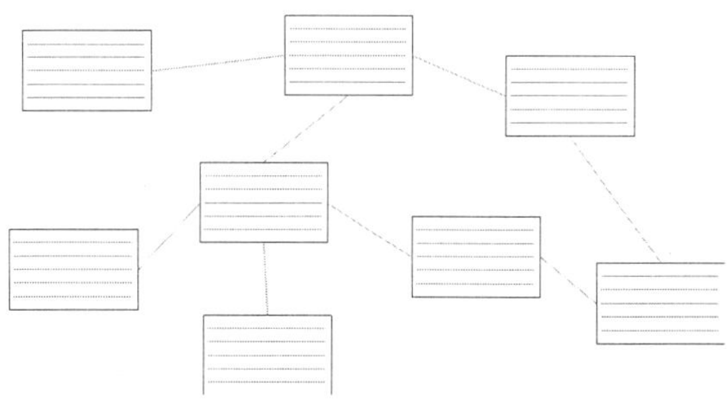

[그림 2-25] 하이퍼텍스트의 개념

하이퍼미디어는 다른 교수설계와는 달리 학습자들이 프로그램의 흐름에 따라 가기보다는 자기 스스로 학습을 진행하도록 한다. 이러한 학습과정은 설계자의 교육적 의도에 바탕을 두어 설계되는 것이 바람직하다. 하이퍼미디어에는 학습자에게 완전한 이동의 자유를 부여하는 연합적 구조, 어느 정도의 계열성을 전제하는 위계적 구조의 두 가지 형태가 있다.

가) 연합적 구조(망상구조, associative structure)

연합적 구조는 하이퍼미디어의 본래 구조의 형태를 띤다. 연합적 구조로 이루어진 하이퍼미디어 프로그램에서는 학습자가 어떤 한 정보에서 하이퍼미디어에 포함된 어떤 다른 정보로 아무런 제약없이 접근할 수 있다. 연결된 두 노드는 전체구조에서 특정의 논리적 관계를 갖지 않는다. 이 구조를 그림으로 표현하면 다음과 같다.

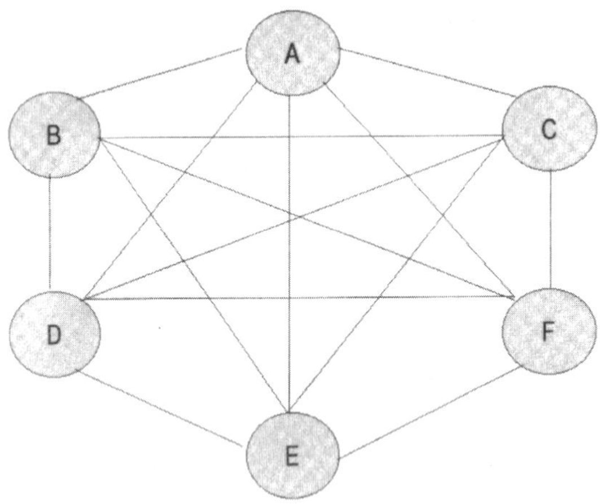

[그림 2-26] **연합적 구조**

이러한 연합적 구조의 하이퍼미디어 프로그램에서 종종 발생하는 문제는 학습자의 방향감 상실(disorientation)과, 인지적 과부하(cognitive overload)로 인한 학습효과의 저하이다(ConKlin, 1988 ; Begoray : 1990). 즉 학습자는 프로그램 전체의 범위를 알지 못하고 접근해야 할 정보의 양이 너무 많아서 내용의 선택과 경로를 제대로 판단할 수 없게 된다. 학습의 진행에 대한 방향감을 잃어버리게 되는 것이다. 또한, 하이퍼미디어 학습환경은 학습자 통제를 기본으로 하기 때문에 학습자는 학습진행을 위한 의사결정에 많은 부담을 느끼게 된다.

나) 위계적 구조(hierarchical structure)

위계적 구조는 위에서 언급한 연합적 구조를 가진 하이퍼미디어 프로그램에서 발생하는 문제점을 보완하기 위해 제안된 구조이다. 즉, 노드 간의 논리적 관계를 고려하여 조직적으로 정보들을 연결하게 되면 위계적인 구조가 생기게 되고 이러한 구조에서 학습자는 어느 정도 프로그램의 통제를 받게 되므로 방향감 상실이나 인지적 과부하의 문제를 해소할 수 있다고 보는 것이다. 위계적 구조는 하이퍼미디어에 포함된 정보를 몇 개의 층으로 분류하고 정보들의 논리적 관계에 기초해서 위계적으로 각 정보를 연결하는 형태를 갖는다.

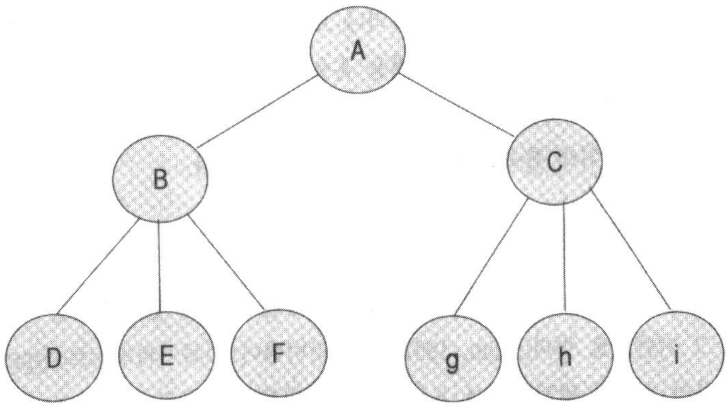

[그림 2-27] 위계적 구조

제2부

교육방법 및 교육공학의 이론

제3장 이론적 기초
제4장 수업이론
제5장 수업설계이론

교육방법 및 교육공학은 각종 학문들과의 관련 속에서 이해가 가능한 응용학문이라고 할 수 있다. 따라서 각 영역에서의 연구활동은 관련 학문들의 연결과학으로 특징지워진다. 제2부에서는 교육방법 및 교육공학의 발전에 기여한 이론들에 대해 살펴보고자 한다. 우선 교육방법 및 교육공학에 특히 많은 도움을 주어 이론적 기초를 이루는 학습이론과 교육실제의 적용과 관련된 수업이론, 그리고 교육공학의 가장 핵심적인 연구 및 활동 영역인 수업설계이론의 세 분야로 나누어 소개하고자 한다.

제3장 이론적 기초

제1절 행동주의 학습이론
제2절 인지주의 학습이론
제3절 구성주의 학습이론

교육방법 및 교육공학을 이론적으로나 실천적으로 이해하는 것은 인간의 학습현상을 이해하는 것에서부터 비롯된다고 할 수 있다. 왜냐하면 교육방법 및 교육공학은 기본적으로 학습자의 학습을 극대화 또는 최적화하기 위한 처방에 관심을 두고 있기 때문이다. 학습현상을 어떻게 이해하였는가에 따라 학습자에 대한 태도와 학습에 대한 처방이 달라지며, 궁극적으로 실제 수업현장에서 구현되는 수업과정이나 절차가 달라지게 된다.

따라서 교육방법 및 교육공학을 이해하기 위해서는 학습현상을 설명하는 이론적 관점, 즉 학습이론을 필수적으로 이해해야 한다. 학습이론은 학습조건이나 상황 혹은 학습자의 능력 등에 따라서 적용되는 범위가 각각 다르며 한 가지 학습이론만으로 모든 학습의 완전을 기할 수는 없다고 보여진다. 또한 이들 이론은 각각의 출발점이나 효과의 정도마저도 모두 다르다고 할 수 있다. 따라서 어떤 학습이론을 따르느냐에 따라 교육방법 및 교육공학의 계획도 달라질 수밖에 없게 된다. 따라서 제3장에서는 교육방법 및 교육공학 분야의 이론적 기초로서 지대한 영향을 미친 세 개의 학습이론인 행동주의, 인지주의, 구성주의 이론에 대해 살펴볼 것이다.

제1절 행동주의 학습이론

행동주의 이론은 초기 교육방법 및 교육공학의 성립과 발전에 커다란 영향을 미쳤으며 현재까지도 많은 교육방법 및 교육공학적 원리들이 행동주의에 그 이론적 기초를 두고 있다. 행동주의는 다윈의 진화론에 영향을 받아 E. Thorndike와 Pavlov에 의해 20세기에 시작되었다. 그 이후 1980년대까지 컴퓨터 기반의 프로그램에서 발견되는 반복적인 훈련이나 연습, 교실에서 정교하게 계획된 칭찬과 그에 따른 보상 등은 전형적인 행동주의 원리의 반영이라 할 수 있다.

여기에서는 행동주의 이론에 대해 철학적 관점과 기본 가정, 학습의 개념 및 원리 그리고 영향 및 시사점으로 구분하여 살펴보고자 한다.

1. 철학적 관점과 기본 가정

행동주의 이론의 철학적 관점은 실재론이면서 객관주의를 견지하고 있다. 실재론은 인식의 주체인 인간의 인식이나 지각에 관계없이 그 대상인 객체는 독립적으로 존재한다고 간주하는 입장이다. 예를 들어 학습자가 배우는 학습내용이나 지식은 학습자 외부에 존재하는 것으로 학습자가 그것을 어떻게 인지했느냐는 중요하지 않다. 객관주의는 지식이 개별적 인간의 인식과 경험에 관계없이 서로 공유할 수 있으며, 보편적이며 객관적인 지식으로서의 진리의 존재를 믿었다. 따라서 학습자는 교사가 전달하는 지식을 모두 획득 가능하며 타 학습자들과 동일하게 세상을 이해할 수 있다고 보았다. 이것이 한 사람이 알고 있는 지식을 타인에게 손실 없이 그대도 전달할 수 있다고 믿는 이유인 것이다.

행동주의가 함의하고 있는 기본 가정을 살펴보면 다음과 같다.

첫째, 행동주의는 모든 생물학적 종들은 동일한 방식으로 환경과 상호작용한다고 믿었다. 쥐, 비둘기, 고양이 등의 동물과 인간이 환경에 반응하는 것이 동일(equipotentiality)하다는 의미이다. 이러한 기본 가정에서 동물 실험 결과로부터 파생된 학습의 원리를 그래도 인간에게 적용할 수 있다고 주장하였다.

둘째, 행동주의는 인간을 '복잡한 기계'라고 가정하였다. 인간은 자료가 입력되면 그대로 출력되어지는 기계와 같은 존재이기 때문에 인간의 행동은 복잡하기는 하지만 예측이 가능하다고 보았다. 또한 예측이 가능하기 때문에 입력되는 자료를 통하여 인간의 행동은 마음먹은 대로 얼마든지 수정시킬 수 있다고 보았다. 여기에서의 입력되는 자료는 자극으로서의 환경을 말하는 것으로 환경을 변화시킴으로써 인간의 행동을 변화시킬 수 있다고 보는 것이다.

셋째, 행동주의는 현재 행동은 선행조건에 의해 결정된다고 가정하였다. 이같은 가정으로 인해 눈으로 관찰 가능한 수량화할 수 있는 행동만을 연구 대상으로 제한하였다. 인간의 마음 속이나 뇌 속에서 일어나는 생각이나 사고도 그것이 행동으로 표출되지 않는다면 연구대상이 될 수 없는 것이다.

2. 학습의 개념 및 원리

행동주의 이론에서의 학습은 환경의 조성에 따른 학습자 행동의 변화로 규정할 수 있다. 여기서 환경이란 학습자의 바람직한 행동 변화를 가져올 수 있는 학습의 외재적 조건이라고 할 수 있다. 이러한 변화의 동인은 학습자로 하여금 자극으로서의 특정 환경에 대하여 특정한 형태로 반응하도록 만드는 경험에 있다. 때문에 그들 노력의 중요한 지향점은 환경을 정비하여 원하는 행동을 강화하고, 수용할 수 없다고 느끼는 행동은 줄이거나 제거하는 방법으로 행동하도록 하는데 있다.

여기에 행동주의의 근본적인 학습의 원리가 있다. 가장 중요한 원리는 특정 자극을 지속적으로 가하여 특정 반응을 지속적으로 나타내도록 자극과 반응을 연합시키는 것이라고 할 수 있다. 이때 행동을 유발하는 자극과 반응의 연쇄를 밀접하게 연합하는 강화를 조작함으로써 학습과정을 통제하였다. 또한 이 과정은 시행착오 및 조건화에 의해 이루어지는 것이기 때문에 학습지도에 있어서 실습 또는 연습은 필수불가결의 과정이라고 보았다. 특히 적극적인 학습활동이 나오게 하기 위해서는 효과의 법칙이 적용되어야 비로소 큰 효과를 거둔다고 하였다.

따라서 행동주의에서 잘 가르치는 교사란 특정 반응을 나타내는 자극들을 발견하여, 그 자극들이 학습자에게 미치도록 환경 속에 효과적으로 배치하며, 그 속에서 연합이 잘 이루어질 수 있도록 체계적으로 강화를 처방하는 사람이라고 할 수 있다.

3. 영향 및 시사점

인간의 학습은 회상 및 습관과 조작적 조건 형성 이상의 복잡한 사고과정을 포함하고 있음에도 불구하고 행동주의 이론은 학습을 너무 단순하고 기계적으로 기술하고 있다. 그래서 학습을 “각각 분리하여 학습해야 할 작은 행동 단위의 집합"이라고 정의하는 행동주의 이론은 비판을 받게 되었다. 더욱이 행동주의 이론의 처방적이고 빈틈없는 배열절차와 과제를 강조하는 것 등은 오늘날 교육현장에서는 거의 정당화될 수 없다고 보여진다.

덧붙여서 행동주의적 사고에서 보면 가르친다는 것의 기본적인 의미는 어떤 정보, 사실, 가치, 개념, 정서, 기능 등을 제시해 주고, 전달해 주는 행위가 될 수밖에 없다고 보여진다. 따라서 교사의 역할은 학습자가 따라 배워야 할, 가장 모범적으로 사전에 규정된 성인의 모습을 내보이는 것이고, 지식의 주 원천으로서 학습자를 관리하고 감독하는 일을 주로 책임지게 된다고 보았다.

행동주의적 관점에서의 교육은 교사가 학습자에게 정해진 교육내용을 전달하는 것으로 간주하였다. 교사는 이미 교육내용을 습득하고 있으며, 학습자는 결핍된 상태로 간주되는 존재인 것이다. 교사는 수행전문가로 규정되며, 정해진 지식을 효과적 · 효율적으로 전달하는 방법에 관심을 보인다. 그들은 학습자에게 결핍된 내용을 채워주기 위하여 관련된 교육내용을 작은 단위로 나누어서 순차적으로 제시하였다.

이처럼 세분화하여 제시하는 과정에서 학습경험이 단편화되고, 탈맥락화되었으며 비현실적으로 되는 문제점이 지적되었다. 세분화된 학습내용의 제시, 연습, 피드백의 제시 등이 주된 교육활동이므로 실제 학습의 장면에서 하위 단위의 지식 또는 기능이 어떤 방식으로 통합되어 활용될 수 있는지를 적절하게 다루지 못하였다.

그러나 이와 같은 비판에도 불구하고 행동주의 이론은 ① 교수, 학습 및 평가에서의 행동 목표 진술, ② 언어 및 읽기에서의 기본적인 기능훈련 프로그램(SRA), ③ 마이크로티칭, 개별화수업(IPI), 적응적 수업, 완전학습, ④ 수업체제, 경영체제, 수업훈련모형, 수업설계, ⑤ 교사-훈련 프로그램, ⑥ 컴퓨터화된 수업(CAI), 프로그램 수업을 포함한 수업공학, ⑦ 교육평가의 투입-과정-산출 모형 등 오늘날 교육방법 및 교육공학과 관계된 다방면에 영향을 미치고 있다. 이러한 방법들은 수업설계시 검사와 진단 그리고 피드백의 중요성을 강조해야 함을 시사하고 있으며 대표적인 예로는 Skinner의 프로그램학습 등을 들 수 있다.

제2절 인지주의 학습이론

인지주의는 1960년대 중반 이후 인간의 행동을 자극과 반응의 기계적인 연결에 의하여 설명하려는 행동주의적 사고에 반대하여 싹트기 시작하였다. 인지주의 이론에서는 인간은 기계적인 학습과정에서만 모든 행동이 변하는 것이 아니라 현재의 자극상황을 과거 경험에 비추어 해석하고 생소한 문제를 추리로 해결함으로써 행동이 변화하는 학습과정도 있음을 강조하였다. 이렇게 이루어지는 학습과정은 인간의 인지과정이 참여하는 행동변화이므로 인지학습이라고 하였다.

교육학용어사전(1981)에 의하면 인지는 지각 · 상상 · 추리 및 판단 등 모든 형태의 지적 활동을 포함하는 일반적인 개념이라고 정의하였다. 다시 말해 지식을 습득, 저장, 전환, 창출, 평가, 활용하는 과정을 의미하는 것이라 할 수 있다. 인지주의 이론에서는 학습자의 행동보다 그 행동을 일으키는 정신활동, 즉 인지활동에 관심을 두고 있다. 따라서 인지주의 입장에서의 학습은 '이해를 통해서 학습자의 인지구조가 변화하는 것'으로 인식하고 있다.

여기에서는 인지주의 이론에 대해 철학적 관점과 기본 가정, 학습의 개념 및 원리 그리고 영향 및 시사점으로 구분하여 살펴보고자 한다.

1. 철학적 관점과 기본 가정

철학적 시각에서만 본다면 인지주의 역시 행동주의와 같은 전통적인 철학의 범위 안에 존재하고 있다. 즉 실재론이면서 객관주의를 견지하는 것이다. 그러나 행동주의와는 구별되는 것이 있는데, 행동주의가 견지하는 인식의 객체는 행동으로 드러나는 물질적 측면인데 비하여 인지주의를 행동으로 드러나지 않는 인지과정을 포함한다는 점이 그것이라고 할 수 있다.

인지주의가 함의하고 있는 기본 가정을 살펴보면 다음과 같다.

첫째, 인간의 학습과 동물의 학습 간에는 질적인 차이가 있다고 가정하고 있다. 왜냐하면 인간은 환경에 기계적, 수동적으로 반응하는 존재가 아니라 능동적, 적극적, 자발적으로 지각하고 반응하는 존재라고 보기 때문이다. 인간의 학습은 단순히 자극에 반응하는 연합의 결과가 아니라 자극에 대한 정보를 해석하고 판단하는 사고과정을 통한 결과라고 보는 입장이다.

둘째, 인지주의는 학습단위를 '요소 간의 관계'로 보고 이러한 관계는 통찰에 의해 발견된다고 가정하고 있다. 이것은 행동주의에서 학습단위를 '자극-반응의 연합'으로 보고 주로 시행착오에 의해 일어난다고 보는 것과는 다르다고 할 수 있다. 따라서 인간의 복잡한 행동은 정해진 순서에 의하여 낱개로 해체하여 단순화시켜 이해할 수 있는 것이 아닌, 전체로 봐야 하며 이 전체는 부분의 합 이상의 의미를 지니게 됨을 알 수 있다.

셋째, 인지주의 이론은 인간의 내적인 인지과정에 초점을 두고 있기 때문에 학습의 결과로서 행동은 반드시 필요한 것은 아니라고 보고 있다. 행동주의처럼 관찰되는 행동만이 학습의 결과가 아니라 행동으로 드러나지 않더라도 학습자 내부에서 인지상태가 변화하였다면 학습한 것임을 의미하는 것이다.

넷째, 인지주의 이론은 인간은 각기 다르게 사물을 지각한다고 보았다. 인간은 동일한 사물에 대해서도 다르게 지각하므로 개인의 경험이나 흥미가 사물의 지각 방식에 영향을 미친다고 보는 것이다.

2. 학습의 개념 및 원리

인지주의 이론에서의 학습은 "이해를 통한 학습자의 인지구조의 변화"로 규정하고 있다. 학습자가 따로 떨어진 정보를 서로 연결시켜 본인의 인지 구조 속에서 그 관계를 파악했을 때 학습이 일어났다고 보았다. 학습자는 새로운 정보를 접할 때 기존의 인지구조를 통하여 그 새로운 정보를 해석하고 판단하려 한다는 것이다. 하지만 기존의 인지구조가 새로운 정보와 상충되어 해석하지 못하거나 아예 기존의 인지구조가 없을 때 학습자는 인지적 혼란 및 갈등을 겪게 된다. 이러한 갈등 및 혼란을 해결하는 과정에서 기존의 인지구조가 변화하거나 새로 생기게 된다고 하였다. 이렇게 새롭게 바뀐 인지구조는 또 다른 새로운 정보에 대한 해석과 판단의 기준이 된다고 보았다.

이와 같은 학습의 과정은 인지적 혼란이 있을 때마다 학습자의 내부에서 끊임없이 발생하기 때문에 인지구조는 지속적으로 수정되고 변화하게 된다.

인지주의 이론의 학습 원리는 인지적 혼란 및 갈등이라고 할 수 있다. 학습자로 하여금 인지적 혼란을 경험하게 함으로써 기존의 인지구조를 바꾸도록 만드는 것이다. 따라서 잘 가르치는 교사는 학습자의 인지적 혼란을 잘 발생시키기 위하여 학습자의 인지구조에 영향을 미칠 자극과 도전으로 채워져 있는 새로운 정보를 마련하여 처방하는 사람이라고 할 수 있다.

3. 영향 및 시사점

인지주의 이론에서의 학습은 새로운 지식을 학습자가 이미 알고 있는 지식에 연계시키는 다양한 기회와 과정을 통하여 일어난다고 보았다. 때문에 수업은 교사가 지식이나 정보를 학습자에게 단순히 전달하는 과정이 아니라, 학생의 사고과정과 기능 습득을 효과적으로 수행할 수 있도록 도와주는 활동이라고 하였다.

다시 말하면 학습자가 지식이나 정보를 그저 단순히 받아들여 기록하고 연습하고 외우도록 하는 것이 아니라, 학습자가 정보를 적극적으로 구성하고, 그러면서 자신의 인지구조 내의 기존 지식과 정보를 재구성하는 일을 하도록 안내하고 도와주는 것이 가르치는 일이라고 보고 있다. 따라서 수업은 학습자에게서 일어나고 있는 학습의 과정과 행위에 접근된 활동으로 이루어질 수 있도록 계획되어야 함을 주장하였다. 또한 인지주의 이론은 유기체설의 입장을 지지하여 당장 효과를 보지 못하더라도 앞을 내다보는 관점에서 통합된 형태의 전체적인 학습이 이루어질 수 있는 수업을 계획해야 한다고 하였다.

이와 같은 인지주의 이론에서 주장하는 효과적인 수업방법은 Bruner의 발견학습이다. 학습의 기대결과는 지식의 습득이 아니라 사고과정의 변화이기 때문에 발견학습과정이 강조되어야 한다는 것이다. 따라서 발견학습이 가능하도록 지식이 구조화되어야 하고 지식의 구조는 학습자의 수준에 맞는 표현양식으로 제시되어야 한다고 주장하였다.

지금까지 살펴본 인지주의를 행동주의와 비교하여 살펴보면 다음의 〈표 3-1〉과 같다.

〈표 3-1〉 인지주의와 행동주의 이론의 비교

비교요소	행동주의 학습이론	인지주의 학습이론
학습자	환경에 수동적이고 반응적으로 행동함	환경을 능동적으로 보고 이를 지배함
학습의 전제	자극과 반응 사이의 연합 때문에 일어남	학습자가 환경을 활발하게 이해하려고 시도함으로써 일어남
지식	학습되는 연합의 유형들로 구성됨	조직된 정신구조와 절차로 구성됨
연구대상	동물	인간
연구장면	통제된 실험실 오직 실험을 통해서만 검증	다양한 학습상황 연구, 사고, 실험, 논리적 분석이 사용됨
연구목적	일반적인 학습법칙의 발견	인지의 개인차와 발달적 차이 발견
강화	강화가 반응의 강도를 강하게 함	행동 후에 일어난 일을 알려주는 신호 역할을 함
동기	외적 강화에 의해 형성	내적 동기의 중시
기본학파	연합주의	형태주의 심리학

제3절 구성주의 학습이론

객관주의(objectivism)와 구성주의(constructivism)에 대한 교육에서의 논의는 상당히 오래된 것이지만 수업설계와 관련하여 논의된 것은 1990년대 이후라고 할 수 있다. 앞서 소개한 행동주의나 인지주의는 객관주의를 철학적 기저로 하며, 학습이 발생하는 과정과 이유에 대한 학습이론이라는 데에는 의심의 여지가 없다. 이에 반해 구성주의는 학습이론으로서 그 위치가 확고하다고는 할 수 없다.

이 같은 현상은 구성주의에 대한 이론적 설명에 인지적 도제나 문제중심학습(PBL), 인지적 융통성 이론(CFT), 목표기반 시나리오(GBS) 등과 같은 구성주의적 학습모형들이 구성주의적 학습이론으로 불리며 소개되는 것에서도 알 수 있다. 이는 구성주의적 학습모형과 학습이론을 혼동하기 때문에 발생하는 것이다. 오히려 구성주의적 학습이론으로는 활동이론, 상황인지이론, 분산인지이론, 학습의 생태 심리학 등이 적당하며 앞으로는 이에 대한 연구가 더욱 깊이 있게 진행되어야 할 것으로 보인다.

또한 Driscoll(2003)은 이에 대해 하나의 구성주의 이론은 없다고 하면서 구성주의는 여러 분야에서 구성주의적 시각의 다양한 측면을 분명히 하려는 학자들의 노력을 설명하는 데 붙여진 칭호라고 하였다. 대신에 일반적으로 구성주의는 지식이란 무엇이며, 어떻게 구성되는지, 무엇인가를 안다고 할 때 그것은 어떤 상태인가와 같은 질문을 탐구하는 철학적 인식론의 한 분야로 알려져 있다. 따라서 구성주의에 대한 논의에는 인식론으로서의 구성주의와 대치되는 객관주의에 대한 논의가 빠짐없이 등장하게 되는 것이다.

여기에서는 구성주의 이론에 대해 철학적 관점과 기본 가정, 학습의 개념 및 원리 그리고 영향 및 시사점으로 구분하여 살펴봄으로써, 새로운 교육환경에 적합한 대안적 해결책에 대해 탐색해 보고자 한다.

1. 철학적 관점과 기본 가정

인식론으로서 구성주의가 대치되는 객관주의는 지식 존재의 객관성과 보편성, 구조화를 견지하고 있으며, 학습이란 객관적 실재의 구조를 파악하는 것으로 보고 있다. 다시 말해 지식은 개별적 인간의 인식과 경험에 상관없이 서로 공유할 수 있으며, 보편적이고 객관적인 지식으로서의 진리의 존재를 믿는다. 이러한 가정하에 행동주의와 인지주의에서는 가르치는 것이 무엇이든 모든 학습자는 정도의 차이는 존재하지만 궁극적으로는 동일하게 이해할 수 있다고 하였다. 또한 그 동일한 이해의 과정은 지식을 먼저 획득한 교사가 학습자에게 그 지식을 전달하고 학습자는 획득하는 것이라고 파악하였다. 이러한 관점에서는 수업활동과정에서의 학습자 활동을 통하여 무엇이 학습되고 있나가 중요한 것이 아니라 마지막의 객관적인 테스트를 통해 학습 성취 여부를 평가하는 데 초점을 맞추게 된다. 결국 전달된 지식으로부터 학습자는 교사뿐만 아리라 다른 학습자와 동일한 지식을 갖게 되면서 타인들과 동일하게 세상을 이해할 수 있다고 믿는 것이다.

따라서 이 입장에서는 수업의 목적이 교사가 학습자에게 지식을 손실 없이 효과적이고 효율적으로 전달하는 교사중심의 사고체계를 이루고 있다. 방법적 원리를 살펴보면, 가르칠 내용을 작은 요소로 나누어서 그 각각을 기억하도록하는 데에 초점을 맞추어 왔다. 물론 지식의 이해와 활용 역시 중요시 되었으나 그것은 주어진 지식을 일단 충분히 암기한 후 일어날 수 있는 것으로 파악되었다. 수업전략 역시 학습자 스스로가 의미를 파악해 내고 지식을 구성해 나가는 데에 맞추어진 것이 아니라, 목표달성을 위하여 필요한 내용의 암기나 이해를 위하여 고안되어져, 과정보다는 결과를 중시하는 방향으로 활용되었다.

이에 대해 Spiro(1992) 등은 현재 많은 수업체제가 실패하고 있는 원인을 가르치려는 지식을 단순화 · 구조화된 비현실적인 방식으로 이해하는 데에 있다고 지적하였다. 체계화된 지식의 암기에 행동주의를 포함하는 객관주의적 원리가 효과적이고 효율적일 수 있으나, 복잡한 현실을 반영하고 비구조화된 진보된 형태의 지식습득을 위해서는 또 다른 이론적 패러다임이 요구된다고 볼 수 있다.

객관주의와는 반대로 인식론으로서의 구성주의는 상대주의적인 시각을 견지하고 있다. 구성주의에서 주장하는 "실재란 학습자의 마음 속에 존재한다"는 것에서도 알 수 있듯이, 학습자는 그의 경험에 바탕을 두고 실재를 구성하기 때문에 각 개인의 경험이 다르듯이 구성된 실재의 모습이나 의미도 다르다고 보는 입장이다. 인간의 지식은 자신의 경험으로부터 구성되는 것이며 그것을 어떻게 해석하느냐에 따라 그 의미가 결정되기 때문에 지식은 객관적이고 보편적이 될 수 없다고 보고 있다. 이런 관점에서의 학습은 더 이상 객관적이며 보편적인 그리고 타인으로부터 전달되는 지식의 습득에 초점을 두는 것이 아니라 개인적으로 유의미한 경험과 해석을 통한 지식의 구성에 초점을 둔다.

따라서 이 입장에서는 수업의 목적을 달성하기 위해서 현실세계와 동일한 복잡한 문제상황 속에서 사건이나 사물, 개념 등이 활용되고 해석되어야 한다. 또한 학습의 평가는 그 과정을 수행할 수 있는 능력을 갖추었는지를 확인하는 것으로, 지식을 이용하여 문제를 해결하는 과제의 수행과정과 그 수행여부에서 자연스럽게 파악될 수 있다.

학습이론으로서 구성주의가 함의하고 있는 기본 가정은 학자에 따라 약간의 차이가 있으나 대체로 다음의 세 가지를 바탕으로 하고 있다.

첫째, 구성주의는 개인이 지식을 구성한다고 가정한다. 개인은 인식의 주체로서 능동적으로 스스로의 경험을 바탕으로 지식을 구성해 나간다. 인지주의의 가정인 능동적 · 적극적 · 자발적 반응의 존재에서 한 발 더 나아가 자신의 외부 세계를 내적 표상을 통해 해석하는 창조적 인간인 것이다.

둘째, 구성주의는 개인의 활동이나 행동은 사회적 · 문화적 맥락을 포함한다고 가정한다. 개인의 활동이나 행동은 그 활동과 행동이 발생하는 상황적 맥락 내에서 이루어지며, 그것이 습득된 상황과 관련되는 것이다. 따라서 우리가 습득하는 지식은 지식 습득의 맥락과 개인의 선수 지식, 경험 등에 따라 다르게 학습되며, 전이도 그 상황에 좌우된다. 이것을 상황적 인지(situated cognition)라 한다.

셋째, 구성주의는 개인의 활동이나 행동은 사회적 협상을 통해서 이루어진다고 가정한다. 지식은 인식 주체에 의해 주관적으로 구성되어지고, 상황에 따라 상이하게 구성되기도 한다. 이와 같은 지식은 타인과의 상호작용 속에서 그 타당성이 검토되고 지식으로 형성되는 것이다.

지금까지 살펴본 구성주의와 객관주의를 종합하여 비교해 보면 〈표 3-2〉와 같다.

〈표 3-2〉 객관주의와 구성주의의 비교

비교요소	객관주의	구성주의
지식	개인의 정신과 독립적으로 존재하는 고정적이고 관찰가능한 객체로서 내부로 전달되는 것	사회적 경험을 바탕으로 개인의 인지적 작용에 의하여 지속적으로 구성, 재구성되어지는 것
학습	교사에 의해 이미 존재하는 지식이 전달되는 것이고, 모든 학습자들은 획일적인 방법으로 실재를 알게 됨	학습자들이 자신이 위치한 물리적, 사회적 세계와 능동적으로 상호작용하는 해석적, 순환적, 구성적인 의미를 만드는 과정
교수목적	학습자에게 가장 효과적이고 효율적인 방법으로 지식을 알리거나 전달하는 것	학습자가 세상에 대한 스스로의 해석을 어떻게 하는가 보여주는 것
교수내용	객관적 법칙이라고 밝혀진 체계화된 지식	현실세계와 동일하고 복잡한 문제상황 속에서 지식 제공
내용의 조직	학습자가 지식을 가장 갈 파악할 수 있는 방식으로 조직	복합적인 현실과 다양한 관점이 포함되는 환경으로 설계
주요 수업전략	반복연습 피드백의 제공 외적 흥미요소 강조	다양한 문제상황 속에서의 지식활용 기회 제공 스스로의 의미구성의 기회 제공 학습자의 능동적 참여 조장
수업의 평가	교수 후 목표달성 여부의 객관적 테스트	학습과정에서 지식을 이용하여 문제를 해결하는 수행여부 파악
최종 목표	시·공간을 초월해서 적용할 수 있는 탈역사적, 탈공간적, 범우주적인 진리와 지식의 추구	개인에게 의미 있고 타당하며, 적합한 지식의 구성
교사	미리 준비된 내용을 일방적으로 제시하는 역할	학생들이 개인적으로 지식을 이해하고 구성하도록 보조하는 학습 안내자, 조언자, 동등한 학습자의 역할
수업에서의 핵심	목표 및 과제의 구체적 분석 목표달성을 위한 수업전략 고안	현실상황의 복합성을 나타내는 환경구성 발생학적 지식생성의 환경 구성

2. 학습의 개념 및 원리

구성주의는 그 기본전제를 학습자중심의 교육환경에 두고 있으며, 학습은 지식구성의 과정 또는 의미형성의 과정으로 보고 있다. 지식구성의 과정은 자신을 둘러싼 세상에 대한 지식을 구성하고 의미를 부여하는 과정으로 세상에 대한 자신의 표상 또는 모델을 구성하는 것이라 할 수 있다. 이 과정은 자연스러운 과정으로서 우리 인간이 알아야 할 필요성은 있지만 이해하지 못하는 어떤 정보 등을 직면했을 때마다 반복된다. 이때 우리가 이미 알고 있는 것 혹은 선행 경험은 지식표상과 의미형성에 중요한 역할을 하게 된다. 새로운 정보가 무엇을 의미하는지 결정하기 위해서는 기존의 지식이나 의미와 조화되어야 하기 때문이다. 따라서 의미있는 지식의 구성은 질문, 혼돈, 불일치, 부조화 등에 의해 촉진된다.

이렇게 보았을 때, 구성주의 이론은 인지주의와 같다는 점을 발견할 수 있을 것이다. 사실 구성주의에서의 의미형성의 의미는 인지주의에서의 인지구조 변화의 의미와 유사하며, 기존의 지식으로 새로운 정보를 해석하지 못하는 것은 인지적 혼란이나 불일치 때문이라는 것, 그리고 사전 지식의 중요성 면에서도 유사하게 보여진다.

그러나 이것은 표면적으로 보이는 유사성이고 인지주의에서의 학습의 결과는 누구나 동일하게 얻을 수 있고 전달이 가능한 인지구조인 반면 구성주의에서의 의미형성 결과는 개인에게 유일한 것이며 다른 사람으로부터 전달되는 것이 아니다. 구성주의에서의 이러한 관점은 학습자마다 사전지식과 경험이 다르고 지식이 구성되는 환경과 상황이 저마다 다르기 때문에 나타나는 것에 기인한다. 따라서 교사의 역할도 인지주의에서와는 다르게 학습자의 학습경험이 유의미하도록 학습환경을 설계하여 제공할 수 있는 교사를 우수하다고 할 수 있는 것이다.

이러한 점들을 고려해 보면, 구성주의에서의 학습 원리는 학습과제와 관련된 측면, 학습환경과 관련된 측면, 의미 구성과정의 조력이라는 세 가지 측면에서 모색해 볼 수 있다.

첫째, 학습과제는 의미 있는 과제여야 한다. 학습자의 적극적인 참여를 위해서 학습자에게 제시되는 과제는 학습할 가치가 있다는 점을 학습자가 느낄 수 있도록 의미 있게 구성되어야 한다는 것이다. 학습자는 학습하는 목적이나 그 이유를 자신이 알 때, 그리고 학습과제가 그들의 흥미와 목적에 부합할 때 학습에 더 적극적으로 참여하게 된다. 이는 테크놀로지가 발달하고 그 테크놀로지를 인지활동의 적극적인 보조자로 활용할 수 있는 원리가 발전하고 있는 오늘날 더욱 실현 가능한 처방으로 평가되고 있다.

둘째, 학습환경은 실제 환경의 복잡성을 그대로 반영하여야 하고 상호작용할 수 있는 환경이어야 한다. 학습자는 맥락(지식이 사용되는 현장 또는 실세계를 의미함) 속에서 경험할 때 능동적인 참여를 통한 진정한 의미형성이 일어나기 때문에 학습환경은 실제를 반영한 상황적 복잡함을 반영해야 한다.

셋째, 동료와 교사, 나아가 주제에 대한 전문가와의 상호작용이 가능하도록 해야 한다. 구성주의에서 교사의 역할은 지식의 전수자가 아니라 인도자, 조언자, 동등한 학습자로 규정되기 때문에 학습자가 실제적인 과제를 해결하는 과정에서 교사는 이러한 역할을 적절히 수행할 수 있어야 한다.

3. 영향 및 시사점

구성주의 관점에서는 정보를 능동적으로 처리하고 그 정보를 정교화시키고 해석하는 능동적인 학습자의 참여를 기대한다. 왜냐하면 학습은 학습자들의 능동적인 학습활동의 참여를 통한 지식과 의미를 구성하는 과정에서 발생하기 때문이다. 이와 같은 이유에서 구성주의 학습이론에서 가장 관심을 두는 것은 학습자중심의 학습환경을 설계하는 것이라고 할 수 있다.

구성주의에서 강조하는 학습자중심의 학습환경으로 인해 교육현장에 더욱 영향을 미치게 된 것이 협동학습이고, 이를 계기로 도구 역할이 강조되고 교사 역할이 변화하는 계기가 되고 있다.

협동학습은 실제 상황에서 혼자 문제를 해결하기보다는 여러 사람의 공동 참여와 작업을 통해 문제를 해결함으로써 개인에게 주어진 인지적 부담을 던다는 의미가 일차적이라고 할 수 있다. 이것 뿐만 아니라 사람마다 얼마나 다양한 생각과 견해를 지니고 있는지를 배우고 다차원적인 사고력을 길러 줄 수 있는 기회가 되는 것이 협동학습의 또다른 특징이라고 할 수 있다. 학습자들은 다른 동료나 교사 또는 부모님과의 상호작용을 발판화하여 근접 발달 영역을 넓혀 나가며, 학습환경과 서로 간의 수평적인 의사소통이 이루어져 다양한 시각이 인정되는 분위기를 만들어 나간다.

도구는 기존의 학습이론에서 말하는 매체(media)와는 의미가 다르다. 매체는 교사의 교수내용을 효과적이고 효율적으로 전달하는 전달체제로서 교수내용과 분리되지만, 구성주의에서의 도구는 단순한 내용의 전달체제가 아니라 학습내용을 중재하기 때문에 내용과 분리되지 않는다. 다시 말해 도구를 다루면서 학습하는 것이다. 도구의 중재가 중요한 이유는 도구가 사용하는 사람들의 사회, 문화, 역사를 반영하고 있기 때문이다.

인식의 주체로서 학습자를 대하는 교사는 학습자들이 능동적이고 창의적으로 문제를 해결하고 지식을 구성해 나가기 위해 주어진 학습환경에 최대한 적극적으로 참여하여 스스로 의미를 만들어 나갈 수 있도록 인내를 가지고 도와주어야 한다. 교사 자신이 계획한 학습 경험의 세계로 안내하되, 학습자 스스로 문제를 탐구할 수 있도록 옆에서 도와주는 안내자, 조력자의 역할도 하여야 한다. 더불어 학습자 스스로 해결할 수 있도록 하는 데 촉매 역할도 하고, 학습자의 작은 성취에 대해서도 칭찬과 격려를 아끼지 않는 촉진자의 역할도 하여야 한다. 결과적으로 구성주의는 학습환경에서 교사는 학습자의 학습을 돕는 발판의 역할(scaffolder)을 하며, 한편으로는 배움을 같이하는 동료학습자가 되기도 한다.

제4장 수업이론

제1절 수업이론의 개념
제2절 수업이론의 유형
제3절 수업이론의 구성요소

교수-학습이론의 시발점을 역사적으로 살펴본다면 아마도 코메니우스 시대까지로 거슬러 올라가야 하겠지만, 현대적인 의미에서의 학교수업에 관한 과학적 탐구가 본격화된 것은 그리 오래 전 일이 아니다. 수업이론이 등장하게 된 계기는 현장의 교사들이나 교육학자들은 과학적 현상으로서 교육을 탐구하고, 교육의 효율성을 의도적으로 높이기 위해서 발전된 여러 이론을 재정립하며, 구체적인 방법을 동원한 통합적 이론이 필요하다는 점을 인식하기 시작하면서부터이다. 바로 이와 같은 노력의 일환으로 1950년대 중반 교육계와 교육심리학계에는 수업이론(instructional theory)이라는 새로운 분야가 등장하기 시작하였다. 물론, 이 때까지 이 분야는 교육이론에 관한 논쟁을 새롭게 전개하거나 교육자들의 책무에 관해 논쟁을 할 정도로 그렇게 세련된 분야는 아니었다.

그 이후 수업이론은 학습자가 교육목표를 달성하는 데 관련된 모든 요인을 설명하기 위해 다음과 같은 것들이 탐구되기 시작하였다. 학습자 자체에 대한 이해에서부터 교육목표를 검증하고, 그러한 교육목표를 달성하기 위하여 어떻게 학습경험을 정리할 것인가에 대해 연구하며, 교육방법의 장점에 대한 평가와 보완에 과학적 도구들을 사용하는 등 각종 활동이 조직적으로 시도된 것이다.

이 장에서는 앞서 살펴본 심리학적 기초에 근거한 학습이론을 바탕으로 수업이론의 개념, 수업이론의 유형, 그리고 수업이론을 구성하는 변인들의 탐색을 통해 학습자의 학습효과를 극대화하기 위해 제안된 바를 탐색해 보고자 한다.

제1절 수업이론의 개념

'어떻게 가르쳐야 하는가'의 문제는 '학습자가 얼마나 잘 배웠느냐'와 '학습자가 목표달성을 효율적으로 달성했느냐'와 같은 의미라고 할 수 있다. 결국, 수업의 효율성과 효과성을 증진시킬 수 있는 이론 및 방법들에 대한 연구는 다양한 접근이 가능하며, 다양하고 구체적인 방법을 동원한 통합적 이론으로서 가치가 있다는 것을 의미한다고 할 수 있다.

여기에서는 수업이론의 개념에 대한 고찰로서 수업이론의 전개과정, 수업이론의 성격, 그리고 수업이론의 필요성으로 구분하여 살펴보고자 한다.

1. 수업이론의 전개과정

교육의 과학적 탐구가 본격화되면서 교육의 원리를 철학이나 신학에서가 아니라 심리학에서 찾으려 하였고, 교수 또는 학습지도의 원리를 심리학적인 학습이론에 기초를 두고 탐색하기 시작하였다. 심리학에 기초한 학습이론이나 지식이 학교학습의 질적 개선을 위해 크게 이바지해 왔고, 학습의 극대화를 촉진시키는데 많은 시사를 주었다는 사실을 인정하지 않을 수 없다.

그러나 심리학에서 연구된 학습이론을 학교학습 이론의 과정에 응용하고 적용하려는 과정에서 여러 문제점이 발생하기 시작하였다. 이것은 학습이론이 도출된 상황과 학교학습이 일어나는 학교 상황이 다르기 때문에 나타나게 된 현상이었다. 학습이론은 실험실적 연구에 근거하여 얻어진 것이 대부분이기 때문에 복잡하고 다양한 성질의 학교 교실 장면에 그대로 적용하는데 어려웠기 때문이다. 앞 장에서 살펴보았던 실험실 학습과 학교 교실 학습 간의 차이를 요약하면 다음과 같다.

〈표 4-1〉 실험실 학습과 학교 교실 학습 간의 차이

구분	실험실 학습	학교 교실 학습
대상자	쥐, 개, 원숭이, 비둘기 등의 동물이나 특정학생	일반 학생
학습자의 수	한 번에 한 피험자	소집단 혹은 대집단
개인차	동일한 단위로 취급	개인차 고려
과거경험과의 연속성	과거의 경험과 단절된 단기학습	과거, 현재, 미래와의 관계
학습의 준거	준거 수준이 낮다	수준이 높다

통제 기술	외적 요인을 엄격하게 통제	엄격한 통제가 어렵고 교실 밖의 학습 조장
학습과제의 성격	단순과제	복잡하고 수준 높은 과제

이와 같이 살펴본 실험실 학습과 교실 학습의 차이 외에도 심리학자 간에 학습이론과 원리가 통일되어 있지 않은 것도 교육실제에 적용을 어렵게 하는 원인이 되었다. 심리학이 과학으로서의 위치를 잡아가기 시작한 20세기 초에는 심리학의 다양한 학파들이 경쟁적으로 자신들의 입장을 나타내기 시작하였고, 이 결과 자신들의 입장이 가장 적합한 이론으로서의 가치를 지닌다는 태도를 가지게 되었다. 그러나 소수의 교육원리만이 교육실제에서 경험적으로 검증되면서 교육학자들은 그들의 관점이나 기본적인 가정만을 받아들이게 되었으며, 교육학자와 심리학자는 이러한 경쟁관계 속에서 보다 설득력 있는 학습이론이 나타나 교육실제에 명확한 처방이 내려지기를 기대하게 되었다.

그러나 이 때의 학습이론은 학습과제에 대해 정확하고 타당성 있는 묘사조차도 하지 못하였고, 그들이 제시한 학습과정의 원리들은 실험적인 입장을 취하기보다는 이전의 연구자 이론과의 관련성을 따지는 수준에 머물러 있었다. 이는 교육학자들이 가장 설득력이 있을 것이라는 전제하에 선택한 학습이론을 타당성이나 실제성 등의 경험적 증거를 고려하여 선택하기보다는 그 이론의 대표자가 가지고 있는 영향력과 그 당시의 교육철학에 의해 선택되는 경우가 많았다는 것을 의미한다.

1960년대에 들어서면서 많은 교육실천가들 사이에서 교육과 학습을 지나치게 좁은 시각으로 보는 것에 대한 반성이 있었고 대안으로서 교육내용과 교육방법을 중요하게 생각하는 수업이론적 접근이 점차 활기를 띠게 되었다. 제2차 세계대전의 종전이라는 시대적 상황 또한 수업이론 연구를 더욱 활성화시킨 계기가 되었다. 세계는 모든 면에서 새로운 질서를 추구하게 되었고, 공교육의 기회가 더욱 확대되었으며, 학교 외에서 성인을 대상으로 하는 여러 유형의 교육도 더욱 활성화되었다. 특히 전후 수많은 사회문제를 해결하기 위하여 인간행동에 관한 연구결과의 적용에 많은 관심을 가지게 되었다. 심리학 분야에서도 순수이론심리학의 연구보다는 학습심리학의 연구결과에 대한 응용과 이 분야에 대한 전문학술적인 연구들이 이루어지는 등 응용심리학의 발전에 큰 행보를 내딛기 시작하였다. 결국 이 시기가 지나면서, 많은 학자들은 심리학이 교육에 무언가를 제공해 주어야 한다는 입장을 취하기보다는 '교육'의 상황을 가장 먼저 고려한 다음, 심리학과 그 외 다른 원리에서 추출할 수 있는 의미들을 찾고자 하였다. 이와 같은 노력은 1970년대를 지나면서 교육학자들과 심리학자들이 학습이론에서 벗어나 '수업'이라는 교육적 문제에 중점을 두고 교육에서의 필요한 원리를 찾는 형태로 나타나게 되었다.

이 시기에 수업이론이 비약적으로 발전한 요인 중에 시청각 매체의 발달을 빼놓을 수 없다. 교실에서 이러한 기기의 사용 확대는 노동 집약적인 수업상황을 기술 집약적인 방향으로 유도하였다. 특히 미국에서 1956년 스푸트니크 충격 이후 교육과정과 교수학습을 연구하는 프로젝트에 연방정부가 직접 개입함으로써, 이 분야의 연구는 타분야보다 비교적 풍족한 환경에서 추진되었다고 할 수 있다. 이러한 상황은 1949년 출판된 Tyler의 「The Basic Principles of Curriculum and Instruction」이라는 명저 이후 수업체제에 대한 연구가 비약적으로 발전하는 계기가 되었다.

1960~70년대는 개별화에 대해 주의가 집중된 시기라고 할 수 있다. IPI, PSI 등 개별화 수업체제가 활발히 연구 · 개발되었고, 교육체제에 넓게 보급되었다. 특히 과제의 수행과 시간과의 관계를 집중적으로 규명한 Carroll 등의 연구는 지적 능력이 다른 학습자가 같은 성취를 이루어 내도록 하기 위해서 어떠한 학습과제를 어떻게 제시해야 하는가에 대하여 결정적인 단서를 제시하였다. 이러한 단서를 실제의 교육 상황에서 검증한 것은 Glaser에 의해서였다. 그의 수업과정 일반 모형은 그 후 연구된 체제적 접근 또는 개별화 수업체제에서 거의 예외 없이 채택되었다.

1970~80년대에는 다양한 수업이론 체제가 소개되었는데, 이 중에서도 가장 주목할 만한 것은 적성-처치 상호작용이라고 할 수 있다. Cronbach와 Snow에 의해서 발전된 이 모델은 단순히 처치요인을 조작함으로써 학업성취를 달성하는 것을 목표로 하는 개별화 수업체제와 달리 학습자의 개인차 변인을 수업체제에서

수용하는 것이라 할 수 있다. 다시 말해 학습자가 가지고 있는 적성의 유형에 따라 차별적인 처치를 가해 줌으로써 모두 학업성취를 달성하도록 하는 전략이 내재되어 있는 것이다.

1990년대 이후에는 컴퓨터가 수업이론의 연구와 실제에 영향을 크게 미치게 되었고, 그 영향력은 점차 증대되어 가고 있는 추세에 있다. 2000년대에도 수업이론에 대한 이론은 계속 나오고 있고, 또한 이론의 검증과 실험도 계속될 것이다.

2. 수업이론의 성격

수업이론의 성격을 어떻게 규정하느냐는 독자적인 수업이론의 필요성을 부정하는 행동주의자들에서부터 다양하게 필요성을 주장하는 사람들에 이르기까지 여러 견해가 있다. 여기에서는 Gage(1963, 1964, 1979), Bruner(1966)등 몇몇 수업이론가의 견해를 종합하여 수업이론의 성격을 정리하였다.

첫째, 수업이론은 일반적인 성격을 가져야 한다. Gage(1964)는 수업이론은 교사의 행동이 학습자의 행동에 영향을 주는 방법을 설명하고 예견하고 통제할 수 있는 것이어야 한다고 주장하였다. 그에 의하면 수업이론은 교사가 어떻게 행동할 것이며, 왜 그렇게 행동해야 하며, 또 그렇게 행동함으로써 어떤 영향을 초래할 것인가에 대한 세 가지 질문에 답을 할 수 있다고 하였다. 그리고 수업이론은 모든 교사, 모든 학생, 모든 학습과제, 그리고 수업이 이루어지는 모든 장면에 적용될 수 있는 일반적인 성격을 가져야 하며, 학교 내외를 막론하고 적용할 수 있는 일반적인 개념이라고 하였다. 또한 학습이론이 학습과정의 이해와 통제 및 예언을 하는 데 분명히 필요하지만 가장 바람직하고 효과적으로 학습이 이루어지도록 하기 위해서는 그것만으로는 불충분하기 때문에 다른 과학, 즉 수업공학이 필요하다고 하였다.

둘째, 수업이론은 처방적인 성격을 가져야 한다. 수업이론의 본질을 간결하고 명료하면서도 설득력 있게 다룬 사람은 Bruner(1966)라고 할 수 있다. 그에 의하면 수업이론은 단순히 학습과정을 기술한 것이 아니라 학습과제를 어떻게 하면 학습자가 가장 잘 배울 수 있을 것인가에 관심을 갖는 것이라고 하였다. 이러한 의미에서 수업이론은 처방적인 성격을 가지는데, 처방적(prescriptive)이라는 말은 의사가 환자의 질병 원인을 찾아서 그에 맞는 치료를 하는 것과 마찬가지로 어떤 목적을 달성하기 위하여 어떻게 해야 하는지를 제시하는 것을 의미한다.

셋째, 수업이론은 규범적인 성격을 가져야 한다. Bruner에 의하면 수업이론은 학습자가 어느 정도까지 학습해야 하며(학습의 준거), 어떤 조건에서 학습해야 하는지(학습의 조건)를 제시해야 한다는 점에서 규범적(normative)이라고 하였다.

넷째, 수업이론은 방법적인 성격을 가져야 한다. 수업이론은 학습 환경을 조작하는 방법에 관한 것이라고 할 수 있다. Corey(1971)는 수업 활동이란 학습자가 학습목표를 달성할 수 있도록 학습자의 내적 · 외적 환경을 의도적이고 체계적으로 조작해 가는 과정이라고 하였다. 그러므로 수업이론은 조작의 대상이 되는 내적 · 외적 환경이 무엇이며 어떻게 그것들을 조작할 수 있을 것인지 구체적인 방법과 전략을 제시해 주는 것이어야 한다. 수업이론과 학습이론을 몇 가지 측면에서 비교해 보면 다음과 같다.

〈표 4-2〉 학습이론과 수업이론의 비교

구분	학습이론	수업이론
관심의 초점	- 유기체와 학습에 대한 포괄적인 기초 이론의 수립 - 학습자가 왜 어떻게 학습하는가에 대한 지식	- 교육 실제의 개선 - 학습에 대한 지식을 이용하여 학습자에게 최적의 학습이 이루어지도록 해 주는 것
이론이 성립되는 상황	- 실험실 상황	- 학교 교실 상황
이론의 성격	- 기술적(유기체가 있는 과정을 그대로 나타내는 것) - 한정적 - 이론적 - 사실적, 경험적	- 처방적(학습자가 학습과제를 어떻게 하면 잘 배울 수 있을 것인가를 가르쳐 주는 것) - 일반적 - 방법적 - 규범적

이상과 같은 학습이론과 수업이론의 차이를 어떤 사람들은 자연과학과 응용과학의 차이와 같다고 말하기도 한다. 이론과 응용이 서로 완전히 분리될 수 없는 것과 마찬가지로 수업이론과 학습이론도 완전히 분리해서 생각될 수는 없을 것이다. 수업이론의 상당부분이 학습이론을 토대로 하기 때문에 학습이론과 수업이론은 이분법적으로 어느 하나는 택하거나 배제할 수 없는 것이다. 오히려 상호 보완적이고 의존적인 관계로 보아야 하는 것이 타당하다고 여겨진다. 학습이론은 어떠한 조건에서 최적의 학습이 일어나는가? 어떠한 조건이 학습속도를 저해하는가? 교육내용을 어떻게 제시하면 학습의 전이를 촉진하는가? 등에 관한 일련의 법칙을 제공하므로 이러한 지식을 교육의 실천계획에 통합시켜야 교육효과의 극대화를 기할 수 있기 때문이다.

3. 수업이론의 필요성

어떻게 가르치고 어떻게 배워야 하는가에 대한 문제에 관해 논의를 시작하고, 의문을 가지게 된 것은 오래 전의 일이다. 그러나 교육학에서 실제적인 이론화 작업을 시작한 것은 그리 오래되지 않았다. 이를테면 Paul Saettler는 교육매체의 이점을 연구하는 중에 교육이론의 연구 및 실제에 관해 광범위하게 검토해 나가게 되었다. 그 결과 그는 적어도 1968년까지는 교육학에 폭넓게 수용할 만한 수업이론이 절실히 필요함에도 불구하고 그 부분이 결여되어 있다고 결론지었다. Paul Saettler는 그가 행한 각종 문헌조사를 근거로 수업공학의 개념과 원리를 기술하고, 이러한 원리를 통합하고 종합하기 위한 수업이론을 개발할 필요가 절실하다고 주장하였다. 또한 그는 수업에 관해 더 직접적인 관심을 가질 것을 주장하면서 아울러 수업이론은 최근 하드웨어적인 수업공학에서 일고 있는 커뮤니케이션 이론, 교육과정의 문제, 기초과학적 학습이론을 중재할 수 있어야 한다는 점을 강조하였다.

그러나 아직도 교육현장을 제대로 이해하지 못하는 많은 이들은 교육이란 그저 가르치면 되는 것이지 무슨 특별한 방안이나 일반적 이론이 있겠느냐고 항변하기도 한다. 교육에 있어서 문외한인 그들은 교육받은 전문직 교사보다도 훨씬 더 효율적으로 가르칠 수 있다고 용감하게 주장하기도 한다. 문제는 가르치는 일을 직업으로 삼으려는 이들마저도 이러한 주장에 은연중 동의하고 있다는 사실에 있다. 교직의 전문성 문제는 다시 논의되어야 하겠지만 적어도 전문직으로서의 교직에 동의하는 사람이라면 수업이론이 과연 필요한 것인지, 어떤 이론이 개발될 수 있는지, 수업이론이 다른 교육적 이론들과 어떠한 관계에 있는지에 대한 의문에 답할 수 있어야 할 것이다.

여기에서는 수업이론의 중요성을 강조한 학자를 중심으로 그 필요성에 대해 논의해 보고자 한다.

Siegel은 수업이론의 필요성을 강조한 대표적인 학자 중의 한 사람이다. 그는 건전한 교육프로그램을 유지하기 위해서는 답이 요구되는 실제상황의 수업여건과 교육과정, 그리고 행정 및 학습에 관하여 끊임없이 질문이 있어야 한다는 점을 지적하였다. 요즈음 교실수업에서 다루어지고 있는 교육프로그램은 매우 단편적이면서도 많은 양의 정보를 다루고 있는 것이 현실이며, 이러한 상황을 포괄할 수 있는 체계적인 조직이 결여되어 있다고 주장하였다. 따라서 그는 현재 존재하는 어떤 이론보다 교육실제에 보다 많은 제안을 해 줄 수 있고, 혁신의 효과 혹은 비효과에 관하여 예언을 해 줄 수 있는 이론이 필요하다고 하였다. 또한 연구가 단편적인 방향이 아닌 체계적인 방향에서 이루어질 수 있도록 미래를 안내해 줄 수 있는 수업이론이 필요하다고 주장하였다.

수업이론의 옹호론자 중에서 또 다른 이는 Bruner를 빼놓을 수 없다. 그는 저서와 논문 속에서 학습이론과 발달이론도 교육에 있어서 나름대로 많은 공헌을 하기는 하지만 그에 덧붙여 '교육을 안내하는 도구'로서의 수업이론이 존재해야 한다고 주장하였다. 또한 그는 학습이론과 발달이론이란 근본적으로 '기술적'인 것으로 묘사되는 반면에, 교육자들에게 필요한 이론이란 교육실제를 '규정해 주는 것'이라고 하였다. 다시 말해 교육이론이란 단순하게 이루어지는 사실에 관해 스케치를 하는 것도 중요하지만 어떻게 문제를 해결해 줄 수 있을지, 어느 방향으로 가야 하는지에 관한 시사를 줄 수 있어야 의미를 갖게 된다고 설명하였다.

Sknner 역시 수업공학을 개발하기 위해서는 개별학습자의 활동을 직접 연구해야 한다는 점을 일관성 있게 주장하였다. 그는 저서를 통해 이론을 드러내어 강조하지는 않았지만, 단지 학습에 포함된 심리학적 과정만을 이해하는 것으로 만족해서는 안되며, 오히려 수업과 관련된 원리를 개발하기 위하여 수업과정을 직접 분석하여 나온 원리체계를 개발해야 한다고 주장하였다.

Glaser도 많은 저서에서 훈련 및 교육상황에 관한 직접적 조사에 근거를 둔 수업원리를 개발할 것을 주장해 왔다. 그는 심리학적 연구가 발달원리의 근거는 제공할 수 있으나 이러한 원리의 수정 및 정리는 훈련 및 교육상황으로부터 직접 추출해 낸 경험적 결과에 의존해야 한다는 점을 강조하였다.

Asubel은 유의미한 학교학습을 주요 관심으로 하는 수업이론을 발달시킬 필요가 있음을 강조하였다. 그는 학습이론과 수업이론이 상호 독립적이면서도 서로 대치하는 작용을 할 수 없기 때문에 양쪽 모두 완벽한 교육과학을 위해 필요한 내용이라고 주장하였다.

Gage는 "학습심리학은 교사가 수업에 필요한 원리를 추론해 가게 하였으나, 수업이론은 교사가 해야 할 일과 그 이유, 그리고 그 결과까지도 명백히 하고 있다"는 주장을 통해, 교사에게는 학습자에 대한 이해뿐만 아니라 수업과정에 대한 지식이 더욱 필요하다고 하였다. 또한 Gagné도 인간의 학습에 관한 연구들이 수업설계에 적용될 가능성이 희박하다는 점을 지적하면서, 이들이 실제에 적용되기 위해서는 실제에서 발생하는 수많은 변인을 고려한 이론적 틀이 필요하다는 입장을 제기하였다.

제2절 수업이론의 유형

수업이론은 학습자가 수업목표를 달성하는 데 관련된 모든 요인을 설명하고 있다. 다시 말해, 학습자 자체에 대한 이해에서부터 학습의 과정에 관한 구체적인 변인에 이르기까지, 학습자가 의도된 수업목표를 달성하는 데 관련된 모든 작용을 이론적으로 설명하려는 것이다. 이를 위하여 수업이론은 학습자에게 지식이나 기능을 학습시키는 가장 효율적이고 효과적인 방법에 관한 원리와 규칙을 제시해 준다.

이 절에서는 수업이론의 유형을 다양하게 살펴봄으로써 교육방법의 의미를 구체화하는데 도움을 주고자 한다. 심리학적 기초에 따라 강조하는 바는 다르지만, 학습자의 학습효과를 극대화하기 위한 공통의 목적의식에서 각 이론이 제안하는 바를 통해 수업에 함의하는 바를 탐색하고자 한다.

1. Skinner의 조작적 조건화 이론

Skinner는 가장 복잡한 행동의 문제를 해결하기 위해서는 객관적 방법, 실험의 엄격성 및 원숙한 실행의 능력과 귀납적 과학을 중요시해야 한다고 주장한 열렬한 행동주의자였다. 그는 어떤 조건에 의해 필연적으로 유발되는 반응(조작적 행동, operant)의 연구보다는 그 반응의 결과(강화, reinforcement)의 영향하에서 반응을 강력히 유발시킨다는 쪽의 연구에 역점을 두었으며, 일반화된 혹은 집단의 성향 대신에 개별 학습자의 연구에 초점을 두었다. Skinner는 인간행동을 연구하기 위하여 복잡한 이론을 만드는 것은 불필요하며, 오직 행동적 사상은 행동에 직접적으로 영향을 미치는 것으로 기술해야 된다고 주장하였다. 뿐만 아니라 쥐나 비둘기를 가지고 실험 · 연구하여 발견한 조작적 조건화 이론을 정리, 발전시키는 동시에 이 이론으로 행동을 수정시킴은 물론, 수업에도 적용시키고자 프로그램 학습과 teaching machine을 고안하였다.

이와 같은 전제조건하에서 Skinner가 제안한 조작적 조건화 이론을 기본원리, 특성, 적용으로 구분하여 정리하면 다음과 같다.

가. 조작적 조건화 이론의 기본원리

1) 강화(reinforcement)

강화란 조작적 조건형성에서 원하는 반응을 하게 할 확률을 더 높이는 것으로 행동의 발생빈도와 반응행동을 강화시키는 것을 의미한다. 예를 들면, 어떤 학생이 수업시간에 발표를 아주 잘하자 선생님이 상과 함께 많은 칭찬을 해 주었다면, 다음 번에도 그 학생은 발표를 더 자주 잘하게 될 것이다. 발표를 해야 하는 상황에서 훌륭한 발표에 대한 보상은 행동의 결과로 작용한다. 이 과정에서 행동의 결과를 조절하고 통제함으로써 어떤 행동의 발생빈도와 강도를 증가시키는 것을 강화라고 한다. 이와 같이 행동은 보상을 받거나 강화되면 보다 빈번하게 일어나게 된다.

강화는 강화효과를 지닌 사물인 강화물(reinforcer)과 구별되는 개념으로 강화하는 자극이 아니라 그 효과를 의미하는 것이다. 강화물은 정적 강화 및 부적 강화 시에 행동의 발생 빈도와 강도를 증가시켜 주는 역할을 하는 것을 말한다.

가) 강화물의 종류

(1) 일차적 강화물(primary reinforcers)

무조건 강화물이라고도 하며, 학습에 의하지 않고서도 강화효과를 가진 자극을 말한다. 유기체의 특별한 훈련이나 경험 없이도 행동 반응의 비율을 높여 생리적 욕구를 충족시켜 주는 역할을 하는 강화물로, 물이나 공기, 음식물 등이 해당된다.

(2) 이차적 강화물(secondary reinforcers)

원래는 강화력이 없던 중성적 자극이 강화력이 있는 일차적 강화물과 적절히 연합되어 강화력을 가지게 된 것을 의미하며, 조건화된 강화물 또는 학습된 강화물이라고 한다. 예를 들면, 돈이나 상장, 메달, 인정, 칭찬 등이 이에 해당된다.

나) Premack의 원리

Premack 원리란 강화 가치가 높은 활동(선호성이 높은 행동)은 강화 가치가 낮은 활동을 하도록 강화시킨다는 것을 의미한다. 예를 들면 주로 놀기만 하는 학생에게 컴퓨터 게임과 공부를 동시에 제공한다고 할 때, 학생은 당연히 컴퓨터 게임을 먼저 하려고 할 것이다. 여기서 컴퓨터 게임은 강화가치가 높은 활동이고, 공부하기는 강화가치가 낮은 활동이다. 학생이 공부를 더 잘 할 수 있게 하려면 공부를 먼저 하게 한 다음 컴퓨터 게임을 하도록, 즉 게임을 강화물로 나중에 제시하는 것이 중요하다. 그러나 개인에 따라 보상이 될 수 있는 강화물이 다를 수 있으므로 효과적인 강화물을 선택하는 것이 중요하다고 하겠다. 교사는 학생을 잘 관찰하여 선호도를 정기적으로 체크하면서 그들이 원하고 가장 선호하는 것으로 보상을 해 주는 주의가 요구된다.

다) 토큰(token) 기법

Ayllon과 Azlin(1968)에 의해 개발된 기법으로 조작적 조건 강화원리를 적용한 본보기이다. 토큰과 같은 구매력을 가진 상징물을 사용하여 바람직한 행동 및 습관을 체계적으로 강화하는 것을 말한다. 이 기법은 임상장면이나 학습 상황에서 잘못된 행동을 수정시키기 위하여 사용된다. 바람직한 행동이 나타날 때 토큰을 강화물로 주어 획득한 토큰의 수에 비례하여 나중에 특혜를 주면서 친사회적 행동, 적응행동의 빈도를 증가시키는 것이다.

2) 변별자극(discriminative stimulus)

변별자극이란 반응이 강화를 받을 때 계속해서 제공되는 자극을 의미한다. 예를 들어 비둘기로 하여금 원판에 부리를 쪼도록 훈련시킬 때, 적색 원판과 녹색 원판 두 개를 제시한 후 적색 원판을 쪼을 때만 먹이를 준다. 이러한 과정을 여러 번 반복하면 비둘기는 두 가지 자극을 변별하는 것을 배우게 되며 결국에는 적색 원판을 쪼개 된다.

변별자극은 이처럼 강화를 받은 반응과 결합되어 행동의 단서로 작용하게 된다. 예를 들면 말을 배우는 아이가 오리와 닭을 보고 모두 오리라고 말하는 경우를 볼 수 있다. 이 때 오리만을 가리키며 '오리'라고 말했을 때 강화(칭찬과 과자)를 주면 결국 오리만 보고 오리라고 부르고, 다른 동물을 보고 오리라고 부르지 않는 차별성을 갖게 되고 마침내 변별이 이루어진다.

한편, 공통적인 성질을 가진 두 개 혹은 그 이상의 다른 자극들 역시 독특한 반응에 대한 통제를 요구한다. 이러한 상황을 Skinner는 일반화된 자극(induction stimulus)이라고 불렀다. 예를 들어 검은개에게 물린 경험이 있는 아이는 검은색과 검은 색깔의 동물만 보면 생리적 긴장과 함께 회피하려는 경향이 생기게 되어 검은 염소를 보기만 해도 소름이 돋고 두려움을 느껴 피하는 현상이나, 학생들이 소문자 'p'와 대문자 'P'를 똑같이 여기는 현상이다.

이러한 일반화 현상은 학생들의 학교학습에서 중요한 역할을 하기도 한다. 한 과제나 학습내용을 각각 학습한 뒤 유사한 내용을 통합할 줄 알고, 유사한 원리를 비슷한 상황에 응용, 적용할 줄 알게 하며, 새로운 문제를 해결할 수 있는 전이가를 갖기도 한다.

그러나 일반화가 너무 완벽하게 되어도 곤란해진다. 행동은 사태의 성질에 따라 구별되어 일어나야 한다. 사람은 상대방에 따라 자기 주위에 있는 다양한 자극에 대하여 구별되는 행동을 보일줄 알게 된다. 이러한 반응이 바로 변별이다. 이러한 변별은 자극 상태에 따라 강화되기도 하고 강화되지 않기도 하는 차별강화에 의하여 형성된다. 대부분의 교과는 차별 강화에 의해서 학습된다. 즉 학교에서 배우는 수많은 문자, 숫자, 공식, 개념 등은 모두 차별 강화를 통해서 변별학습하게 되는 것이다.

따라서 학습자는 다양한 학습과제가 주어질 때 변별 학습과 일반화 학습 능력을 적절하게 발휘할 수 있어야 한다.

3) 강화의 유형

가) 정적 강화(positive reinforcement)

어떤 행동이 나오면 그 행동의 결과를 강화시켜 주는 자극을 제시함으로써 이후의 행동이 일어나는 확률과 빈도를 증가시키는 것을 말한다. 정적 강화는 이와 같은 행동을 강화시켜 주는 것을 정적 강화물을 사용하여 설명한다. 정적 강화물이란 반응이 뒤따라 나왔을 때 그 상황에서 반응이 발생하는 가능성을 증가시켜 주는 만족스러운 자극을 말한다. 예를 들어, 국어 시험에서 80점 이상을 맞았을 때마다 상품을 주었을 때 학생이 상품을 주기 전보다 국어 점수가 향상되도록 유도한다든가, 방을 깨끗이 청소한 아이에게 용돈을 더 주어 청소를 잘하게 하는 것을 정적 강화라 하고, 정적 강화를 하는데 사용된 상품이나 용돈은 정적 강화물로 불리어진다.

나) 부적 강화(negative reinforcement)

어떤 행동 결과에 대해 혐오스러운 자극을 제거하여 바람직한 행동 반응의 확률을 증가시키는 것을 의미한다. 예를 들면, 수업시간에 모범적인 태도를 보인 학생에게 청소당번을 면제해 주겠다고 하여 수업시간이 보다 충실해지고 많은 학생들이 좋은 학습태도를 갖는 분위기가 되었다면, 청소라는 혐오자극을 제거하여 좋은 학급 분위기가 형성되었다는 측면에서 부적 강화가 일어났다고 할 수 있다. 이런 의미에서 부적 강화는 혐오적 자극을 제시함으로써 행동이 일어나는 것을 약화, 감소 또는 억압하는 '벌'과는 달리 바람직한 행동을 증가시키기 위해 학생들이 일반적으로 싫어하는 것을 제거해 버리는 것으로 엄격하게 구별된다.

4) 벌(punishment)

벌은 행동반응의 비율을 감소시키기 위해 혐오자극을 제시하는 것으로, 반응을 증가시키는 정적 · 부적 강화와는 다르다. 즉 벌은 반응빈도의 감소효과를 가져오고, 부적 강화는 반응비율을 계속 증가시키는 것을 의미한다.

벌은 시행함에 있어 두 가지 경우로 구분할 수 있다. 하나는 가함으로써 벌하는 것으로 어떤 행동반응 후에 혐오자극(부적 강화물)을 가하여 그 행동이 다시 발생하지 않도록 하는 경우다. 예를 들면 수업시간에 떠드는 학생을 방과 후에 청소를 시키는 것이 이에 해당된다. 또 다른 하나는 감함으로써 벌하는 것으로 어떤 반응 후에 정적 강화물을 박탈하는 것이다. 예를 들면 수업시간에 떠들어 수업진행을 방해한 학생에게 교사가 쉬는 시간에 그 학생만 밖으로 나가서 쉬는 것을 허락하지 않고 교실에 서 있도록 하는 경우가 해당된다.

벌은 이와 같은 방법으로 잘못된 행동을 수정하기 위하여 인간과 동물에게 자주 사용되고 있다. 그러나 Skinner를 비롯하여 여러 학자들은 벌의 사용에 대한 윤리적 문제와 효과성에 대해 의문을 제기하였고, 그들은 벌을 사용하는 것에 대한 비효과성과 부작용에 대해 공통된 견해를 피력하였다.

다음은 벌의 부작용에 대한 설명이다.

▸ 벌의 효과는 일시적이다. 그러므로 바람직하지 못한 행동은 계속 재발될 수

있다.

- 벌은 수반되는 혐오자극을 줄이는 행동을 강화한다. 즉, 벌을 주면 벌을 받게 되는 상황을 피하거나 탈출함으로써 벌을 모면하려고 하는 것을 말한다. 예를 들어 교사로부터 틀린 대답에 대해 꾸중을 받은 학생은 자발적으로 대답하기를 피하는 경우, 또한 수업 중에 자리를 뜨는 행동에 대해 그 행동이 줄어들 것을 기대하고 횟수에 비례해서 방과 후 시간에 과외지도를 받게 했을 때, 그 기대와는 달리 방과 후에 남아 과외지도를 받는 것이 싫어서 아예 결석을 해 버리는 경우가 이에 해당된다.
- 벌은 바람직하지 못한 행동을 감소시킬 수는 있지만 벌 자체로 바람직한 새로운 행동을 발생시키지는 않는다. 예를 들어 급우들을 잘 때리는 아동의 행동을 벌하면 그 행동 자체는 감소시킬 수 있지만, 급우들을 때리는 행동을 중단하고 대신에 급우들과 사이좋게 지낼 것을 기대할 수는 없는 것이 바로 그것이다.
- 벌은 바람직하지 않는 부수적인 사태를 이끄는 결과를 초래할 가능성이 높다. 예를 들어 선생님께 혼나고 다른 급우들에게 화풀이로 폭력을 가하는 경우를 들 수 있다.
- 벌은 학습자가 어떻게 반응해야 할지 모르는 갈등을 빚게 하여 학습을 방해할 수도 있다. 교사가 어떤 때는 학생의 틀린 답에 대해 꾸중하다가 어떤 때는 하지 않으면 학생들은 언제 꾸중이 주어질는지 결코 알 수가 없다. 그러한 행동변수들은 학습을 방해하는 정서적 산물인 두려움, 분노, 울분 등을 초래할 수도 있다.

따라서 벌은 가능한 사용하지 않는 것이 좋으며, 벌을 사용할 수밖에 없는 상황이라면 강화와 함께 사용하는 것이 도움이 된다. 또한 교사는 벌이 어느 정도 효과를 나타내면 점차 벌 대신에 다른 정적 강화의 방법으로 대처할 계획을 세우는 것을 잊지 말아야 한다.

벌을 사용함에 있어 고려해야 하는 조건에 대해 살펴보면 다음과 같다.

- 벌은 벌을 받을 문제행동이 나올 때마다 반드시 주어져야 효과적이다. 벌이 생략되거나 간헐적으로 주어지면 오히려 문제행동이 강화를 받을 수 있기 때문이다.

▸ 벌은 문제행동이 일어난 후 즉각적으로 주어질 때 가장 효과가 크다. 벌은 지연될수록 벌의 효과는 그만큼 감소된다.
▸ 처벌의 강도는 처음부터 아주 강하게 주되 벌을 받게 된 충분한 이유를 알려준다. 그래야만 대안적인 행동을 학습할 기회를 갖게 되고 심리적 저항과 분노, 패배에 대한 갈등을 줄일 수 있다.

임상적 장면이나 학교학습 상황에서 사용될 수 있는 벌의 대안으로 다음과 같은 것들이 제안될 수 있다.

① 타임 아웃 : 부적절한 행동을 할 때 학습자가 강화받을 수 있는 상황에서 격리시키는 것을 의미한다. 예를 들면 떠드는 학생을 복도로 나가게 하는 것 등이 그것이다.
② 소거 : 원하지 않는 행동을 소거하는 것으로 잘못된 행동이 타인에 의해 강화되지 않도록 무시해 버리는 기법이다. 예를 들면 수업시간에 옆사람과 소곤거리거나 잠이 오면 칭얼대는 아이인 경우 못 본척하고 무시해 버리는 경우다.
③ 상반된 행동의 강화 : 학생이 잘못된 행동을 하지 않을 때 발생하는 학습과정을 강화하는 방법이다. 예를 들면 평소에 계속 떠들고 수업방해를 하다가 어느 특정한 시간에 조용히 앉아 있을 때를 포착해 많이 칭찬해 주는 경우를 말한다.

나. 조작적 조건화 이론의 특성

1) 학습의 과정

가) 행동의 조형(shaping behavior)

조형이란 현재 유기체가 못하고 있는 새로운 행동을 형성시키는 방법을 의미한다. 예를 들어 스키너 상자 속에서 쥐가 음식을 얻기 위해 지렛대를 누르는 것이나 학생이 새로운 문제를 해결하는 것 등은 조형이라고 부르는 과정의 결과라고 할 수 있다. 이러한 과정은 바로 익숙하게 되는 것이 아니라 세밀하게 설계된 변별자극의 프로그램과 행동의 형태를 변화시키기 위한 강화로부터 생겨난다.

이러한 행동의 조형은 목표행동에 대해 계속적인 차별적 강화, 즉 목표행동과 유사한 행동이 나올 때만 강화를 해 주기 시작하여 목표행동이 나올 때까지 계속해 나가는 절차를 말한다. 예를 들어 학생이 올바르게 행동할 때는 관심을 갖고 칭찬해 주고 그렇지 못할 때에는 모른 척해 버리는 것이 바로 그러한 것이다. 인간은 읽기, 말하기, 계산하기, 운동기술 등 인생을 살아가면서 조형을 통하여 수많은 행동을 학습한다.

나) 강화계획(reinforcement schedule)

가르치는 일이 행동의 바람직한 변화를 초래하는 것일 뿐만 아니라 그 변화를 유지하는 것이라면 어떤 조건이 행동유지에 가장 효과적인가를 밝혀 내야 할 것이다. Skinner(1957)는 그의 쥐 실험을 통해 연속적인 강화가 처음에는 반응을 확실하게 해 주는 데는 필요하지만 그 반응을 유지하는 데는 꼭 필수적이 아님을 알아냈으며, 간헐적 강화가 실제로는 그 반응을 유지하는데 훨씬 효과적임을 알아냈다.

대부분의 인간 행동은 간헐적 강화에 의해서 유지된다고 할 수 있다. 예를 들면 타인과의 관계에서나 학습상황에서 인간은 계속적인 호의나 칭찬 등을 받을 때는 오히려 같은 행동을 계속하기를 주저하거나 멈추려고 할 것이다. 따라서 특정한 행동에 대해 항상 강화를 해 주기보다는 강화가 주어질 때도 있고 중단될 때도 있어야 보다 바람직한 반응을 유발할 수 있을 것이다. 이와 같이 간헐적 강화는 유기체의 반응 횟수(비율 계획)나 시간의 경과(간격 계획)에 따라 조건부 계약을 맺어 시행하게 되는데, 이를 강화계획이라 한다.

(1) 고정간격 강화계획(fixed interval : FI)

강화의 간격계획에는 시간이 결정적인 요인이다. 고정간격 강화계획은 일정한 시간 간격이 지난 다음에 강화를 주는 것이다. 예를 들면 학생이 학급에서 주중에 모범적인 행동을 보인다면 매주 토요일에 1시간의 자유시간을 부여받는 것이나 노동자가 일주일에 한 번씩 임금을 지급받는 경우다.

그러나 이 강화계획은 시간 간격의 끝이 가까워 오면 보상의 순간을 기대하면서 반응의 속도를 점차로 증가시키지만 그 시간이 지나면 천천히 반응하거나 아예 반응하지 않는다. 따라서 이 방법은 강화를 받는 것에만 신경을 쓸 뿐 수행 자체의 내용은 얕을 수도 있다.

(2) **고정비율 강화계획**(fixed ratio : FR)

원하는 반응을 일관성 있게 강화하는 것으로 학습자가 하는 일정한 반응 횟수마다 보상할 때 고정비율 강화가 일어난다. 이때 일으킨 반응의 수가 언제 반응이 보상을 받느냐를 결정하는 중요한 요인이 된다. 예를 들면 학습자가 학습문제를 풀 때마다 상품을 받게 되면 휴식 후 다시 학습문제를 풀 때는 그만큼 집중하여 잘하는 경우다.

고정간격과 고정비율 강화계획에서는 어떤 반응이 보상을 받으면 그 다음에는 반응률이 하락하게 된다. 이것을 강화 후 휴지(post-reinforcement pause)라 부른다.

(3) **변동간격 강화계획**(variable interval : VL)

평균 시간을 정해 놓고 때로는 그 보다 빨리, 때로는 더 뒤에 올바른 반응에 대해 강화를 하는 것을 말한다. 예를 들면 평균 시간은 정해져 있지만 예기치 못하게 어느 시간에 갑자기 시험을 실시하여 잘한 학생에게 강화를 많이 주면 많은 학생들이 평소에 열심히 하게 되는 경우다. 이 스케줄에서는 고정간격 강화에서 나타나는 선형 효과도 제거되고 안정되면서 항상(恒常)적인 반응비율을 나타낸다.

(4) **변동비율 강화계획**(variable ratio : VR)

변동계획에서는 강화를 받게 되는 반응의 수나 반응 시간이 강화마다 다양하다. 변동비율 계획은 평균적인 규칙이 있지만 5회의 반응을 보인 후에 강화를 주기도 하고, 그 다음에는 3회의 반응 뒤에 강화를 줄 수도 있다. 예를 들면 자동도박기의 경우 평균적으로 여러 번 레버를 누른 후에 돈이 나오게 설계된 것으로, 돈을 딸 수도 있겠지만 언제 딸 수 있을지는 알길이 없다. 그러나 적중할 확률은 언제나 있기 때문에 도박을 계속하고 싶은 유혹은 크다. 교실상황에서 보면 교사는 평균

1주일에 한번 재미있는 퀴즈대회를 열거나 과제 중 세 번째 또는 다섯 번째 과제를 걷음으로써 지속적인 비율로 과제완성이나 공부를 하게 할 수도 있다.

이와 같이 변동비율 계획의 대상자들은 강화를 받은 다음에도 휴식을 취하지 않고 장기간 동안 높은 반응률을 보여주는 경향이 있다. 이들은 언제 강화가 일어나는지 알지 못하기 때문에 계속해서 시도를 하게 되는 것이다.

2) 수업의 성질과 기본가정

Skinner는 교육의 역할을 후손들에게 문화를 전수하고 재생산하는 힘을 갖도록 하는 것으로 보았다. 이런 역할을 수행하는 데 있어 현재의 교육은 현재보다 미래에 유용하도록 대비하기 위한 것이므로 가공적 상황에서 일어난다는 것과 현대사회에서 경제적 · 사회적 이익에 교육이 기여하는 바가 적고 교육이 그것을 통제하는 힘을 잃었다는 것을 문제점으로 지적하였다.

학교에서는 이러한 문제점을 해결하기 위하여 아직까지도 꾸짖음, 조소, 휴식시간의 박탈 등의 혐오적 통제의 사용에 의존하고 있는데, 이것으로 인한 냉담, 무관심, 망각, 무단결석 등의 부산물은 더욱 문제를 심각하게 만든다고 하였다. 이러한 문제를 해결하고 교육의 효과를 극대화하기 위해서 유능한 교사의 채용, 모범학교의 운영, 그리고 새로운 교육과정의 수립 등을 통해 그 목적을 달성하고자 하는 방법도 제기되었다. 그러나 Skinner는 이러한 방법으로는 문제의 근원적인 해결책을 제시할 수 없다고 보았고, 학교는 가장 중요한 기능인 학습자들의 학습을 촉진시킬 때만이 교육의 진보와 발전을 이룰 수 있다고 역설하였다.

또한 Skinner는 교사의 역할에 대해 다음과 같이 두 가지를 강조하고 있다.

첫째, 학습을 나타내는 비언어적 행동과 언어적 행동 절차를 체계적으로 조직화하는 역할을 충분히 수행해야 한다.

둘째, 흥미, 열의, 학습에 대한 동기로 언급된 그러한 행동의 가능성을 높이는 역할을 충분히 수행해야 한다.

이상과 같은 교사의 역할을 토대로 교실 학습에서는 학습의 과정에 대한 세밀한 분석이 이루어져야 하는데 그렇지 못함을 지적하면서 수업 기술에 대하여 다음과 같은 세 가지의 기본 가정을 제시하였다.

첫째, 실험실에서 동물을 상대로 한 실험을 교실에서도 그대로 적용할 수 있을 것이다.

둘째, 교실에서 학생들의 행동 양식은 다른 행동과 똑같은 방식으로 형성될 수 있을 것이다.

셋째, 전통적인 교실에서는 학생의 행위를 가장 교과적으로 조절할 수 있는 강화의 우연성이 교사의 능력으로는 이루어지지 않았지만, 티칭 머신을 사용함으로써 매우 다양한 강화를 제공할 수 있을 것이다.

다. 조작적 조건화 이론의 적용

1) 수업목표의 측면

수업목표는 일련의 수업과정을 통해서 성취하고자 하는 목표행동으로 규정된다. 목표행동은 수업이 끝난 다음 학습자가 보여줄 행동을 말한다. Skinner는 이러한 도착점 행동의 진술은 구체적이고 명료하게 하기를 주장한다. 그뿐만 아니라 그는 관찰 가능한 행동의 진술에서 여러 사람에게 애매하게 해석될 가능성이 높은 진술은 피하기를 주장한다. 예를 들어 "~을 이해한다, ~을 알기, ~을 감상한다"의 표현보다는 "~의 차이를 진술한다, ~을 조작할 수 있다" 등의 구체적이고 명료한 수업목표를 마련해야 한다는 것이다. 이런 의미로 볼 때, Skinner는 정신기능 또는 인지기능에 강조점을 두는 것을 반대하고 있음을 알 수 있다.

2) 학생의 개인차 측면

개인차 문제에 대한 Skinner의 주장은 우선, 목표에 도달하는 데 걸리는 시간, 다시 말해 학습속도에는 개인차가 있다고 믿는다. 그러나 이러한 학습속도의 개인차는 더 많은 강화와 조건형성으로 극복할 수 있다고 주장한다. 뿐만 아니라 그는 개인차를 연구하는데 있어서 특성(trait) 개념의 융통성을 인정하지 않는다. 왜냐하면 그는 어떤 특성에 의해 구별되는 것이 학습을 위해 적합한 행동 단위에서의 구별을 의미하는 것은 아니라고 보기 때문이다.

3) 동기형성 측면

Skinner는 강화는 작동의 강도를 증가시키는 기능을 하지만 벌은 강화에 상응하는 정도로 행동을 약화시키지 못한다고 생각한다. 왜냐하면 벌은 부작용이 더 많다는 생각을 하고 있기 때문이다. 부언하면, 개인의 요구 수준에 따라 반응속도는 달라지나, 그 요구수준의 정도가 행동억제를 위한 자극강화의 효과도를 결정하지는 못한다는 생각이다. 이처럼 Skinner는 개인의 내재적인 동기에 대해서는 소극적인 가치를 부여하며 오히려 밖에서 주어지는 외재적 동기가 큰 비중을 차지한다고 생각하는 것이다. 이는 Skinner의 실험에서 작동이 있고 난 후에 강화를 하여 행동변화가 일어난다는 것을 볼 때, 시간적으로 행동 앞에 있게 되는 개인의 내재적 동기를 인정하지 않는다는 해석이 가능해진다는 데서도 알 수 있다. 따라서 강화는 행동이 보여진 직후에 했을 때 동기형성이 잘 된다는 것을 보여 준다.

4) 수업계열 및 형태의 측면

Skinner는 조작적 조건화 이론과 그 응용인 '프로그램 수업'에 포함된 원리에서 시사하는 것은 다분히 설명적 수업형태를 취하고 있다는 점이다. 예컨대, 하나의 수업목표에 관련된 여러 프레임에서 정답이 먼저 제시되는 것과 같은 논리인 암시와 단서를 많이 제시함으로써, 학습자가 반응을 요구하는 것과 같은 것을 설명적 수업 형태의 예로 들 수 있다. Skinner의 수업형태가 비록 설명형이라 하더라도 그 계열은 귀납법과 연역법을 모두 사용한다. 그리고 Skinner는 수업형태의 점진적 접근방식을 강조한다. 그럼으로써 Skinner의 수업형태를 두고 개별화 학습의 원조격이라 일컫기도 하는 것이다.

5) 수업사태 측면

수업사태는 학습이 일어나도록 학습자에게 제공하는 자극사태를 말한다. Skinner는 일반적 수업사태의 첫 단계인 주의집중을 위해 학습과제를 아주 쉽게 제시해야 한다고 생각했다. 이러한 방식은 학생의 내적 동기를 유발하기 위해 외적으로 환경을 조성해 주는 형식인 것이다. 뿐만 아니라 Skinner는 기대되는 성과, 즉 목표에 대한 관심은 적게 두었다. 왜냐하면 Skinner는 이러한 목표의 제시보다는 앞에서 지적한 바와 같은 외적 동기유발을 강조하기 때문이다.

6) 수업평가 측면

Skinner는 원래 수업목표가 관찰할 수 있는 행동의 변화임으로 평가에 대한 관심도 그 목표행동이 제대로 달성되었는지를 묻는 것이라고 본다.

2. Bruner의 발견적 수업이론

Bruner(1960)는 Piaget의 발달적 인지이론에 영향을 받은 교육심리학자로, 인간의 인식, 동기, 학습 그리고 사고에 대하여 많은 연구를 수행하였다. 또한 그가 주장하는 발견적 수업이론은 지식을 구조적 관점에서 파악해야 한다는 점을 주장하는 이론적 내용이다. 그의 수업이론의 핵심은 "어떤 발달 단계에 있는 어떤 아동에게도 지식의 구조로 표현한다면 어떠한 지식도 가르칠 수 있다"라는 가설에서 찾아볼 수 있다. 그러므로 Bruner에 의한 교육과정이란 학습자의 인지구조에 적용하는 표상형태로 교과의 지식의 구조를 재조직하는 것이라 할 수 있다.

Bruner는 하나의 완성된 수업이론을 제시하기보다는 수업이론의 형성을 위한 일련의 명제 혹은 일반적 원리로서 수업이론에 대한 자신의 관심 또는 접근방법을 설명하고 있다. 이와 같이 Bruner는 발견적 수업이론의 기저라 할 지식의 구조, 학습의욕, 학습의 계열, 학습의 강화 등 수많은 이론적 요소들을 주장하였다.

이와 같은 전제조건하에서 Bruner가 제안한 발견적 수업이론을 수업변인의 구성, 수업이론의 주요 개념, 발견학습, 발견적 수업이론의 적용으로 구분하여 정리하면 다음과 같다.

가. 수업변인의 구성

Bruner(1960, 1966)의 수업이론을 일반적으로 발견학습(discovery learning)이라고 한다. 발견학습은 학생이 교사의 설명에 의해 지식을 습득하는 것이 아니라, 학생 스스로 문제해결의 과정을 통해 지식을 발견하는 것이다. 그러므로 수업 과정에서 지식습득의 결과보다는 과정을 중시한다.

Bruner가 제안하는 수업변인을 하나의 표로 제시하면 다음과 같다.

〈표 4-3〉 수업변인의 분류 및 개념

수업변인		개 념
독립변인	환경	• 제시되는 수업이 학습자의 내적 동기를 자극하고 적절한 수준의 곤란도를 유지하고 있어야 하며, 학습자에게 적절한 표현방식으로 제시되어야 함
매개변인	개념화 능력	• 개념이나 유목을 형성하는 능력임
	지각 과정	• 지각은 이용할 수 있는 적절한 유목이 얼마나 많은가에 관계됨
	내적 동기	• 학습이 이루어지게 하는 동인임 • 학습자의 내부에서 나오는 흥미 또는 의욕을 망라한 것임
종속변인	개념(유목)	• 비슷한 속성을 지닌 일련의 사상이나 사태를 표현하기 위해 대상을 추상화한 것을 말함
	분류체계	• 분류체계의 형성은 파지, 발견, 전이와 같은 인간의 사고 과정에 중요한 역할을 함
	지식의 구조	• 어떤 학문에 포함되어 있는 기본적인 아이디어, 개념, 명제, 원리, 법칙 등을 체계화한 것임 • 표현방식, 경제성, 생성력 등의 특정에 의해 평가됨

Bruner는 개념화과정과 지각과정에 관하여 매우 중요시하였는데, 개념화란 유목화를 말하며 유목화란 같은 성질의 개념을 한 곳에 분류한다는 것을 의미한다. 그리고 사고한다는 것은 이렇게 형성된 개념간의 관계를 파악하거나 개념을 변형시키는 것을 의미한다고 보았다. 그는 이러한 주장을 예컨대, 인간은 성장함에 따라 주위세계를 이해하는 능력이 확대되며, 이 이해의 확대는 곧 개념화 능력의 확대를 의미한다는 것으로서 설명하였다. 따라서 Bruner의 수업이론을 개념화 이론 또는 개념획득 모형이라 표현하기도 한다.

Joyce와 Weil(1972)은 Bruner의 개념획득모형을 토대로 하여 발견학습의 과정을 다음의 표로써 제시하였다.

〈표 4-4〉 Bruner의 이론에 기초한 개념획득모형

개념획득모형
• 단계 1 : 데이터의 제시와 개념의 확인 -교사가 명칭을 붙인 예를 제시한다. -학생이 정적 예와 부적 예에 있는 특성을 비교한다. -학생이 가설을 만들고 테스트한다. -학생이 중요한 특성에 따라 개념의 정의를 진술한다. • 단계 2 : 개념 획득의 테스트 -학생이 아직 명칭을 붙이지 않은 새로운 개념의 예를 '예'나 '아니오'로 확인한다. -교사가 중요 특성에 따라 가설, 이름, 개념을 확인하고 정의를 재진술한다 -학생이 예를 만든다. • 단계 3 : 사고전략의 분석 -학생이 자신의 사고전략을 설명한다. -학생이 가설과 특성의 기능을 논의한다. -학생이 가설의 유형과 수를 논의한다.

이와 같이 Bruner는 인간의 내적 과정, 특히 지각과정과 개념화과정에 많은 관심을 쏟았으며, 이 관심은 발견학습으로 나타나게 된 것이다. Bruner에 의하면 발견이란 자기 자신의 지력을 사용하여 스스로 지식을 획득하는 모든 형태라고 보았으며, 따라서 발견적 수업은 문제해결과정을 통해서만 학습될 수 있다고 주장하였다.

나. 수업이론의 주요 개념

Bruner 수업이론의 주요 개념은 네 가지로 구성되어 있다. 즉, 지식의 구조, 학습경향성, 학습의 계열, 학습의 강화가 수업이론의 주요 요소인데, 이를 각각 살펴보면 다음과 같다.

1) 지식의 구조

지식의 구조는 Bruner가 수업이론을 구성하는 데에 있어 매우 중요한 개념 중의 하나다. 지식의 구조란 어떤 학문분야에 포함되어 있는 기본적 사실, 개념, 명제, 원리, 법칙 등을 통합적으로 체계화한 것이다. 그러므로 학습자가 지식의 구조를 파악하게 되면 정보를 단순화하는 능력, 새로운 원리를 생성해 내는 능력, 지식의 조작적 능력 등을 크게 증대할 수 있게 될 것이라고 한다.

Bruner는 잘 구조화된 지식이란 올바른 방식으로 표현되고 경제성과 생성력이 있도록 조작된 것을 의미한다고 하였다. 그들 세 가지 요소를 열거하면 다음과 같다.

가) 표현양식

Bruner는 Piaget와 같은 맥락에서 어린이는 각 발달단계에 적합한 고유의 인지구조가 있다는데 기초하여 세 가지 양식을 표현하였다. 이를 달리 말하면, 어떠한 지식도 세 가지 양식으로 표현할 수 있다는 뜻이기도 하다.

(1) 활동적 표현양식

학령 전기의 아동들은 이전의 사건을 적절한 행동이나 동작을 통해서 재현할 수 있다. 예를 들어 어린이가 자신의 집에서 문구점까지 가는 길은 말로 설명할 수 없지만, 이전에 갔던 방식으로 친구를 데려다 줄 수 있는 양식이다.

(2) 감각적 표현양식

초등학교 입학 전후의 정보재현 형태로서, 아동들은 사태를 지각과 영상의 선택된 조직에 의해서 요약하거나 공간 · 시간상의 구조와 이들의 변형된 이미지에 의해서 요약하게 됨을 뜻한다. 예를 들면 어린이가 집에서 문구점까지 가는 길을 친구에게 그림을 그려서 가르쳐 주는 표현양식이다.

(3) 상징적 표현양식

자신의 경험을 언어 등의 기호에 의해서 표현할 수 있는 것을 의미한다. 예컨대 어린이가 친구에게 길을 말로 설명해 준다거나, 또는 실수 문제를 기호를 이용해서 풀 수 있게 되는 것을 상징적 표현양식이라 한다.

Bruner는 아동의 인지발달과정이 활동적 표현으로부터 영상적 표현을 거쳐 상징적 표현으로 발전함으로, 수업절차도 그와 동일하게 직접 경험, 구체적인 영상을 통한 경험, 상징적 경험의 순으로 조직되어야 한다고 주장하였다.

나) 지식구조의 경제성

머리 속에 기억해 두었다가 내용을 이해하는데 동원되는 정보의 양이 적은 것을 의미한다. 그런 의미에서 지식의 구조 파악은 각 학문의 핵심적 내용을 요약한 것을 파악하는 것이므로 경제적이면서도 또 기억하기 좋다. 세 가지 표현양식 중 상징적 표현양식이 경제성이 높다. 예를 들어 '다양한 거리에서 낙하의 결과'를 표로 나타내기보다는 '$S = \frac{1}{2}gt^2$'라는 공식으로 학습하면 훨씬 경제적이라는 것이다.

다) 지식구조의 생성력

지식의 구조가 갖는 세 번째 특징은 생성력이 크다는 것이다. 생성력이란 학생이 학습한 명제들이 얼마만큼의 지적 산출력, 응용력, 전이력을 가졌는가를 뜻한다. 다시 말해, 학습자가 새로운 명제를 인출해 내거나 문제해결을 위해 정보를 이용할 때 주어진 사실을 넘어서 진행할 수 있는 정도를 의미한다. 이것은 개념이나 원리, 법칙적 지식은 학습하는데 있어서 뿐만 아니라 기억해 내는데 있어서도 용이하고, 지식을 활용하는데 있어서도 효과적이다.

2) 학습경향성

학습경향성은 학습자가 학습하기 전에 학습에 대해 갖고 있는 경향성으로 학습동기의 개념에 해당한다. Bruner는 이러한 의욕을 극대화하기 위해서는 교사가 학생들의 학습경향성을 효과적으로 관리해 주어야 함을 주장하였다. 그가 제안하는 학습경향성에 관련된 수업변인을 살펴보면 다음과 같다.

첫째, 교사는 가능성의 탐색을 자극해 주어야 한다. 교사는 학습과제가 최적 수준의 모호성을 갖도록 조직해 준다. 이러한 최적 수준의 모호성이 학습자의 학습경향성을 불러일으키고 학습을 지속해 가는데 도움이 된다고 보았다.

둘째, 교사는 학습자의 호기심을 계속 유지시켜 나가야 한다. 따라서 교사는 학습자가 학습의 과정에서 실패에 대한 불안감을 갖지 않도록 해 주어야 한다.

셋째, 교사는 학습자가 가능성을 탐색할 때 방향감을 제시해 주어야 한다. 학습자가 방향감을 탐색하는데 있어서 우선적 조건은 현재의 활동이 수업목표의 달성에 관련되어 있다는 것을 아는 것이다. 따라서 교사가 수업목표를 분명하게 제시해 주는 것도 학습자의 방향감 탐색에 도움을 주는 요인이 된다.

3) 학습의 계열

계열이란 학생들이 학습내용을 이해, 변형, 전이하는데 도움이 될 수 있도록 학습과제를 순서대로 조직, 제시한 원칙을 말한다. 학습계열을 정할 때에는 학습자의 경험의 발달단계에 따라 최적 계열이 달라지는데, 최적 계열을 정할 때에는 선행학습, 발달단계, 자료의 성격 및 개인차 등을 고려해야 한다.

Bruner는 학습 계열이 활동적, 영상적, 상징적 표현의 순서를 따라야 한다고 보고 있다. 뿐만 아니라 계열화의 문제는 가능성의 탐색과 평가를 촉진하는 문제와 관련되어 있다고 주장한다. 다시 말해, 수업장면에 항상 적절한 수준의 불확실성이 유지되도록 학습과제의 제시 순서를 결정해야 한다는 것이다.

4) 학습의 강화

강화의 문제는 보상이나 벌의 문제와 관련이 깊다. 강화를 할 때 중요한 점은 처음에는 교사의 칭찬이나 상 등과 같은 외재적 보상을 사용하다가 차츰 문제를 스스로 해결했다는 데서 오는 즐거움과 같은 내재적 보상으로 바꾸어 가는 것이 효과적이라는 점이다. 그리고 어떤 행위가 끝났을 때 바로 주는 즉각적 보상으로부터 차츰 얼마 후 주게 되는 유예된 보상으로 바꾸어 가는 것이 효과적이다.

특히 강화는 내재적 보상과 관련하여 학습결과가 교정적 정보로 사용되었을 때 효과가 있다. 왜냐하면 학생 스스로가 자신의 학습활동의 결과에 맞았는가 틀렸는가 알아보는 등 그 결과에 대한 지식을 가졌을 때 만족 또는 불만족을 느끼고 그것에 비추어 앞으로의 학습방향을 정할 수 있기 때문이다.

Bruner는 내적 동기를 자극할 수 있는 결과에 대한 지식은 그 시기와 형태에 따라 다음과 같은 차이가 있다고 강조한다.

첫째, 가능한 한 학습단위가 끝나는 단계에서 학생 자신이 세운 가설, 시행과정을 확인하는 것이 유용하다.

둘째, 학생이 자신의 학습결과에 대해 지나치게 초조해 하는 상태에서는 상과 벌에만 신경을 쓰기 때문에 효과가 적다.

셋째, 학습자의 표현양식과 같은 수준 내지 그 아래 단계의 표현양식으로 주어져야 효과적이다.

넷째, 가능한 한 학습자가 독립적으로 자기의 학습결과를 확인하고, 그것을 자기의 학습에 재활용할 수 있도록 도와주는 형식으로 제공될 때 효과적이다.

다. 발견학습

1) 발견학습 방법의 근거

Bruner는 발견학습을 '학습자에게 교과를 최종적인 형태로 제공하는 것이 아니라 그 최종적인 형태를 학습자 스스로 조직하도록 요구되는 상황에서 일어나는 학습이다'라고 정의하였다. 이 정의에 따르면 학습자는 자기에게 제공된 여러 가지 정보를 통해서 그간의 관계를 발견해야 함을 말한다.

- ▸ 수업방법으로 발견학습이 가지는 특징은 수업이 시작되는 단계에서 교사의 조력이 적다는 것으로, 즉 수업이 시작되는 때에 교사가 제시하는 시간이나 양을 최소로 하고 학습자 자신에게 더 많은 책임을 부과하는 수업이다.
- ▸ 발견학습은 분류체계의 형성에서 나타나는 방법으로서 전이력과 파지력을 증진시키고 문제해결력과 학습동기 형성에 영향을 준다.
- ▸ Bruner는 발견학습에 자주 접촉하면 발견의 기쁨이라는 문제해결 기능을

획득하게 된다고 강조한다.

▸ 발견학습은 외적 동기보다 내적 동기에 바탕을 두고 있기 때문에 발견의 기쁨은 외적 보상을 불필요하게 만들어 준다고 주장한다.

2) 발견학습의 조건

Bruner는 발견학습이 잘되기 위한 조건으로 학습태세, 요구상태, 관련정보의 학습, 연습의 다양성 등의 네 가지를 제시하였다.

가) 학습태세

학습자가 학습상황에 임해서 보이는 내적 경향성으로 이는 다양하게 나타나는데 예를 들면, 수업방법에 따라서도 학습자의 학습태세는 다르게 나타남을 들 수 있다. 따라서 발견학습을 촉진하기 위해서는 발견하도록 하는 지시를 자주하며 학생 스스로 발견할 기회를 충분히 제공하여야 한다.

나) 요구상태

학습자의 학습동기 수준을 의미하는 것으로, 학습자의 동기는 보통수준이 효과적이다.

다) 관련정보의 학습

이것은 학습자가 관련된 구체적인 정보를 알고 있는 정도를 말하는 것으로, 구체적 정도 또는 개념, 법칙, 원리들을 많이 가지고 있을수록 발전 능력을 촉진한다고 하였다.

라) 연습의 다양성

정보에 접촉하는 사태가 다양할수록 분류체계의 개발이 용이하다고 하였다.

3) 발견학습의 교육적 의의

첫째, 한 교과의 구조를 알거나 교과에 포함된 기본적 원리를 알면 기본 분류체계의 형성을 증진시킨다.

둘째, 어떤 학생에게도 어떤 교재든지 표현양식의 순서에 따라 가르칠 수 있다는 가능성을 시사하고 있다.

셋째, 탐구정신과 탐구기능의 학습에 도움을 준다.

넷째, 학습자에게 추측이란 것이 중요한 학습조건이란 것을 기르치기 위해 훈련시켜야 한다고 하는 점이다.

다섯째, 시청각 매체와 같은 수업 보조물이 많이 이용되어야 한다는 점이다.

라. 발견적 수업이론의 적용

Bruner(1986, 1990)는 최근 학습에서 사회, 문화적인 측면들을 포괄하는 방향으로 그의 발견적 수업이론을 더욱 확대시켜 나가고 있다. 이는 Piaget의 발달적 인지이론보다 훨씬 더 능동적이고 적극적인 교사의 역할을 강조하는 Vygotsky의 사회적 구성주의 이론과 맥을 같이 하는 것을 보여주고 있다. Vygotsky는 문화는 아동의 발달에 없어서는 안 될 정신적 도구라고 생각하였다. 이 도구의 유형과 질이 바로 아동 발달의 유형이나 속도를 결정하며, 부모나 교사는 바로 이런 도구들의 수로 역할을 한다고 믿는다.

여기에서 문화는 정신적 도구로서 크게 역사, 사회적 상황, 언어들을 포함하고 있다. 예를 들면 최근 전자 형태의 정보 처리 장치가 학습자의 사고에 매우 중요한 역할을 하는 것도 같은 맥락에서 이해하면 될 것이다. 학습자는 전자 통신을 통하여 교실 밖 지역사회에 있는 다른 학습자들, 교사들, 전문가들과 대화할 수 있는 기회를 가지며, 자기 문화나 다른 문화를 이해할 수 있는 매우 다양한 정보들을 제공받기도 한다. 학습자는 전자통신이라는 문화적 도구를 통하여 사람들간의 대화와 토론과 논쟁이라는 사회적 의미 구성을 하게 되고, 이는 결국 그들의 인지적 성장에 매우 지대한 영향을 미치게 되는 것이다.

1) 비계설정(Scaffolding)의 개념

비계설정은 Bruner가 주장하는 발견학습 이론이 교육에 가장 잘 적용된 사례라고 볼 수 있다. 이 때의 학습은 학습자가 가진 기존의 지식을 중심으로 학습자 자신의 발견을 통해 새롭게 의미를 구성하고 지식을 구조화해 나간다고 본다. 이 과정에서 학습자는 새로운 발견과 의미 구성에 필요한 여러 가지 사실들의 발견이나 기술 및 전략 습득을 위해 교사나 부모의 비지시적 안내를 받으면 훨씬 효과적으로 학습이 일어난다는 것이다.

이와 같은 안내는 명시적인 가르침을 통해 이루어지는 것이 아니라 교사와 학습자간에 서로 생각을 주고받는 언어 교환을 통해, 즉 자연스러운 사회적 상호작용을 통하여 필요한 전략과 기술들을 학습자 스스로 발견하고, 터득하고, 익혀 나가는 것이다.

예를 들면, 비계설정은 교사가 학습자에게 습득하기를 원하는 학습 전략을 시범 보이다가 점차적으로 학습자가 혼자서 그런 전략들을 사용할 수 있도록 사회적 상호작용을 점차 줄여 나가는 수업전략이다. 학습자가 더욱 유능해질 수 있도록 그들의 학습 과정에 교사는 점차 개입을 줄여 나가는, 그래서 마침내 학습자 스스로 독립적으로 학습 과제를 해결할 수 있는 단계로까지 발달해 나갈 수 있게 하는 수업방법이다. 이 수업방법은 시행착오적인 방법이나 자기안내학습의 방법보다 훨씬 더 효율적일 수 있다.

이때, 학습자는 자신과 상호작용하는 사람들의 머리에 들어 있는 지식이나 습관까지도 배우게 된다. 다시 말해 성인들은 비계설정을 통하여 학습자가 자신들의 정신세계를 만들어 가는데 필요한 중요한 도구들을 제공하며, 학습자는 성인들이 그러한 도구들을 언제, 왜, 어떻게, 사용하는지 스스로 발견하게 함으로써, 그 도구들을 자신의 것으로 내면화시켜 더욱 효과적인 학습자로 변해 간다는 것이다.

2) 비계설정의 수업 원리

Bruner는 발견적 수업과정에서 반드시 포함되어야 할 요인을 제시함으로써 학습자의 발견적 학습의 극대화를 추구하고 있다. 그는 다음의 세 가지 수업 원리를 제안하여 수업에 비계설정 개념을 적용할 수 있도록 하였다.

첫째, 학습자가 기꺼이 배울 수 있는 경험과 사회적 맥락(상황)을 만들어 내야 한다.

둘째, 학습자가 학습 내용을 쉽게 포착할 수 있도록 지식을 구조화해야 한다.

셋째, 학습자가 주어진 정보 이상의 것을 채워 넣어 스스로 지식을 구조화 할 수 있도록 탐색을 촉진할 수 있는 방법을 찾아내야 한다.

3) 비계설정에서의 교사의 역할

교사는 단순히 학습자의 학습을 격려하고 촉진시킬 수 있는 활동을 만들어 낼 뿐만 아니라 이러한 활동 속으로 학습자가 몰입할 수 있도록 격려하고 안내하는 역할까지도 해야 한다. 교사는 학습자 곁에 그냥 가만히 서 있으면 되는 것이 아니라 학습자가 탐색하고 발견할 수 있도록 적극적인 안내의 역할을 해야 한다. 그것은 학습과 발달은 사회적, 협동적 활동을 통하여 일어나며, 학교학습은 의미 있는 맥락 속에서만 일어나기 때문이다. 학습은 실세계와 분리되어 일어날 수 없는 것이며, 학교 밖의 경험이 학습자의 학교 경험과 연결될 때 학습자의 학습은 최대가 될 수 있다.

3. Ausubel의 유의미 학습이론

Ausubel은 행동주의 심리학을 비판하는 입장을 취했다. 그는 발달심리학자들과 마찬가지로 인지주의 학습이론을 지지하였으나, 학습자의 지능이 지닌 특성과 그 발달보다는 학습과 인지 발달의 본성에 주된 관심을 갖고 있다는 점에서 다른 발달심리학자들과 심리학적 견해가 다르다.

Ausubel은 인지적 수업과정에 초점을 두고 유의미 학습을 주장하였다. 그의 주장은 현재의 학교학습에서 실시하고 있는 기계적 학습을 변환시키기 위하여 학습과제와 인지구조의 두 변인을 설정하여 유의미 학습이 되도록 이론을 전개해야 한다는 것이다. 학교에서 가르치는 대부분의 학습과제들은 상호계열성이 있는 것이므로 먼저 학습된 지식들은 다음에 학습된 지식을 효율적 학습이 되도록 이끌기 위하여, 새로운 지식을 자기가 알고 있는 것에 결부시켜야 한다.

이와 같이 의미가 통하게 기억한다면 의미 있는 학습이 일어날 것이고, 반면에 학습자가 맹목적으로 그 지식을 암기하려 하고 선행지식에 관련시키지 않는다면 기계적 학습이 일어난다는 것이다. 이러한 Ausubel의 주장을 유의미 학습의 개념, 수업변인의 구성, 유의미 학습의 주요 원리, 유의미 학습의 종류, 선행조직자 등으로 구분하여 살펴보고자 한다.

가. 유의미 학습의 개념

Ausubel은 Bruner의 발견학습과 대조되는 개념인 유의미한 수용학습을 주장하였다. 그에 따르면 학습은 지식획득의 방식에 따라 수용학습(reception learning)과 발견학습(discovery learning)으로, 지식을 학습자 자신의 인지구조에 통합시키는 방식에 따라 기계적 학습(rute learning)과 유의미 학습(meaning learning)으로 구분된다고 하였다.

Ausubel의 학습이론은 새로운 학습내용을 기존의 인지구조와 의미 있게 연결 짓는 과정에 관한 것이라 할 수 있다. Ausubel은 이 과정을 유의미 학습이라고 하고, 의미 있는 관련을 짓지 못하는 경우를 기계적 학습이라고 하였다. 유의미 학습은 유의미적 학습과제가 제시되고 학습자가 관련된 정착 아이디어를 소유하며 학습자가 인지구조상의 아이디어와 새로운 과제를 관련시킬 수 있는 태세를 갖추게 될 때 일어난다.

한편, 설명식 수업에 대해 일반적으로 갖고 있는 생각은 기계적 학습을 수용학습과 그리고 유의미 학습을 발견학습과 같은 개념으로 보는 것이다. 그러나 이것은 명백한 오개념이다. 지식의 획득방식과 획득된 지식을 학습자의 인지구조에 통합시키는 방식에 따라 학습유형은 다음과 같이 구분된다.

〈표 4-5〉 수용학습과 발견학습

수용학습		발견학습	
유의미 수용학습	기계적 수용학습	유의미 발견학습	기계적 발견학습
주어진 학습과제와 학습지도자료가 내	주어진 학습과제와 학습지도자료가 잠	학습자 스스로 발견한 학습과제와 학습	학습자 스스로 발견한 학습과제와 학습

면화 과정을 통해 잠재적 유의미가를 획득하여 학습자의 인지구조에 유의미하게 연결될 때	재적 유의미가를 갖고 있지 않거나 설사 그것이 학습자에게 내면화될지라도 관련 개념이 없기 때문에 단순한 자의적 암기에 불과할 때	지도자료가 학습자의 인지구조에 유의미하게 연결될 때	지도자료가 잠재적 유의미가를 갖고 있지 않거나 설사 그것이 학습자에게 내면화될지라도 관련 개념이 없기 때문에 단순한 암기에 불과할 때

바람직한 학습은 유의미 발견학습과 유의미 수용학습이다. 이 둘 사이의 차이는 구조를 발견한 다음 내면화할 것인가, 아니면 교사에 의해 주어진 유의미한 학습과제를 내면화할 것인가의 차이이다. 어떤 유형의 학습이든 유의미 학습이 이루어지기 위해서는 학습자가 의미 있는 학습태세를 갖추고 있어야 하고, 학습과제가 학습자에게 잠재적으로 의미 있어야 한다. 여기서 학습태세(learning set)란 특정한 학습방법을 통해서 학습과제를 인지구조에 연결하려는 학습자의 성향(disposition) 또는 의도를 의미하는데, 이러한 학습태세가 갖추어져 있을 때 비로소 의미있는 학습이 이루어진다.

나. 유의미 학습의 조건

1) 학습과제의 유의미성

Ausubel(1968)은 유의미한 학습을 위해서는 학습과제가 의미성을 지녀야 한다고 주장하였다. 이것은 곧 학습과제가 '실사성(substantiveness)'과 '구속성(nonarbitrariness)'을 지녀야 함을 의미하는 것이다.

실사성이란 어떤 명제를 어떻게 표현하더라도 그 명제의 의미와 본성이 변하지 않는 불변적이고 절대적인 특성을 의미한다. 즉, 어떤 부호나 기호를 사용하더라도 그 의미가 변화되지 않는 개념, 법칙, 이론, 명제 등에 내재된 본질적 속성을 말한다. 예를 들어 정삼각형을 '세 변의 길이가 같고 세 각이 같은 삼각형'으로 표현하는 것이나, '세 각이 같고 세변의 길이가 같은 삼각형'으로 표현하는 것이나 의미상에 전혀 변화가 없다. 이러한 과제를 실사성이라고 한다. 반대로 무의미 철자인 '신각'을 '각신'으로 표현하면 새로운 종류의 무의미 철자가 형성되는데, 이러한 경우는 실사성이 없다고 볼 수 있다.

구속성이란 일단 임의적으로 맺어진 관계가 시간이 지남에 따라 하나의 관습으로 굳어진 후에는 그 의미가 임의로 변화하지 않는 것을 의미한다. 따라서 학습과제의 실사성이 높고, 구속성이 있을수록 학습과제는 유의미를 갖는다고 볼 수 있다.

2) 학습자의 관련 정착 지식

Ausubel은 유의미 학습이 이루어지기 위해서는 학습자의 인지구조 속에 새로운 학습과제와 관련된 지식이 들어 있어야 한다고 주장하였다. 인지구조란 학습자가 필요할 때 언제든지 활용할 수 있는 사실, 개념, 명제, 이론, 지각적 자료 등으로 구성되어 있는 현재의 지식을 말한다. 이러한 인지구조는 경험에 따라 발달하고 변화하는 성질을 갖고 있고, 인지구조의 상부에는 일반적, 포괄적, 추상적 인지구조가 있고, 하부에는 구체적, 특수적 인지구조로 되어 있다. 따라서 새로운 학습과제가 의미롭게 학습되려면, 학습자의 기존 인지구조 속에 새 학습과제와 어떠한 관련을 맺을 수 있는 지식이 있어야 하는데, 이 지식을 '관련 정착 지식'이라 한다.

3) 학습자의 유의미한 학습태세

유의미 학습이 이루어지기 위해서는 학습자가 유의미한 학습태세를 갖추어야 하는 것이다. 여기서 유의미한 학습태세란 '학습하려는 동기'를 일컫는다.

이상에서 살펴본 유의미 학습의 조건을 토대로 김순택(1984)은 독립변인으로 유의미 학습과제를, 매개변인으로 인지구조 및 인지과정을 종속변인으로 개념, 정보의 파지, 재생, 전이를 들어 설명하고 있다. 이를 그림으로 나타내면 다음과 같다.

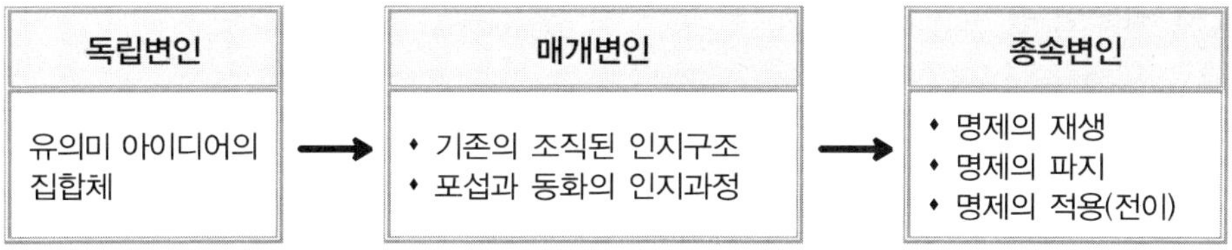

[그림 4-1] Ausubel의 수업이론 구성변인도

유의미 학습이 일어나기 위해서는 먼저 학습과제가 논리적 유의미성을 지녀 인지구조 속에 들어 있는 정착의미와 관련될 수 있어야 하고 학습자는 인지구조 내에 있는 새로운 명제와 정보들을 관련시킬 정착지를 지녀야 한다. 이 외에도 유의미 학습조건으로 유의미 학습태세가 고려되어야 하는데, 이것은 인지구조에 새 과제들을 실질적으로 관련시키는 것을 의미한다. 하지만 학습태세가 비록 의미 있다 해도 만일 학습과제가 무의미하거나 인지구조에 정착되지 못할 때는 그 과정이나 결과가 무의미할 것이다.

다. 유의미 학습의 원리

Ausubel은 학습과제가 인지구조 내에 효과적으로 포섭되고 그 의미성을 갖기 위해서는 점진적 분화(progressive differentiation)의 원리와 통합적 조정(integrative reconciliation)의 원리에 따라야 함을 시사하고 있다. 이 원리는 두 가지 가정 하에서 성립되는데 첫째, 인간은 먼저 포괄적인 전체를 학습한 후에 분화된 내용을 학습할 때 훨씬 더 쉽게 파악한다는 것이고 둘째, 개인마다 교과 내용을 조직하는 가장 포괄적인 개념을 점차 계열적으로 분화, 구조화되도록 한다는 것이다.

1) 점진적 분화의 원리

위계의 상부에 있는 가장 일반적이고 포괄적인 학문의 개념을 먼저 제시하고 점차 구체화함으로 상위 개념이 하위 개념을 포섭한다는 것이다. 이것은 유의미 학습을 위한 중요 수업원리가 되고 있다. 이 원리의 근거는 인간의 인지구조와 같이 학습과제도 위계적으로 조직되어야 포괄적인 것이 하부개념을 포섭한다는 것에 기인한다.

2) 통합적 조직의 원리

새로운 개념이나 의미는 이미 학습된 내용과 일치되고 통합되어야 한다는 원리이며 교육과정의 계열은 계속되는 학습이 이전에 학습된 것과 관련되도록 조직해야 한다는 원리이다.

라. 선행조직자

1) 선행조직자의 개념

선행조직자란 학습자의 인지구조의 조정을 위해 학습 이전에 미리 제공되는 일반적, 포괄적, 추상적인 도입자료로서 새로운 자료와 이전 학습의 연결을 돕는 장치라고 할 수 있다. 가장 효과적인 선행조직자의 제시는 적절한 실례나 비유를 학습자가 이미 알고 있는 개념, 용어, 명제와 연관시켜 사용하는 것이다.

2) 선행조직자의 종류

가) 설명적 조직자

학습자가 선행지식이 부족한 경우에 학습자에게 학습과제를 미리 제공하고 친숙하게 만들어 새로운 학습을 수행하게 하는 조직자를 말한다. 설명적 조직자는 그 자체가 포섭자의 기능을 한다. 즉 설명적 조직자는 그보다 더 자세하고 분화된 학습내용이 통합되고 파지될 수 있는 관련 개념의 정착 의미가 된다. 왜냐하면 설명적 조직자는 학습자가 새로운 학습과제에 대한 지식을 가지고 있지 않을 때 제공되는 것이기 때문이다.

나) 비교적 조직자

기존 개념과 새로운 개념간의 유사성으로 인한 혼동을 방지하기 위해 이들 개념간의 차이점과 유사점을 분명히 하여 상호간의 변별력을 증가시키는 조직자를 말한다.

3) 선행조직자의 고안 절차

선행조직자를 고안하는 절차에 대해 Driscoll(1994)은 다음과 같이 설명하고 있다.

첫째, 새로운 학습에 필요한 선수학습 지식을 조사한다.

둘째, 학습자들이 선수학습 지식을 알고 있는지 확인하고, 필요하다면 다시 가르친다.

셋째, 새로운 학습에서 중요한 일반원리나 아이디어들을 결정하고 정리한다.

넷째, 선행조직자를 작성하고 교재에서 조직자의 효과를 조사하고 난 후 모델로써 이를 사용한다.

다섯째, 학습을 구성하고 있는 주요 하위 주제들을 선행조직자 내에서 제시한 것과 동일한 계열로 제시하여야 한다.

마. 유의미 학습이론의 적용

Ausubel의 이론을 적용하는 방안으로서 Joyce & Weil(1972)이 제시한 선행조직자를 이용한 수업모형을 제시하면 다음과 같다.

〈표 4-6〉 Ausubel의 이론을 적용한 수업모형

선행조직자를 이용한 수업모형
• 단계 1 : 선행조직자 제시 -수업목표를 명료화한다. -선행조직자를 제시한다 : 정의적 특성을 확인한다. 예를 제시한다. 문맥을 제시한다. -학습자가 가지고 있는 지식과 경험을 환기시킨다. • 단계 2 : 학습과제 및 자료를 제시 -학습자료를 제시한다. -주의집중하도록 한다.

-과제의 조직을 명료화한다.
-학습과제가 논리적인 순서로 제시되도록 한다.

• 단계 3 : 인지조직의 강화
-통합적 조정의 원리를 사용한다.
-능동적인 수용학습을 촉진한다.
-교과목에 대한 비평적 접근을 유도한다.
-명료화한다.

〈표 4-6〉에서 제시된 것처럼, 수업은 일반적 개념에서 구체적인 정보의 순으로 제시되어 점진적 분화가 이루어지도록 해야 한다. 또한 교사는 사건에 제시한 아이디어와 일정하게 관련된 새로운 개념을 모색해서 제시하여야 한다.

4. Gagné의 학습조건 수업이론

Gagné의 수업이론은 목표에 따라 학습조건이 다름을 주장하여 그의 이론을 목표별 또는 학습조건적 수업이론이라고 부른다. 그의 수업이론이 학습자의 내적 조건과 개념, 법칙 등의 지적 학습을 강조하여 인지적 학습이론처럼 보이지만 사실 Gagné에게 영향을 미친 것은 정보처리적 학습이론이다.

Gagné에 의하면 학교학습에서는 학습의 성과, 학습의 태세, 그리고 학습의 조건이 관여한다고 보고 있다. 여기서 학습의 성과란 학습결과 얻어지는 대상 또는 목표(지적 기능, 인지전략, 언어정보, 운동기능, 태도)이며, 학습의 사태란 학습자 내부에서 정보가 처리되는 과정을 말하는 것이고, 또한 학습의 조건이란 학습의 내적 조건에 맞게 외부에서 부여하는 수업을 말한다.

Gagné의 학습조건 수업이론에 대해 핵심 개념, 수업모형, 학습위계에 따른 수업형태로 나누어 살펴보고자 한다.

가. 학습조건 수업이론의 핵심 개념

1) 학습성과의 범주

Gagné는 인간의 학습성과를 언어적 정보, 태도, 지적 기능, 운동기능, 인지방략의 다섯 가지 범주로 분류하였다.

가) 언어적 정보

언어적 정보는 학교교육을 위해서는 매우 중요한 영역이다. 여기에는 사물의 이름이나 단순한 사실, 원리, 일반화, 조직화된 정보가 속한다. 언어적 정보는 글로 쓰거나 구두로 진술하는 것을 말하는 것이므로 학교교과 내용의 많은 부분을 차지한다. 언어적 정보의 학습과 파지는 보다 포괄적으로 조직된 의미의 맥락 속에서 정보를 제시할 때 효과적이다.

나) 태도

태도는 학습자가 여러 종류의 활동, 대상, 사람들 중에서 어떤 것을 선택하도록 하는 내적 상태이다. 태도는 개인이 한 행동에 대해 직접적으로 보상을 제공해서 학습하는 방법이 있는가 하면, Bandura가 강조하는 대리적 강화에 의해 학습되기도 한다. 이때 대리적 강화는 모범적인 인간에 의한 제시에 의해서 효과적으로 학습시키기도 한다.

다) 지적 기능

지적 기능은 '무엇을 할 수 있다'라는 방법적 지식을 말한다. 지적 기능을 소유하게 되면 학생은 주위환경을 자기 나름대로 개념화해서 반응할 수 있게 된다. 예를 들면, 자연의 묘사를 위해 은유법을 쓴다거나, 또는 긍정문을 의문문으로 바꿀 수 있다든가, 수학문제에서 삼각형의 넓이를 실제로 계산할 수 있다라는 것이 지적 기능에 해당된다. 지적 기능은 학년이 올라감에 따라 크게 요청되며, 지적 기능의 학습을 위해서는 외적 조건보다도 내적 조건의 준비가 더 필요하다. 즉 선행기능의 선행학습이 무엇보다도 중요하다는 것이다.

라) 운동기능

이것은 네모 그리기, 글자나 숫자 쓰기, 자전거 타기 등과 같은 비교적 단순한 것에서 피아노를 친다, 농구경기를 한다와 같이 비교적 복잡한 수준에 이르기까지 우리가 쉽게 관찰할 수 있는 것이다. 다른 기능과 비교할 때 반복적 연습의 원리가 가장 효과적인 것이 운동 기능의 학습에서이다. 특히 장기간에 걸친 연습이 요청되며, 파지에 미치는 영향도 크다.

마) 인지전략

인지전략은 지적 기능 영역의 한 특수한 경우로 볼 수 있는 것으로, 개인의 학습, 기억, 사고행동을 지배하는 기능이다. 인지전략은 사고를 분명히 자율적으로 지배하는 것이라는 점에서 환경지향적인 지적 기능과는 구별된다. 인지전략은 운동기능과는 분명히 구별되는 것이면서도 학습자 내부에서 생긴 자극으로부터 조직적 원리를 도출한다는 점에서 운동 기능과 공통점을 가지고 있다. 이 때문에 인지전략의 학습을 위해서는 운동기능의 경우에서처럼 연습이 중요한 학습원리로 등장한다.

이상의 다섯 가지 학습성과를 요약하면 다음의 표와 같다.

〈표 4-7〉 다섯 가지 학습 성과

학습성과	학습된 능력	성취 행동	예
언어정보	저장된 정보의 재생(사실, 명칭, 강연)	어떤 식으로 정보를 진술하거나 전달하기	애국심의 정의를 의역하는 것
지적 기능	개인이 환경을 개념화하는데 반응하도록 하는 정신적 조작	상징을 사용하여 환경과 상호작용하기	빨간색과 파란색을 구별하는 것, 삼각형의 면적을 계산하는 것
인지전략	학습자의 사고와 학습을 지배하는 통제 과정	기억, 사고, 학습을 효율적으로 관리하는 것	기말과제를 작성하기 위해 목록카드를 개발하는 것

운동기능	일련의 신체적 움직임을 수행하기 위한 능력 및 실행 계획	신체적 계열이나 행위 시범 보이기	구두끈을 묶거나 배영을 시범보이는 것
태도	어떤 사람, 대상, 사건에 관해 긍정적이거나 부정적인 행위를 하려는 경향	어떤 대상, 사건, 사람에 대하여 가까이 하거나 멀리 하려는 개인적 행위 선택하기	록 콘서트에 가지 않고 대신 미술관을 방문할 것을 선택

2) 학습의 인지 과정

다양한 학습상황에서 의도한 학습성과를 이루기 위해서는 학습의 내·외적 조건이 충족되어야 한다. Gagné는 이렇게 다양한 학습상황에서 학습의 외적 조건을 제공하는 일련의 절차를 그의 학습분석에 적용시켰다. Gagné는 학습자의 내적인 측면인 학습과정에 비추어 연속적으로 실행되어야 할 아홉 단계의 학습 과정을 제안하고 있다(변영계, 2001).

가) 학습을 위한 준비

학습의 시작단계로 주의집중, 기대, 관련 정보의 재생 또는 장기기억으로부터의 기능 재생이 포함된다. 이러한 활동은 학습이 전개되는 세트를 마련해 주는 것이라 할 수 있다.

(1) 주의집중

학습자가 관련 자극을 받아들이거나 이해하는 것으로, 그 결과 학습 기대가 일어난다. 즉 학습자의 감각이 자극의 원천을 지향하여야 하며 자극을 받아들일 준비를 하여야 함을 의미한다. 주의집중은 학습의 최초의 사태라고 여겨지는 내재적인 상태이며, 자극에는 언어, 정화, 동화, 시범 등이 있다.

(2) 기대

기대는 학습자에게 주어졌거나 또는 스스로 설정한 학습 목표에 도달하기 위한 학습자의 특수한 동기화를 뜻한다. 학습자가 달성하고자 하는 것은 주의를 기울여야 될 대상, 학습된 정보를 부호화하는 방법과 반응을 어떻게 조직할 것인가에 영향을 미친다. 기대는 지속적이며 목표성취 지향적인 것으로, 학습자로 하여금 각각의 처리 단계에서의 산출 결과를 선택할 수 있게 된다.

(3) 장기기억으로부터의 재생

학습하였다는 것을 입증하기 위해서는 학습한 것들을 장기기억으로부터 재생할 수 있어야 한다. 학습자의 기대는 새로운 학습의 필수 사전학습 능력의 장기기억으로부터의 재생으로 이어진다.

나) 획득과 수행

일단 자극이 수용되어 감지되면 획득단계에 이른다. 이 단계에 이르기 전에는 구체적인 행동을 보이지 않지만, 이 단계에 이르게 되면 개인은 어떤 반응을 보이기 시작한다. 이것이 바로 새로운 능력이 획득되었음을 의미하는 것이다. 수행은 특정 자극과 특정 반응이 맺어진 관계에 의해 나타나는 행동으로 이해하기보다는 일련의 규칙 진술문에 의해서 행동의 규칙성을 기술할 수 있을 때 규칙을 따르는 행동이라고 말할 수 있다. 선택적 지각, 의미론적 부호화, 재생과 반응, 강화(피드백)의 네 단계는 학습 과정의 핵심단계라 할 수 있다.

(1) 선택적 지각

물리적 자극을 알 수 있는 형태로 변형시키고, 의미의 기억이 일어나도록 작동적 기억에 잠시 그 형태를 파지한다.

(2) 의미론적 부호화

자극 특성이 개념망이나 의미망으로 받아들여져 장기기억으로 저장하는 것이다. 단기기억에 임시로 저장된 명칭의 형태는 장기기억에 저장하기 위하여 다른 형태로 부호화하는데, 그것의 가장 중요한 기능은 학습자가 학습된 정보를 나중에 접하게 된 상황에서 기억할 수 있을 뿐만 아니라 전이할 수 있도록 만드는 것이다.

그러므로 효과적인 부호화는 나중의 재생을 위한 단서들을 제공해야 한다. 이 과정은 학습에서 중심적이고 결정적인 단계로서 이것이 없다면 학습은 일어나지 못할 것이다. 이 단계에서 저정되는 부호는 아마도 개념, 전제 또는 의미 있는 조직일 것이다.

(3) 재생과 반응

학습의 핵심적 사태는 새로운 학습의 확인과 함께 일단락지어진다. 재생과 반응 단계에서 학습자는 장기기억으로부터 새롭게 저장된 부호를 재생하고 반응을 실행한다.

(4) 피드백(강화)

피드백은 학습자의 수행 결과를 관찰한 후에 제공되는 것으로, 학습자가 목표를 달성했음을 검증하는 사태이다. 피드백은 외재적인 확인을 필요로 하지만, 주요한 효과를 분명히 내재적인 것으로 학습을 교정하고 학습한 것을 영구히 이용할 수 있도록 한다. 이러한 현상은 강화라고도 한다. 이것은 새로운 능력의 획득을 확인한다는 점에서 중요하다.

다) 학습의 전이

새로운 학습에서 중요한 것은 그것이 다양한 장면에서 적용될 수 있어야 한다는 점이다. 학습자는 학습한 능력을 새로운 예 또는 새로운 상황에 일반화시킬 수 있어야 한다. 학습자가 그 기능을 새로운 맥락에 적용할 수 있을때 학습 전이가 이루어지는 것이다. 이런 방법으로 학습자는 상황에 적합한 능력을 발휘하기 위해 장기기억에서 사용될 수 있는 부가적인 단서를 찾는다. 새로운 예를 재생하고 일반화하기 위한 부가적 단서의 획득은 다른 학습 단계에 이어서 곧바로 일어나지는 않는다. 일반화는 처음 학습 후 하루나 이틀 정도의 짧은 기간이 걸려야 한다.

이상에서 설명한 아홉 단계를 요약하여 정리하면 다음과 같다.

〈표 4-8〉 학습의 인지과정

단계		기능
학습을 위한 준비	1. 주의 집중	• 학습자로 하여금 자극에 경계하도록 한다.
	2. 기대	• 학습자로 하여금 학습목표의 방향을 설정하도록 한다.
	3. 작동적 기억으로 재생	• 선수학습력의 재생을 제공한다.
획득과 수행	4. 선택적 지각	• 중요한 자극 특징을 작동적 기억 속에 일시적으로 저장하도록 한다.
	5. 의미론적 부호화	• 자극 특징과 관련 정보를 장기기억으로 전이시킨다.
	6. 재생과 반응	• 개인의 반응 발생기로 저장된 정보를 재현시켜 반응 행위를 하도록 한다.
	7. 강화	• 학습목표에 대하여 학습자가 가졌던 기대를 확인시켜 준다.
재생과 전이	8. 재생을 위한 암시	• 이후의 학습력 재생을 위해 부가적 암시를 제공한다.
	9. 일반화	• 새로운 상황으로의 학습 전이력을 높인다.

나. 학습조건 수업이론의 모형

Gagné의 수업이론 모형을 보면 독립변인과 종속변인으로 구분되어 있다. 독립변인은 다시 외적 조건과 내적 조건으로 나누어진다. 종속변인은 독립변인의 적용을 통해 나타나는 결과인데 결국 학습을 의미한다. 그림을 통해 모형을 설명하면 다음과 같다.

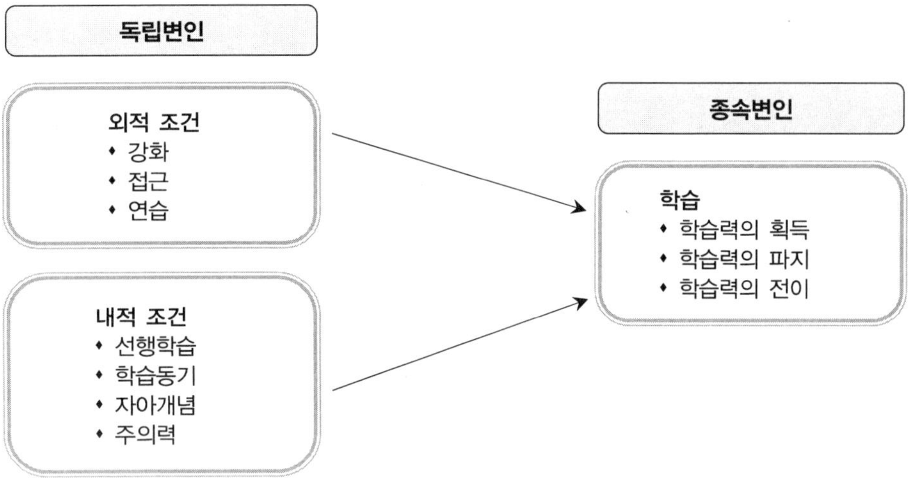

[그림 4-2] Gagné의 수업이론 모형

1) 독립변인

가) 학습자의 외적 조건

학습자의 외적 조건은 학습자의 외부에서 주어지는 것으로, 교사가 학습자에게 제공해 주는 것을 말한다. 외적 조건은 몇 가지 원리로 구성되어 있는데, 강화의 원리는 행동주의 학자들이 강조하는 학습조건의 하나로, 새로운 행동의 학습은 그 행동이 일어날 때 만족스러운 일, 즉 보상이 있을 때 강화된다는 원리다.

접근의 원리는 학습자가 반응해야 할 자극사태와 적절한 반응이 시간적으로 접근되어 있을 때 학습이 잘 된다는 것이다. 반복의 원리는 학습을 증진시키고 파지를 확실하게 하기 위해 자극사태와 그에 따른 반응을 되풀이하거나 연습하는 것을 말한다. 그러나 현대적 학습이론에 의하면, 반복한다고 해서 학습된 개념을 강화하는 것은 아니라고 한다. 더욱이 새로 학습한 개념의 반복은 학습도 파지도 증진시키지 못하는 경우가 많다. 이런 면에서 외적 학습조건은 학습을 위한 기본적 조건이라기보다는 실제적인 절차라 보는 것이 타당하다.

나) 학습자의 내적 조건

학습자의 내적 조건은 학습의 성과 또는 목표를 달성하기 위해서 학습자가 내부에서 일어나는 일련의 정보처리 과정을 학습의 사태 또는 학습의 내적 조건이라 말한다.

선행학습은 학습이 이루어지기 위해서는 이전에 학습한 여러 가지 종류의 내적 상태가 필요하다. 예를 들어 수학에서 삼각형의 합동조건을 배우기 위하여 삼각형의 결정조건을 미리 알아두어야 할 필요가 있다는 것이다.

학습동기는 성공적인 학습을 위해 필수적인 것으로 학습이 시작되는 단계에서는 학습하려는 자세를 갖도록 하는 것이 필요하며, 일단 학습이 시작된 후에도 학습에 대한 동기가 계속되도록 하는 조치가 계속 취해져야 할 것이다.

긍정적 자아개념은 학습동기와 더불어 학습을 위한 필수적 조건 중 하나다.

2) 종속변인

종속변인은 독립변인인 학습의 내적 · 외적 조건의 작용을 통해 나타나는 학습의 성과를 말한다. 학습력의 획득은 학습의 성과로서 갖게 되는 지식, 기능, 태도 등을 말한다. 학습력의 파지는 학습한 지식이나 기능을 잊어버리지 않고 간직하는 것이며, 학습력의 전이는 간직한 지식이나 기능을 다른 장면에 적용하는 것과 관련되어 있다.

다. 학습위계에 따른 수업형태

Gagné는 어떤 학습과제를 성공적으로 학습하기 위해서는 여러 가지로 구성되어 있는 하위차원의 전 단계를 학습해야 한다고 주장했다. 왜냐하면 인간에게 있는 모든 능력은 몇 개의 하위능력으로 구성되어 있는데, 이 하위 능력도 또 다른 하위능력들을 전제로 하고 있다고 가정하기 때문이다.

Gagné는 이와 같은 가정에 기초하여 지적 기능의 영역을 여덟 단계로 상호구별하여 서로 위계적 성격을 보이도록 제시하였는데 이를 학습위계론이라 한다.

1) 제1유형(신호학습)

가장 단순한 형태로 고전적 조건형성의 과정을 통해 무의지적으로 획득되는 것을 말한다. Gagné에 의하면 인간의 감정적 반응은 신호학습으로 이루어진다고 강조한다. 예를 들면 종소리로 수업의 시작과 종료를 알리는 것, 신호등의 빨간불 · 파란불, 거리의 표지판 등이 신호학습에 해당되는 학습유형이다.

2) 제2유형(자극–반응 연결학습)

자극–반응의 단순한 결합으로 도구적 조건형성과 같다. 자극–반응 연결학습이 이루어지기 위해서는 강화가 주어질 때 반응을 할 수 있어야 한다. 학습자의 자발적인 의사에 따라 행해지며, 또 그 행위에 따라 주어지는 보상과 결합하여 습관화되는 학습의 형태이다.

3) 제3유형(연쇄학습)

연쇄학습은 운동기능에서 자극–반응의 결합이 연쇄적임을 의미한다. 현미경을 조정할 때와 같이 일련의 반응이 정해진 순서에 따라 연결되어 학습되는 것이며, 예를 들면 자물쇠를 열기 위해서는 그 일을 성취하기 위해 순서에 따라 해야 하는 몇 가지 구체적인 반응인 열쇠 고르기와 열쇠를 자물쇠에 넣기, 열쇠 돌리기를 필요로 한다. 열쇠로 자물쇠를 여는 것과 같이 연쇄란 열결되어 있는 일련의 반응들로 구성되어 있다.

4) 제4유형(언어연상 학습)

제3유형과 유사하나 언어를 사용하는 능력에서의 연결을 의미한다. 개별적인 언어가 순서에 맞게 연결되어 이루어지는 학습유형을 의미하며, 영어단어나 수학 또는 화학에서 사용되는 기호들 하나하나는 서로 연합되어 영어문장 전체를 이해하고 수학 및 화학 공식 전체를 이해하는 데 큰 도움을 준다.

5) 제5유형(변별학습)

변별학습은 비슷한 여러 대상을 구별할 수 있는 능력, 자극 간의 차이를 구별할 수 있는 능력을 뜻한다. 여러 가지 구체적 반응과 연쇄반응을 학습하여 그것들을 적절하게 분류하는 방법이다. 음악의 악보를 보고 음계나 음표를 구별하거나, 철자는 같으나 발음이 다른 두 단어를 가려 내는 것은 변별학습에 속한다. 따라서 변별학습은 선행학습으로 이루어진 다양한 종류의 연쇄를 다루는 것과 관련된다.

6) 제6유형(개념학습)

개념학습은 자극간의 공통성, 유사성에 대해 반응하는 것을 뜻한다. 사상들 간의 공통된 속성을 이해하여 그것을 기준으로 사상을 분류하게 되는 학습을 의미하며, 예를 들면 네모모양, 세모모양을 분류하는 학습을 통하여 사각형과 삼각형에 대한 개념을 형성하게 되고 이것은 도형을 이해하는 기초가 된다는 것이다. 이와 같이 개념학습은 신호학습에서 변별학습에 이르기까지의 위계과정을 거쳐 이루어지며, 다음에 오는 원리학습에서부터 문제해결학습을 유도해 내는데 결정적인 학습이 된다는 측면에서 학교상황의 중요한 교육목표가 되기 때문에 최근 이에 관한 연구가 성행하고 있다.

7) 제7유형(원리학습)

원리란 두 개 이상의 개념의 연결로 개념간의 의미 있는 관계를 나타내는 것이다. 이미 배운 개념 및 법칙을 새로운 학습에 적용함으로써 학습이 이루어진다는 것이다. 예를 들면 그림자가 생기는 현상을 통하여 빛의 직진 원리를 이해하는 것 등이 이에 속한다.

8) 제8유형(문제해결학습)

문제해결학습이란 새로운 원리를 형성하기 위해 기존의 원리를 조합하여 문제해결의 아이디어를 생각해 내는 것을 의미한다. 문제해결학습은 여러 가지 원리, 규칙이 동원된다 하여 복합적 원리학습 또는 중다원리학습이라 부르기도 한다.

예를 들면 아동이 시소의 균형에 대한 제 규칙을 학습해서 무거운 짐을 운반하는데 그 규칙을 적용하는 경우 또는 얼음이 열에 의해 녹는다는 것을 아는 아동이 난로 옆에 눈사람을 만들어 놓지 않는 경우 등이 이에 속한다.

5. Carroll의 학교학습모형

Carroll(1963)의 학교학습모형은 교육의 과정에 관련되는 제 변인을 종합적으로 고려한 체계적이면서 학습의 영향력을 설명하는 이론으로 알려져 있다. 그의 수업이론에서 가장 기본적인 명제는 '학습자는 자신이 과제를 수행하는데 필요한 시간을 소비한 정도에 따라 학습의 성공여부가 결정된다'는 것이다.

Carroll은 교육심리학이 학생의 학습을 도와줄 수 있어야 한다는 의미에서, 교수보다 학습에 더 초점을 맞추었다. 그에게 있어서 전체 학교교육의 중심적인 목표는 완전학습을 위한 학교학습에 두고 있다. 이에 따라 Carroll은 학교학습에 영향을 미치는 요인과 이들이 상호작용하는 방식에 대한 개괄적 설계와 개념적 모형을 제공하고자 하였다.

여기에서는 Carroll의 학교학습모형을 기본 개념, 구성요소, 교육적 의의로 구분하여 살펴보고자 한다.

가. Carroll 모형의 기본 개념

1) 학습의 정도

학습의 정도란 도달되어야 할 목표 기준에 비추어 본 실제 학습의 성취정도를 의미한다. 다시 말해 어떤 학습자가 어떤 과제의 학습을 위해서 필요로 하는 시간량에 비추어 얼마만큼 시간을 그 학습에 실제로 사용하느냐의 비율에 의해서 결정된다는 뜻이다.

2) 학습에 필요한 시간

주어진 학습과제를 완전학습의 기준선까지 학습하는데 소요되는 총 시간량이다.

3) 학습에 사용한 시간

학습자가 능동적으로 학습과제에 주의를 집중시키며 학습에 열중하는 시간량이다.

이러한 Carroll의 명제를 방정식으로 나타내면 다음과 같다.

$$\text{학습의 정도} = f\,\frac{\text{학습에 사용한 시간량}}{\text{학습에 필요한 시간량}}$$

[그림 4-3] **학습의 정도**

이 방정식에서 f는 방정식의 양변이 서로 함수관계에 있다는 것을 나타낸다. 이 방정식이 의미하는 바는 명료하다. 학습의 정도를 백분율로 표시한다면, 그것은 학습자가 주어진 과제를 학습하는데 필요한 시간에 비해서, 실제로 얼마만큼의 시간을 학습에 사용했느냐에 의해 결정된다. 예컨대, 두 자리 수의 곱셈을 학습하는데 필요한 시간이 2시간인데, 학습자가 학습에 사용한 시간이 2시간이라면, 학습의 정도는 100%가 된다. 만일 학습자가 1시간만 공부를 했다면 학습의 정도는 50%에 그치게 된다. 이것은 학습에 필요한 시간의 반만 실제로 학습에 사용했기 때문이다. 이렇게 학습에 사용한 시간량이 학습에 필요한 시간량에 비해서 줄어들수록 학습의 정도는 낮아진다.

나. 학교학습모형의 구성요소

Carroll은 학습에 필요한 시간량과 학습에 사용한 시간량을 결정하는 변인으로서 두 가지 군으로 분류될 수 있는 다섯 가지 변인을 들고 있는데, 이 변인들은 수업변인과 학습자변인으로 분류하였다.

1) 수업변인

가) 수업의 질(제시과제의 적절성)

주어진 학습과제를 가장 빠른 속도로, 즉 가장 효과적으로 학습할 수 있도록 제시하는 적절성의 정도를 의미한다. 수업의 질과 관련된 변인으로는 교사 언어의 적절성, 교수매체와 학습자료들에 대한 적절성, 학습과제 제시단계와 순서의 적절성, 학습과제의 적절성 등이 있다.

나) 학습기회(과제의 학습을 위해 주어진 시간)

학습자들이 주어진 일정과제를 학습할 수 있도록 그들에게 실제로 허용된 시간을 의미하며, 이는 완전학습을 성취하는데 가장 핵심적인 개념으로 볼 수 있다.

2) 학습자변인

가) 수업이해력(일반지능과 언어능력이 복합된 것)

학습과제의 성질과 교사의 수업절차를 이해하는데 소요되는 시간을 의미하며, 학습자의 이해력을 결정하는 중요한 하위변인으로는 학습자의 일반지능과 언어능력이 있다.

나) 적성(주어진 과제를 성취하는데 필요한 시간)

적성은 주어진 학습과제의 종류와 특성에 따라 달라지는 특수한 변인으로 이는 선행학습 성취도를 측정하는 학력검사나 기타 적성검사로서 측정할 수 있다. 이 적성이 주어진 학습과제를 최적의 학습조건 하에서 일정한 수준으로 성취하는데 필요한 시간을 의미한다. 일반적으로 이상적인 학습의 조건하에서 학습시간의 양이 적은 학습자는 높은 학습적성을 가졌다고 말하고 그렇지 못한 학습자는 낮은 학습적성을 가졌다고 말한다.

다) 학습지속력(학습자가 학습에 사용한 시간)

학습지속력이란 학습자가 주어진 학습과제의 학습을 위해 실제로 허용되는 총

시간량을 의미한다. 이는 학습동기나 흥미와 밀접한 관계를 가진 개념으로 보고 있다.

Carroll은 다섯 가지 변인으로 학교학습의 제 관계를 규정하고 있다. 완전학습 이론의 직접적인 관계가 있는 학습의 정도 및 다섯 가지 변인 간의 관계는 다음과 같다.

$$\text{학습의 정도} = f\,\frac{\text{학습지속력} \times \text{학습기회}}{\text{적성} \times \text{수업이해력} \times \text{수업의 질}}$$

[그림 4-4] Carroll의 다섯 가지 변인 간의 관계

학습의 정도를 백분율로 나타내면, 그것은 학습자가 주어진 과제를 기준점까지 학습하는데 필요한 시간에 비해서 학습에 얼마만큼의 시간을 사용했는가에 의해서 결정된다. 학습에 필요한 시간은 학습자의 적성과 수업이해력, 수업의 질이라는 세 가지 변인에 의해 결정된다. 수업의 질이 낮을수록 요구되는 수업이해력이 커지며, 그에 따라 학습에 필요한 시간이 늘어난다.

다. Carroll 모형의 교육적 의의

Carroll의 모형에 따르면 모든 학생이 특정 과제의 학습에 필요한 시간을 모두 바칠 수 있다면 학습목표의 수준을 100% 성취할 것이라는 가정을 한다. 이 가정은 학습지도 이론에 큰 영향을 주었고, 또한 현재의 상대평가를 절대평가로 바꾸게 된 계기가 되었다. Carroll의 학교학습모형을 통해 볼 때, 어느 정도 학습적성을 가진 학생이 도달할 수 있는 학습의 상한선은 미리 고정적으로 결정되어 있는 것이 아니라 그 상한선은 학습을 위해 사용하는 시간량에 따라 달라질 수도 있다는 결과를 도출할 수 있다. 다시 말해 Carroll의 핵심주장처럼 학교학습에서 완전학습에 도달케 하는 데에 있어서 빼놓을 수 없는 것이 바로 시간이라는 점이다.

6. Bloom의 완전학습모형

Bloom이 제시한 완전학습(mastery learning)에 대한 연구는 1960년대 중반부터 시작된 것으로, Carroll의 학교학습모형에 토대를 두고 있다. 그의 노력은 Carroll의 학교학습모형을 학교 현장에 적용하기 위하여 변인을 통제하는 절차와 방법을 구체적으로 제시하는 등의 발전적인 연구를 했다는 데에 있다. 그는 Carroll의 우수한 학생과 열등한 학생의 대조가 잘못임을 주장한 것에서 한 걸음 더 나아가, 빠르고 느림의 대조는 불리한 학습조건에서만 나타나는 특수 현상일 뿐, 최적의 조건하에서는 거의 모든 학생들의 학습능력과 학습속도 및 학습의욕이 비슷하게 될 수 있다고 보았다.

이와 같은 학습자에 대한 낙관적인 통찰은 학습자의 자아개념, 학습에 대한 흥미, 변화에 대한 적응능력에 지대한 영향을 미치게 되었다. 또한 완전학습이론은 기존 교육과정의 전면적인 개정이나 집단 수업체제의 전면적인 수정을 하지 않아도 된다는 점에서 현실적으로 폭넓게 적용 가능한 수업이론이라 할 수 있다.

완전학습에 대한 생각은 이미 Washburne(1922)에 의한 Winnetka Plan과 Chicago 대학의 Morrison(1926)에 의해 시도되었다. Carroll과 Bloom의 업적은 이러한 아이디어를 더욱 분명하게 제시하였고, 현대의 수업기술은 그들의 아이디어를 가능하게 하였다는 것에 의의가 있다.

가. 완전학습모형의 기본 개념

완전학습이란 학급 내의 약 95% 학생들이 주어진 학습과제의 약 90% 이상을 학습하는 것을 의미한다. Bloom은 어떤 교과이건 신체적 또는 능력적인 면에서 큰 결함이 있는 학급 내의 5% 학생들을 제외하고는 적절한 학습조건만 갖추어 준다면 대부분이 완전한 학습을 이루어 낼 수 있다고 주장하였다. Carroll의 이론은 학습이 학교의 중심 목적으로 보고 학습에 미치는 모든 변인은 '시간'으로 정의될 수 있다는 것이다. Bloom은 여기에 덧붙여서 학교가 성공하기 위해서는 교육이 학생에게 매력 있고 의미 있는 것이 되도록 성공적인 학습경험을 제공해야 한다고 보고 수업활동의 중요성에 대해 강조하였다.

이와 같이 완전학습이란 75~90%의 학생들이 전형적인 집단수업 상황에서 상위 25%의 학생들이 성취한 수준과 동일한 수준의 성취를 할 수 있게 되는 것을 의미한다. 또한 전통적인 수업방법에 비해 학습을 더욱 효율적으로 만들고, 교과에 대한 흥미 및 태도에 있어서 현저한 향상을 가져올 수 있는대안적 수업이론이라 할 수 있다.

나. 학습에 관련되는 주요 변인

완전학습에서 학습에 관련되는 주요 변인은 학생 특성, 수업의 질, 학습성과 등으로 나눌 수 있다. 여기에서의 핵심은 인지적 투입행동과 정의적 투입특성, 그리고 수업의 질에 있어서의 편차가 학습성과를 좌우할 것이라는 것이다. 이러한 학습성과의 성격은 성취 수준 및 유형, 학습속도, 학습과제 및 학습자의 자아와 관련된 학습자의 정의적 특성이다. 이와 같은 변인 중의 어떤 것이 적정선에서 어느 정도나 벗어나 있느냐 하는 것이, 학습성취도의 수준과 유형, 학습과정에서 당면하는 학습곤란, 학습을 성취하는 데에 요구되는 시간과 노력, 학습과정과 자아에 대한 학생의 느낌을 결정하게 된다. 이를 그림으로 나타내면 다음과 같다.

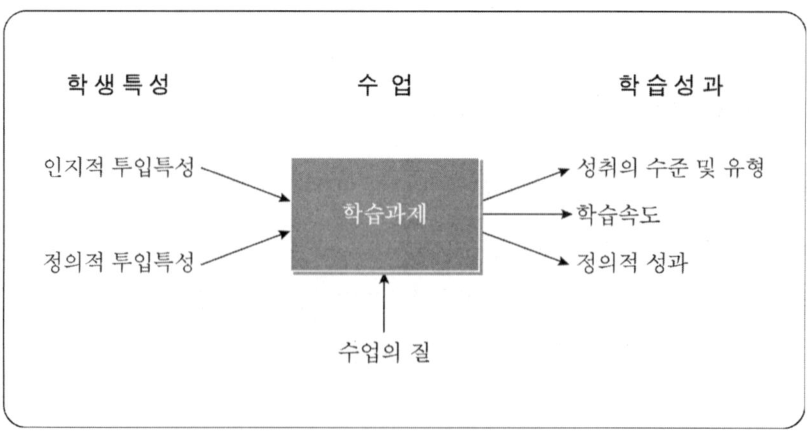

[그림 4-5] 학습에 관련되는 주요 변인

1) 학생 특성

① 인지적 투입 행동 : 학습과제의 선행 학습요소를 이미 학습한 정도를 말한다.
② 정의적 투입 특성 : 학습과정에 참여하려고 동기화된 정도를 말한다.

2) 수업의 질

제공될 수업이 학습자에게 적절한가에 대한 정도를 말한다.

① 단서 : 학습할 내용이나 학습과정에서 해야 할 일에 대해 교사가 단서를 제공하는 것을 말한다.
② 강화 : 학습의 과정에서 교사가 적절한 보상을 제공하는 것을 말한다.
③ 참여 : 학생이 자신의 학습에 적극적으로 참여한 정도를 말한다.
④ 피드백 및 교정절차 : 학습자의 수행에 대해 교사가 적절한 피드백을 제공하고 교정해 주는 것을 말한다.

다. 완전학습을 위한 수업모형

한국행동과학연구소에서는 Carroll의 학교학습모형과 Bloom의 완전학습을 위한 수업전략을 바탕으로 하고 다인수 학급이라는 우리나라의 수업 현실을 고려하여 여러 번의 수정과 보완을 거친 후 다음 [그림 4-6]과 같은 완전학습을 위한 수업모형을 구안하였다.

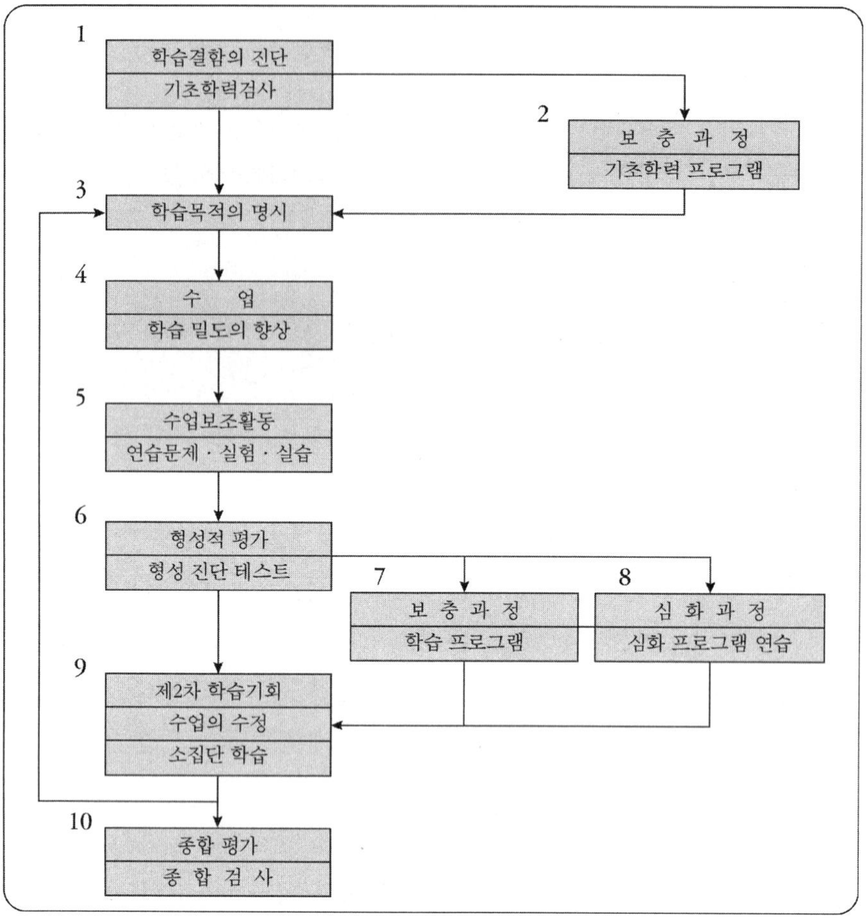

[그림 4-6] 완전학습을 위한 수업모형

위에 제시된 수업모형은 주로 수업목표의 명료화, 형성적 평가에 의한 학습장애의 발견과 그 개별지도, 소집단별 상호협력을 통한 복습 등의 방법들로 구성되어 있다. 각 단계의 수업활동을 수업 전 단계, 수업 단계, 수업 후 단계로 구분하여 설명하면 다음과 같다.

1) 수업 전 단계

가) 학습결함의 진단

학습단원은 일정한 정도의 선행학습을 전제로 하여 전개된다. 따라서 선행학습이 불충분한 학습자들은 이 단원의 수업의 출발점에서 상당한 학습결손을 가진 채 수업에 임하게 된다. 이들은 바로 이전의 학습결손으로 말미암아 앞으로의 수업과정에서 곤란을 겪게 될 가능성이 많게 되는 것이다. 학습결함의 진단이란 앞으로의 학습에 곤란을 줄 것으로 보이는 학습요소에 있어서의 결손의 유무를 진단하려는 것이다. 이 진단을 위해서 선행학습요소를 기본으로 하여 기초학력 진단검사 문항을 작성하고 검사를 실시한다.

나) 학습결함의 보충과정

기초학력 검사에 의해 발견된 선행학습의 결손을 보충하는 활동을 말한다. 학교의 전체 수업시간수에 제한이 있기 때문에 일률적인 집단활동을 통해서 학습결손의 교정이란 불가능할 것이다. 따라서 학습결함을 가진 일부 학생들이 자율적으로 기초학력 프로그램 교재를 사용하여 학습하게 되는 방법이 좋다.

2) 수업 단계

다) 학습목표의 명시

본 수업활동에 들어가기 전에 학생들에게 앞으로 학습할 단원이나 과정의 학습목표와 대체적인 성질 및 조직을 분명하게 알려주는 과정이다. 이 단계는 수업의 도입활동으로 성취목표 또는 완전학습의 기준을 학생들에게 명확히 제시하고 명확한 학습목표를 인식할 수 있도록 돕는 활동에 집중해야 할 것이다. 따라서 학습내용이 될 과제의 전체적인 성격과 특징을 학생들에게 밝혀 주고 효과적인 학습절차를 해설해 주는 일 등도 이 단계에서 시행해야 한다.

라) 수업

이 단계는 교사가 학습내용을 학생들에게 제시하고 최대한의 학습이 가능하도록 충분한 학습기회를 제공하는 일들로 구성된다. 이 단계가 효율적으로 진행되기 위해서는 학생들의 수업이해력의 수준에 비추어 학습내용을 체계적인 순서에 따라 명확히 제시하고, 학습시간을 효율적으로 사용하여 낭비시간이 없도록 하고, 학생들의 적성수준에 비추어 충분한 학습기회를 제공함으로써 효율적인 수업이 이루어지도록 해야 한다.

이를 위해 교사들의 치밀한 사전준비, 불필요한 판서와 필기의 억제, 차트 등의 게시물과 시청각 자료의 활용, 사고를 촉진시킬 수 있는 질문 등의 수업기술이 요구된다. 정의적 지원을 제공하기 위해서는 자신감을 불어넣어 주는 활동과 언어가 요청되며 이런 활동은 이미 이루어진 학습을 강화, 정착시켜 학습밀도를 높이는 것은 물론 학생들에 학습의욕을 갖게 한다는 점에서 중요하다.

마) 수업보조활동

라)의 수업활동과 수업보조활동은 교과에 따라서 동시에 병행되어 진행되지만, 개념상 분리하여 제시한 것이다. 수업보조활동은 본 수업에서 습득한 개념, 원리, 방법 등을 정착시키기 위해 교사의 활동과 실험, 실습, 시범, 시청각적 방법의 사용 등을 하는 과정이다. 이 단계에서는 학생들에게 미리 작성한 연습문제도 배부하여 수업시간에 다루거나 가정학습으로 할 수도 있다.

바) 형성적 평가

형성적 평가는 수업과정에서 소단원이나 단원의 학습이 끝났을 때 실시되는 것으로, 그 목적은 교사에게 수업개선을 위한 정보를 제공하고 학생들이 자신의 학습 진로를 확인하도록 하기 위한 것이다. 이는 수업과정에 대한 일종의 질적 관리를 위한 목적으로 하는 활동이며, 전통적 의미의 학생 성적을 산출하기 위한 교육평가 활동과는 성질과 목적이 다르다. 따라서 평가활동이라기보다는 수업활동의 일부로 생각해야 하며 평가결과를 성적에 반영해서는 안 된다.

형성적 평가를 하기 위한 평가는 7~8분 이내에 해답할 수 있는 간단한 것이어야 하며 수업시간 중에 실시하고 학생들 자신이 혹은 상호 교환하여 채점하게 한다. 형성진단 테스트에 의해 학생들은 보충과정과 심화과정으로 나누어진다.

사) 보충과정

형성적 평가의 결과에 따라 학습이 부진한 것으로 판명된 일부 학생들에게 자율적으로 복습 또는 보충학습을 할 수 있는 프로그램 교재를 제공한다. 보통 20분이내에 해결할 수 있는 큰 스텝의 짧은 프로그램 교재가 적당하다. 이 프로그램 교재를 배부하는 대상은 형성적 평가에서 80% 미만의 정답률을 보인 학생들이다.

아) 심화과정

형성적 평가를 통하여 정상적인 학습진도를 보이는 일부 학생들에게는 그 단원의 학습을 심화, 확대시키는 과제가 제공된다. 수준을 높인 연습과제나 흥미나 호기심 추구를 위한 관련 독서활동 및 창작활동 등이 활용될 수 있다.

자) 제2차 학습기회

형성적 평가를 통하여 학생들의 학습 진전도에 관한 정보가 교사에게 확인되면 교사에 의한 수업수정을 위한 노력이 전개되어야 한다. 이것은 학생들 입장에서 볼 때, 제2차 학습기회가 되는 것이다. 여기서는 교사주도 수업, 학생들에 의한 소집단 협동학습 등 다양한 수업방법이 활용될 수 있다.

3) 수업 후 단계

차) 종합 평가

가)~자) 단계의 과정은 한 단원의 수업이 끝날 때까지 계속 순환된다. 한 단원의 수업이 종결되거나 학기말과 같은 시기가 되면 그 동안의 학습을 총결산하기 위한 총합적 평가가 실시된다. 이 총합 평가는 학생들의 성적을 산출하는 근거가 되므로 그 동안의 학습내용을 총망라한 것이어야 하며 수업목적의 달성을 기준으로 하는 절대기준평가이어야 한다.

라. 완전학습모형의 교육적 의의

완전학습의 교육적 효과에 대한 그 동안의 수많은 연구들을 종합해 보면, 크게 두 가지로 설명할 수 있다. 하나는 성취 및 파지를 포함하는 학업성취에 대한 효과로써, 완전학습 전략이 학생들로 하여금 학습하는 방법의 학습(learning to learn)을 돕는다는 것이다. 이것은 완전학습 전략의 1차적 목표이기도 하며 이를 가능하게 하는 것은 피드백과 교정절차에 있다고 본다.

또 하나는 학생의 정의적 성장과 관련한 것으로 높은 학업성취에 대한 학습자 자신의 만족과 외부로부터의 인정은 학생의 흥미 증진, 다음 학습을 위한 강한 동기의 유발, 자아개념의 향상 등을 가져올 가능성이 높다는 것이다. 이것은 완전학습에 따른 결과이기도 하지만 교육의 중요한 목표라는데 의의가 있다.

교사입장에서 완전학습을 바라볼 때, 교사에게 더욱 많은 시간과 노력을 요구하게 됨으로써 교사의 부담을 증가시킨다는 측면도 있다.

7. 적응적 수업체제

가르치는 것과 관련하여 가장 중요하게 다루어야 할 것 중 하나는 각 개인에게 서로 다른 교육목표를 제공하고 학습능력에 부합하는 수업환경과 조건을 어떻게 제공할 것인가의 문제이다. 이는 수업의 대상이 되는 학생들이 가지고 있는 사전 교육정도와 능력이 모두 동일할 수 없기 때문이다. 이러한 문제의식에서 출발한 많은 이론들이 있으나, 근래에 들어 각광받고 있는 이론 중 하나가 적응적 수업체제(adaptive instructional system)이다.

적응적 수업은 '개별 학생들이 과제를 학습하는데 요구되는 지식과 기술을 향상시킬 수 있도록 도와줌으로써 개인차에 효과적으로 적용될 수 있는 교육적 작용'을 말한다. 보다 일반적으로 표현하면, 교육과 자료활용을 위한 선택적 절차와 전략을 통합함으로써 학생들이 학습함에 있어서 다양한 방법과 충분한 시간을 사용할 수 있도록 조치하는 유연성이 강조되는 수업방법을 의미한다.

여기에서는 적응적 수업체제에 대해서 연구동향, 모형의 종류로 구분하여 살펴보고자 한다.

가. 적응적 수업의 개념

1) 적응적 수업의 요소

Glaser(1997)는 적응적 수업의 세 가지 필수적 요소들을 다음과 같이 설명하고 있다.

첫째, 수업과 여러 목표들에 대해 다양한 선택권을 제공할 수 있어야 한다.

둘째, 학습자가 자신의 학습에 활용할 수 있는 능력을 개발 · 활용할 수 있도록 하며 학습자의 재능과 능력, 그리고 약점들을 조정할 수 있도록 하여야 한다.

셋째, 학습자가 처해 있는 교육 상황에서 요구하는 바를 최대한 충족할 수 있는 능력을 강화하고 사회 속에서 성공하는데 필요한 기술을 개발시켜 주어야 한다.

2) 적응적 수업과 개별화 수업

수업과 관련하여 이루어진 이제까지의 연구에서 적응적 수업과 개별화 수업은 의미에 있어서 상호 교환성이 강하였다. 그러나 이 두 가지 접근은 수업과정에서 사용되는 특정 수업방법이나 절차 등에서 서로 다른 점을 가지고 있다. 일반적으로 볼 때 1:1 환경에서 나타나는 수업형태는 모두 개별화 수업으로 볼 수 있다. 그러나 그러한 외형적 유사함에도 불구하고, 그 수업이 학생들이 가지고 있는 상이한 학습적 요구를 충족시킬 만큼의 유연성을 가지고 있지 않다면, 외형적으로 개별화 수업이라고 부를 수는 있어도 적응적 수업이라고 부를 수는 없다. 역으로 우리나라의 일반적 수업환경과 같이 집단적 형태로 이루어지는 수업이라 할지라도 그 수업의 일반적 요구뿐만 아니라 학생들이 가지고 있는 각각의 독특한 요구를 고려하는 수업이라면 외형적으로는 개별화 수업으로 성립될 수는 없으나, 이는 적응적 수업으로 분류할 수 있다. 수업이 개인의 독특한 요구를 반영할 때 가장 효과적일 수 있다는 점을 전제할 때 이상적인 개별화 수업은 적응성을 가지고 있어야 한다.

3) 적응적 수업의 연구과정

학생의 개별적 요구에 수업을 적응시켜야 한다는 아이디어는 예전부터 많은 학자들에 의하여 제기되어 왔다. 심지어는 B.C 14세기경에도 적응이 수업의 성공을 위한 가장 기본적 요소로 취급되어 왔다. 그리고 개인 교사의 적응적 수업은 1800년대 중반까지 수업의 일반적 방법이었다. 심지어 학년제가 채택된 이후에도 개인의 요구에 수업을 맞추어야 한다는 입장이 지속적으로 제기되어 왔다. 예컨대

Dewey는 1902년 「아동과 교육과정(Child and Curriculum)」에서 아동들의 특성과 기분, 경험을 무시하거나 최소화하는 일률적이고 유연성 없는 수업만을 양산하는 교육과정의 문제점을 지적하기도 하였다. 9년 후 Thorndike(1911)는 학급마다 교육과정을 특성화할 뿐만 아니라 한 학습 내에서도 학생 개개인의 차이를 인정하는 '수업의 특성화'를 주장하기도 하였다. 그 이후 개별 학생들에게 적응적 수업을 제공하기 위해 다양한 접근과 방안들이 제안 · 시도되어 왔다.

특히 Cronbach(1957)는 심리학과 관련한 유사 학문분야에서 유기체와 처치변인뿐만 아니라 무시되어진 그들 간 상호작용에도 관심을 가져야 한다고 주장한 이후, 개별 학습자들에게 수업을 적응시키기 위해서는 어떤 유형의 학습자 특성과 배경변인이 고려되어져야 하고 그러한 특성과 변인들에 수업방법과 과정들이 어떻게 적응되어져야 할지에 관하여 수많은 연구가 이루어졌다.

그러나 이제까지 그러한 적응법에 대한 과학적 · 학문적 증거는 별로 축적되지 않았으며, 실제 활용할 수 있는 지침도 제대로 개발되지 않았다는 점은 한편으로는 우리나라의 교육적 관심이 지향해야 할 바를 역설적으로 보여주는 단면이라 할 수 있다.

나. 적응적 수업의 종류

1) 적성-처치 상호작용(Aptitude-Treatment Interaction)

Cronbach(1957)는 많은 사람들을 대상으로 한 연구에서 학생들의 학습을 촉진할 수 있는 수업의 개발은 학생 개인의 학습을 최적화하는데 적합한 다양한 환경들이 우선적으로 필요하다고 보았다. Cronbach는 어떤 특정한 특성이 있는 학생은 완전히 다른 형식의 수업을 받게 해야 한다고 보았다. 이러한 점에서 Cronbach가 제시한 전략은 적성-처치 상호작용(ATI)으로 불리워졌다. Cronbach와 Snow(1977)는 '적성(Aptitude)'을 학생들의 성공률을 증가시키거나 감소시키는 개인적 특성이라고 정의했고, '처치(treatment)'는 수업형태나 속도에 있어서의 변수로 정의했다. 이들간 상호작용은 학습을 위한 두 가지 목록, 즉 인지적 적성과 의욕적, 감성적 적성에 내재되어 있다.

2) 성취-처치 상호작용(Achievement-Treatment Interaction)

ATI 접근법의 문제점을 줄이기 위하여 Tobias(1976)는 선택적 모델인 '성취-처치 상호작용'을 제안하였다. ATI 접근법이 적성(예: 지능, 인성, 그리고 인식 형태)을 측정함으로써 평가된 대로 학습에 대해 상대적으로 영구적 성향을 강조한데 반해서 성취-처치 상호작용은 과제 특정적인 변수를 사전 성과와 주제의 친밀도에 연관시키는데 중점을 두었다. 이 접근법은 사전 성과와 학습 수업과제에 대한 성과간의 상호작용을 생각해야 할 필요성을 강조한다. 사전 성과는 관련 과제에 대한 예비시험이나 학생들의 사전 성과들을 분석함으로써 좀 더 쉽고 편하게 측정할 수 있다. 따라서 이것은 측정되어야 할 능력들의 유형의 대부분이 분명하고 애매하지 않기 때문에, ATI 연구에서 문제가 되어 왔던 많은 잠재 측정 오차를 없앨 수 있었다.

이 접근법의 연구에서 조사된 처치는 다른 수업방법에서 요구되는 심리적 처리의 종류를 체계적으로 분석함으로써 만들어진 것이 아니었으며, 개인차는 이러한 처치의 견지에서 평가되지 않았다. 주어진 과제에서 요구하며, 이것을 성취하는 중 심리적 처리의 변동을 능동적으로 적응시킬 수 있는 능력이 없다는 것을 제외하고도, 성취-처치 상호작용은 또 다른 문제가 있었다. 즉 지적 능력, 인식 형태, 불안, 동기화 등의 요소가 가진 중요성을 생각하지 않음으로써 몇 가지 유용한 정보를 잃어버리게 된 것이다.

3) 미시적-적응적 수업(Micro-Adaptive Interaction)

많은 연구들이 적응적 수업체제의 개발에 대한 ATI 접근의 장점을 증명하는데는 실패했지만, 학습, 학습과 수업 전략, 그리고 그들의 상호작용에 관련되는 적성 요소를 찾기 위한 연구는 계속되고 있다. 하지만 포괄적 ATI 모델이나 경험적으로 입증 가능한 적응적 수업을 개발하기 위한 원칙의 개발이 가까운 시일 내에 개발될 가능성은 비교적 적은 편이다.

미시적-적응적 수업의 전형적인 예는 개인 교습이다. 예비 지식, 지적 능력, 그리고 동기화를 포함하는 학생의 학습 능력 판단을 근거로 교사는 가장 가르치기

적절한 정보를 선택한다. 그 후 교사는 끊임없이 학생들의 학습 진행을 관찰하고 다음의 수업행동을 결정한다. 교육적 행동은 질문, 반복, 설명이나 학생의 학습을 극대화하는 것들일 수 있다. 미시적-적응적 수업의 본질적인 요소는 학생들의 학습 요구를 바로바로 진단하고 이에 대한 수업 처방을 해 주는데 있다. 미시적-적응적 수업은 프로그램 학습에서부터 시작하여 최근 지능있는 개인 교습 체제(ITS)의 개발을 위한 인공지능(AI) 방법론 적용에 이르기까지 일련의 여러 노력들을 통해 개발되어 왔다.

컴퓨터 기술을 사용하여, 많은 미시적-적응적 수업 모델이 개발되어 왔다. 미시적-적응적 모델은 거시적-적응적 모델과 비교하여, 자체가 가지고 있는 동적 특성이 강하다고 할 수 있다. 전형적인 미시적-적응적 모델은 거시적-적응적 모델이나 프로그램 학습보다 더 많은 수업 변수들과 관련 변수들을 포함하고 있다. 그러므로 미시적-적응적 모델은 학습과제에 요구되는 내용과 행동의 유형을 학생들의 성과에서 찾는다는 점에서 거시적-적응적 모델이나 프로그램 학습보다 더 나은 절차를 제공한다.

미시적-적응적 모델의 가장 중요한 특징은 수업 중 학습 처방을 결정할 수 있고 적응시킬 수 있는, 시간의 적절성과 정확성과 관련이 있다. 전통적인 수업방법은 학생들이 대답하는 방법을 확인한다. 그러나 학생들로 하여금 대답을 할 수 있게 하는 추론 과정을 확인하지는 않는다. 하지만 적응적 모델에서는 주어진 결과가 나타나게 하는 여러 과정을 중요시한다. 과제 학습 중에 제반 정보가 사용될 경우 여러 절차를 구분하는 것이 가능하다. 적응적 모델의 중요성은 수업이 학생들이 저지르는 각각의 오류를 교정할 수 있다는 것이 아니라 오류의 심리학적 원인을 알 수 있고, 그러한 오류가 재발할 가능성을 낮추려고 노력한다는 점이다.

제3절 수업이론의 구성요소

수업이론을 구성하는 요소들의 다양성은 수업이론가들의 주장에 따라 다양하다. 물론 이러한 요소들 간에도 몇 가지 중요한 공통요소가 존재한다. 우선 Corey의 견해부터 살펴보면, "수업이란 학습자가 특정한 조건하에서 특정한 행동을 하는 것을 배울 수 있도록 학습자의 환경을 계획적으로 조정하는 과정"이라고 하였다. 이 정의에 포함된 개념들 중 중요하게 논의되어야 할 몇 가지 요소들을 추출해 본다면 학습자의 문제, 특정한 행동을 배울 수 있도록 하는 교육목표의 문제, 그리고 환경을 계획적으로 조정하고자 하는 절차의 문제, 학습자에게 알맞은 수업절차를 거친 후에 결과에 대한 엄격한 평가, 마지막으로 수업을 진행하는 주체인 교사의 문제를 들 수 있다. 흔히 교육의 전반적인 과정으로서의 교육목표, 학습자, 수업절차, 평가 그리고 교사의 요소가 바로 그것이다.

1970년대 이후 최근에는 이와 같은 수업이론 구성요소들 간의 관계를 중요시하는 관계이론(matching thery)들이 여러 각도에서 검토되고 있다. 1957년 Cronbach에 의하여 주창되고 적용되어 온 적성-처치 상호작용(Aptitude-Treatment Interaction: ATI)의 모형은 애초에 심리학에 있어서의 새로운 연구방법으로 제시되었다. 그러나 나중에는 학교학습 또는 수업과 관련지어 학습자들의 지능, 인지양식, 성취동기, 학습불안, 기초학습 능력을 적성으로, 학습과정의 구성, 전개, 그리고 교사들의 제시방법, 특성, 수업형태나 절차들은 처치 변인으로 하여 더욱 효율적인 수업효과를 가져올 수 있는 방안으로 소개되었다. 물론 많은 학자들은 이 이론이 실제적인 수업효과를 실증적으로 소개하지 못했다는 반론을 제시하면서 그 자체가 곧 수업이론이라고 할 수는 없다고 주장을 하기도 한다.

하지만 그 후 Tobias는 속성-처치 상호작용(Attribute-Treatment Interaction: ATI)으로 수업개념의 변화를 시도하였고, Salomon은 특성-처치 상호작용(Trait-Treatment Interaction: TTI)으로 수업의 중요성을 소개하고 있다. 특히 Berliner와 Cahen은 수업의 실제 상호작용 과정 속에서 학습과제(목표), 학습자의 특성과 처치(수업절차)의 중요성을 강조하면서 과제-특성-처치 상호작용(Task-Trait-Treatment Interaction: TTTI) 모형의 중요성을 한층 더 강조하고 있다. 따라서 수업의 효과는 결국 학습과제 또는 수업목표의 특성과 학습자가 가지고 있는 능력을 고려하여 최적의 수업절차를 교사가 마련하고, 최종적으로 그 결과를 평가하는 절차가 올바르게 진행될 때 최대한으로 올릴 수 있다는 사실이 교육계에 소개되어야 한다.

여기에서는 수업이론의 구성요소로서 목표 및 수업과제, 학습자, 수업절차, 교사로 구분하여 보다 구체적으로 살펴보고자 한다.

1. 목표 및 수업과제

교육목표의 중요성은 더 이상 강조할 필요가 없다. 단지 Gagné가 주장하고 있는 수업과제의 문제는 이제까지와는 전혀 다른 각도에서 한번쯤 논의할 필요가 있다.

Gagné는 일찍부터 학습과정을 통하여 성취되는 학습의 결과는 여러 가지 학습의 외적 · 내적 조건에 의하여 영향을 받는다는 전제하에서 학습과제를 자세하게 분석하여 그에 합당한 조건들을 갖추어 주어야 하고 바로 이러한 절차가 수업에 있어서의 핵심적인 요소가 되어야 한다고 주장하였다. 여기에서 학습의 내적 조건이란 학습자가 어떤 수업목표를 달성하기 위하여 사전에 반드시 알고 있어야 하거나 갖추고 있어야 하는 일종의 선행학습 요소로서, 이를 분명하게 이해하기 위해서는 무엇보다도 논리적으로나 실증적으로 학습과제 또는 목표의 위계를 파악해야 한다는 것이다. 여기에서 학습과제나 목표의 분석, 즉 위계분석이 필요하게 된다.

이제는 수업의 목표도 단순하게 행동목표나 이원목표의 차원에서 확인하는 정도가 아니라 목표들간의 선후위계를 분명하게 파악할 수 있어야 하고 그러한 바탕 위에서 수업의 실제를 위한 최적의 조건들을 찾아내는 고도의 전문화된 일들을 교사 자신이 처리할 수 있어야 한다는 것이다. Gagné의 접근의 기초인 일반적인 수업원리 및 수업이론은 결국 교육목표에 관한 집중적인 과제분석을 수행한 이후에야 확실하게 얻어질 수 있다는 것이다. 더 나아가서 그는 학습심리학의 연구 및 이론은 한 이론 속에 포함되어 있는 각기 다른 유형의 학습목표를 일체화시키고, 이들 유형의 목표를 위계적 관계 속에서 조직화시킬 때 유용하다고 주장하였다. 그리하여 그의 수업원리에는 과제분석, 과제 내적 전이, 과제성취 구성요소, 계열화 등과 같은 개념이 포함되어 있다.

이러한 Gagné의 주장에 대하여 교육의 장기적 목표에 보다 많은 관심을 가지고 있는 Bloom, Hasting과 Madaus는 다소 비판적이다. 이들은 과제의 구성요소나 각기 다른 학습유형들이 모두 필연적으로 위계를 가질 수 있는지, 혹은 위계를 가지고 있다고 하더라도 종속적이거나 수직적인 위계보다는 수평적인 위계를 가지고 있는 것이 아닌지에 대해 강한 의문을 제기하고 있다. 하지만 여전히 Gagné의 견해는 오늘날 많은 교육전문가들과 훈련전문가들에게 널리 알려지고 있고 또 지지를 받고 있다.

2. 학습자 변인

좋은 수업을 위하여 학습자들의 특성을 분석하고 그 특성에 알맞은 환경을 제공해야 한다는 주장은 이미 누구나 부정할 수 없는 교육이론이 되었다. 문제는 학습자의 특성이 날이 갈수록 다양해지고 어떤 면에서는 한두 가지 유형으로 종합할 수 없을 정도로 복잡하게 되어 간다는 데 있다. 과거의 경우 학습자 변인에 관한 과학적 연구는 두 가지 입장으로 고찰할 수 있었다.

첫째, 발달심리학적 접근으로 교육 또는 학습이 효과적으로 이루어지기 위해서는 일정한 수준의 성숙 또는 발달이 이루어져 있어야 하므로 학습자들의 발달수준을 밝혀 교육과 수업과정에 반영시키려는 시도이다. 이는 수업에 있어서 준비성의 개념으로 파악되고 있다. Glaser의 수업이론에서도 강조되고 있으며, Bruner 역시 강조하고 있는 개념이라고 할 수 있다.

둘째, 수업이론적 측면에서 수업방법과 학습자 변인과의 상호관계를 밝히고 가능한 한 수업방법을 다양화하려는 시도이다. 이는 주로 개별학습을 위한 수업이론에서 집단적인 발달수준의 문제로서가 아니라 개체마다의 독립적인 특성을 강조하려는 노력으로 나타나고 있다. 물론 학습자 변인의 구체적인 내용 역시 다양하다. 일반적인 인지능력의 문제에서부터 선행학습 요소, 인지양식이나 인지전략에 관한 문제, 성취동기나 불안 수준, 자아개념의 문제와 관련된 정의적 특성의 문제 등이 바로 그러한 특성이 될 수 있다.

3. 수업절차

Taba나 Tyler 등은 교육과정의 구성요소를 제시하면서 연속적 과정으로서의 수업절차를 제시하였다. 이 밖에도 Stolurow, Glaser, 그리고 우리나라의 경우 한국교육개발원이 개발한 수업모형 등은 여러 수업이론 중에서도 수업절차를 강조하고 있는 이론들로 꼽을 수 있다. 수업의 절차를 논의할 경우 대표적으로 Glaser의 수업의 기본모형을 제시한다. 그는 수업의 구성요소와 전개 절차를 수업목표의 설정, 출발점 행동의 진단, 수업의 실제, 그리고 수업평가 등의 네 가지 단계로 구분하고, 그들 간의 상호관계를 다음과 같이 도식화하였다.

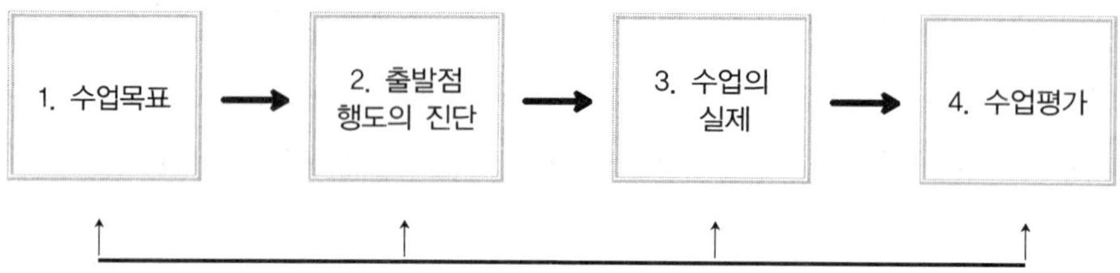

[그림 4-7] Glaser의 수업절차

우선 수업목표 설정 단계는 교육과정과 교과서의 분석을 통해 행동적 능력수준과 내용구조를 확인하여 적절한 목표를 설정한다는 것을 의미한다. 다음 출발점 행동의 진단이란 학습자들 개개인에 대해 해당목표와 관련하여 적절한 선행학습 능력을 소유하고 있는지 또는 이제 달성하려고 하는 목표를 이미 습득하고 있는지를 진단하여 보강하는 작업을 의미한다. 그리고 수업의 실제단계는 흔히 수업목표의 달성을 위하여 동원되는 다양한 수업의 형태, 적절한 자극의 제시방법 등을 통한 전반적인 수업활동을 의미한다. 마지막으로 수업평가 단계는 수업이 끝난 후 이의 성취 여부를 총괄적으로 확인하여 수업의 전 과정을 다시 돌아보고 미진한 부분이나 보완할 부분에 대한 적절한 조치를 취하는 종합적인 활동을 말한다.

컴퓨터의 구조와 기능에서 착안했다는 이 이론은 Simon과 Boyer가 지적한 바대로 수업모형 자체가 너무 개괄적이어서 실제 수업사태에 적용하기에는 다소 실용적인 가치가 떨어진다고 하겠다.

4. 교사변인

학습자들의 학습활동에 영향을 미치거나 학습의 효율성에 영향을 주는 요소로서 교사변인을 빼놓을 수 없다. 실제 교사와 관련된 많은 연구들은 교사의 특성이나 교사-학생 간의 상호작용이 학습결과에 결정적인 영향을 줄 수 있다는 사실을 입증하고 있다.

교사들은 교육활동의 주체로서 수업을 진행하거나, 부모의 대행자, 친구, 상담자, 문화적 가치의 전수자, 기성세대의 대변자로서 학습자들과 함께 생활한다. 그렇기 때문에 학습자들에게 영향을 미치는 교사들의 제반 특성은 단순하지가 않다. 우선 교사들의 인지적 특성은 학습자들의 교육활동에 적지 않은 영향을 준다. 물론 교사들의 지적 능력과 학생들의 성적과는 실제 별다른 상관이 없는 것으로 알려져 있다.

지능의 높고 낮음이 수업결과에 직접적으로 영향을 준다기보다는 최소한의 지능수준을 필요하다고 보는 것이 옳다. 물론 자신이 가르치는 교과내용에 관한 지식의 정도는 교사에 대한 학생들의 태도에서 긍정적인 변화를 보인다는 연구결과가 나타나 있다. 한편 교사들의 인지양식에 관한 중요성은 1960년대 후반부터 학계에서 일반적인 학설로 인정되고 있다. 이 밖에도 교사의 표현의 유창성, 명확성이나 유머 감각 등은 학습자들의 학습에 커다란 영향을 준다는 보고가 있다. 한편 교사들의 정의적 특성, 즉 타인에 대한 부드럽고 긍정적인 태도를 길러 주며, 질책을 중심으로 하는 교사의 지도는 학교에 대한 신뢰감을 형성시키지 못한다는 보고도 있다. 교사교육에 관한 연구결과를 많이 제시하고 있는 Gagné는 효율적인 교사와 관련된 교사의 특성으로서 지적 능력, 교과에 대한 지식, 인지적 조직력, 온정적 태도, 비지시적이며 융통성 있는 태도, 온화함, 문제해결력 등을 들고 있다.

제5장 수업설계이론

제1절 수업설계의 개념
제2절 수업설계의 요소와 절차
제3절 수업설계의 유형

수업설계란 수업의 전 과정을 이해하고 개선하려는데 그 목적이 있다. 교수 · 학습과정은 그 요소와 절차가 다양하고 복합적으로 구성되었기 때문에 보다 효율적인 수업이 이루어지도록 하기 위해 여러 가지 요소와 절차를 기능적으로 조직하는 수업설계가 필요하다. 따라서 본 장에서는 수업설계에 대한 개념과 각 단계별 요소와 절차를 이해하고 수업설계의 유형을 거시적으로 다루고자 한다.

제1절 수업설계의 개념

수업에서 학습성과를 극대화하기 위해서는 조직적이고 체제적인 접근의 교수설계가 중요하다. 수업에 도입되는 체제적 접근은 학습목표를 가장 효과적으로 달성해 나갈 수 있도록 교수체제의 모든 구성요소를 기능적으로 조직하는 절차 및 과정이다. 이 절에서는 수업설계의 정의를 알아보고 체제적 접근으로서의 수업설계를 구체적으로 알아본다.

1. 수업설계의 정의

수업설계는 요구와 문제를 밝혀 내고, 이를 토대로 목표를 명확히 설정하여 수업내용, 방법, 평가 등에 이르는 수업체제의 전 과정을 체계적이고 합리적으로 구성하고 조정해 가는 일련의 전략적 과정이다. 즉, 수업(instruction)을 학습목표의 달성을 위하여 상호 관련된 구성요소들이 유기적으로 상호작용하는 과정으로 규정하고, 규정된 학습목표의 달성을 위해 설계 · 개발하는 것을 말한다. 수업설계는 학습이론과 교육과정을 연결하는 '연계과학'(linking science)이며 수업목표를 달성하기 위하여 알맞은 교수활동을 처방하고 안내해 주는 지식체계이므로 교수의 질을 개선하고 이를 수행하기 위해서는 꼭 필요한 학문분야이다(Reigeluth, 1983). 수업설계는 수업을 하나의 체제로 보고 체제를 구성하는 다양한 요소들, 즉 학습자, 교사, 학습내용, 방법, 매체, 목표, 환경 등의 상호관련성에 기초해야 한다. 따라서 수업설계의 가장 핵심적인 개념은 체제접근이며, 이는 수업을 구성하는 요소들을 상호의존적이며 상호작용적으로 통합시켜서 단계별로 수업활동을 전개해 나간다는 의미이다.

2. 체제적 접근의 개념

체제적 접근(systems approach)을 이해하기 위해 체제의 개념을 살펴보도록 하자. 체제란 특정목적을 달성하기 위하여 상호적으로 관련하여 작용하는 요소들의 집합체로써, 동일 목적하에 공동의 노력을 통하여 합리적으로 전체를 형성하며 조직적이고 기능적인 형태를 이루어 나갈 수 있도록 각 부분들이 질서정연하게 나열된 집합체이다.

이 체제의 특성을 살펴보면, 체제는 각 부분들의 상호관계를 기초로 하여 형성되기 때문에 그 중 어떤 한 부분에 변화가 일어난다면 그것은 다른 모든 부분이나 일부에 또는 전체에 변화를 초래하는 관계를 지니고 있다. 이 부분들 간의 상호작용적 관계, 이 상호관계의 결합에 의한 전체성과 구조적 틀 등을 포함하고 있다. 이와 같이 체제의 개념과 특성에 근거하여 체제적 접근의 개념을 정리하면, 체제적 접근이란 체제의 조화있는 통합 혹은 전 일체성을 유지하는 것으로 체제를 구성하고 있는 각 요소들의 기능을 독립적으로 최대한 발휘하도록 하면서 동시에 각 기능이 상호보완적 관계에 놓이도록 하여 전체적으로 기능의 극대화를 이루도록 하려는 것이다(김신자, 2000).

체제적 접근이 교수-학습 효과의 증진에 기여하게 되는 몇 가지 측면을 살펴보자(박성익, 1997).

첫째, 교수목표를 구체화함으로써 교수-학습 상황에서 간과하기 쉬운 관련변인들을 효과적으로 통제 · 조정해 줄 수 있어서 교수-학습 효과를 극대화시켜 줄 수 있다.

둘째, 교수목표 및 학습내용의 분석을 통해서 효과적인 교수-학습 전략을 고안해 낼 수 있게 되고, 그 결과로 수업진행이 효율적으로 이루어질 수 있다.

셋째, 체제적 접근에 따른 교수설계는 경험적으로 검증될 수 있는 과정이며, 반복될 수 있는 과정일 뿐만 아니라 평가를 통한 피드백을 제공함으로써 교수-학습 관련 변인들이 효과적으로 작용할 수 있도록 수정하고 보완할 수 있는 기회를 마련해 준다.

넷째, 교수-학습 상황은 관련변인들이 다양하게 상호작용하는 환경이기 때문에 교수-학습력의 증진에 도움이 되지 않는 변인들을 개선시켜 줌으로써 교수-학습의 매력성을 향상시켜 주게 된다. 이와 같은 점들을 고려해 볼 때 체제적 접근은 교수설계에 절대적으로 필요함을 알 수 있다.

다음은 교수설계에 있어서 체제적 접근의 이점을 알아보자.

첫째, 효과성이다. 여기에서의 효과성은 더욱 많은 학생들이 학습목표를 성취함을 의미한다.

둘째, 효율성이다. 이것은 학습에 소요되는 시간이 단축되고 경제적으로도 적은 비용이 들고, 투입하는 노력의 양도 절감하면서 기대하는 목표를 성취하게 됨을 말한다.

셋째, 매력성이다. 이것은 학습자의 흥미를 유발시켜 주고 유지시켜 주는 것을 말한다.

넷째, 관련성이다. 관련성은 학습자들이 획득하기를 원하거나 반드시 획득해야 되는 필수적인 지식이나 기능 등을 획득하도록 함을 말한다.

다섯째, 일관성이다. 이것은 교수목적과 교수방법, 교수평가 등이 기대하는 목표수준을 성취하는 데 최적의 교수-학습 과정이 이루어지도록 상호 유기적인 관련성을 맺고 수업이 전개되도록 함을 말한다.

이러한 체제적으로 이루어진 수업설계의 전제조건을 살펴보면 다음과 같다.

첫째, 수업설계는 개인차를 고려한 학습자의 특성에 맞게 계획되어 학습이 효과적으로 일어날 수 있도록 해야 한다. 둘째, 수업설계는 인간학습 원리를 기초로 하여 달성하고자 하는 학습결과를 얻기 위해 요구되는 학습조건을 충분히 고려해야 한다. 셋째, 수업설계는 수업을 구성하는 모든 요소들이 학습목표의 성취를 위하여 가장 효과적이고 효율적인 방법으로 상호작용을 할 수 있도록 설계되어야 한다. 그리고 넷째, 수업설계는 각 수업단위 시간 계획, 단원 계획, 학기 계획, 학년 계획 등 단기적인 계획에서 중 · 장기 계획에 이르기까지 세밀한 일련의 학습 계획을 준비해야 한다(Gagné & Briggs, 1992).

3. 수업설계의 원리

Gustafson(1991)은 체제적 접근의 교수설계를 하기 위해서는 먼저 '체제'라는 개념의 인식이 중요하다고 하였다. 체제란 상호작용하는 요소들의 통합된 집합체이며, 이 체제의 각 요소는 동적이고 하나의 요소가 하나 또는 그 이상의 요소들에게 영향을 미친다. 그러므로 목표와 방법, 그리고 평가는 서로 조화를 이루어 설계되어야 하며 교수설계를 한다는 것은 이 세 가지 요소를 통합된 전체로 보고 설계하여야 한다고 했다.

데이비스는 수업설계 과정에 적용될 수 있는 여섯 가지 체제적 수업설계의 원리를 다음과 같이 제시하였다(Davis, 1974).

첫째, 수업설계의 목표 및 필요한 요소들은 설계를 결정하기 전에 이루어져야 한다. 둘째, 수업설계 과정은 모든 단계에서 목표가 이루어졌는지 상시 점검하면서 수정 및 보완하고 평가한 후 다시 설계를 수행하기도 한다. 셋째, 수업설계 과정은 반복적이고 상호작용적이다. 교수체제는 여러 요소들로 구성되어 있는 복합적인 조직체이다. 이 체제를 구성하고 있는 각각의 요소들은 상호작용 관계가 있으므로 계속적인 평가에 따라 수정 · 보완해야 한다. 넷째, 수업과정에서 이루어지는 모든 구성요소들이 학습목표를 성취하는 데 있어서 상호보완적인 관계를 가져야만 수업과정이 가장 효율적으로 이루어진다. 다섯째, 수업체제는 이 체제가 속해 있는 것보다 큰 체제와 잘 조화되어 작용하도록 설계가 이루어져야 한다. 그리고 여섯째, 체제안에 이루어지는 각각의 구성요소들과 절차는 다른 구성요소나 절차에 영향을 끼치지 않고는 수정될 수 없다.

제2절 수업설계의 요소와 절차

교수과정에는 전통적으로 교사, 학습자, 교과서로 구성되어 왔다. 학습자에게 배워야 할 내용을 가르치는 것이 교사의 역할이다. 최근 수업에 대한 견해는 교사, 학습자, 교과서 그리고 학습환경의 모든 요소들이 조직적인 과정을 통해 성공적인 학습이 이루어진다고 한다. 이러한 견해는 일반적으로 체제적 관점이라고 불리며 수업설계 시 보통 체제 접근법을 사용한다. 본 절에서는 이러한 체제 접근법을 활용한 수업설계를 하기 위한 요소와 절차를 상세히 알아보고자 한다.

1. 수업설계의 요소

레이겔루스(Reigeluth, 1999)는 수업설계 이론이 포함해야 할 요소를 교수상황과 교수방법이라고 하였다. 학습을 촉진할 가능성이 있는 교수방법과 그 교수방법이 사용될 수 있는 교수상황이다. 레이겔루스에 따른 수업설계 이론의 구성요소는 [그림 5-1]과 같다.

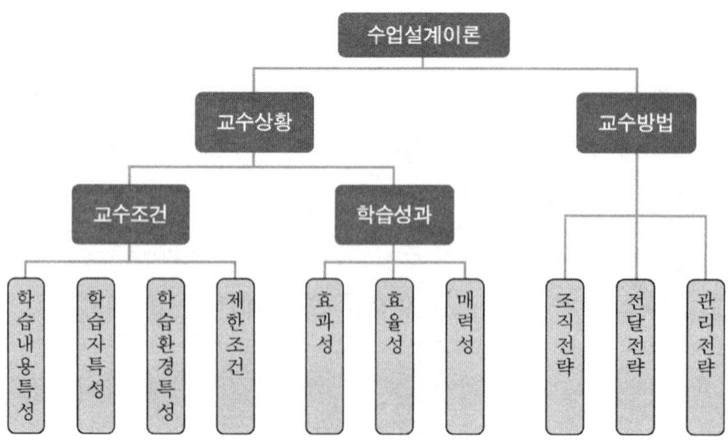

[그림 5-1] 수업설계 이론의 구성 요소

가. 교수상황

교수상황은 학습성과를 달성하기 위한 교수조건과 요구되는 학습성과 유형의 두 가지 요소로 구분된다.

1) 교수조건

교수조건은 다루어진 학습내용 특성, 학습자 특성, 학습환경 특성, 제한조건으로 구성된다.

가) 학습내용 특성

학습내용 특성으로 '정보의 기억능력', '관계의 이해', '적용 능력', '일반적 적용능력' 등이 있으며, 이들 학습하게 될 내용의 특성에 따라 적절한 교수방법이 서로 다르게 처방되어야 한다. 즉, 정보의 기억을 가르치는 방법과 관계의 이해를 가르치는 방법은 서로 다르게 처방되어야 한다는 뜻이다.

나) 학습자 특성

대표적인 학습자 특성으로 '선행지식', '학습전략', '학습동기' 등이 있으며, 이들 학습자 특성에 따라 적절한 교수방법이 서로 다르게 처방되어야 한다.

다) 학습환경 특성

학습환경의 특성으로는 학습 집단의 크기, 사용 가능한 교육매체, 교육자료의 구비 정도 등을 말한다.

라) 제한조건

수업설계 및 설계에 따른 수업 개발에 소요되는 인력, 시간, 비용 등을 포함한다.

2) 학습성과

학습성과는 학습목표와는 상이하다. 학습성과는 기대되는 구체적인 학습을 포함한 것이 아니라 수업에서 원하거나 요구하는 효과성, 효율성, 매력성의 수준을 말한다.

가) 효과성

교수활동이 얼마나 잘 수행되었으며, 학습목표가 얼마나 잘 달성이 되었는가에 관한 것이다. 기대된 교수성과는 학습목표가 무엇인가에 관련되는 것이 아니라 그것들이 얼마나 잘 성취가 되었는가와 관련이 있다. 이와 관련하여 '기준'이라는 용어가 사용되기도 한다.

나) 효율성

교수 시간 및 교수 비용으로 나뉜 교수 효과의 수준을 말한다. 효과성의 수준에 도달하는 학생들이 얼마나 많은 시간과 비용을 필요로 하는가의 개념이다.

다) 매력성

학습자가 그 수업을 자신에게 얼마나 유의미한 것으로 인식하는가 하는 정도를 말한다. 학습자가 학습에서 배운 내용에 대해 어디서 어떻게 추가하여 더 배울 수 있는가를 말한다.

나. 교수방법

교수방법은 '조직전략', '전달전략', '관리전략'으로 구분한다.

1) 조직전략

수업내용을 어떤 절차로 어떻게 서로 연결하여 제시할 것인가에 관한 전략으로서 미시적 조직전략과 거시적 조직전략으로 구분된다. 미시적 조직전략은 단일한 개념이나 원리 등을 가르치고자 할 때 정의제시, 사례제시, 문제제시, 대안제시 등과 같은 차시 개념의 수업을 조직할 경우의 전략이다. 미시적 조직전략의 대표적 이론으로는 메릴(Merrill)의 내용 요소 제시 이론이 있다. 미시적 조직에서 조직의 요소는 일반성(generality)과 사례(example), 피드백(feedback)이 있다. 거시적 조직전략은 단원 수준 이상의 여러 개념, 원리, 아이디어 등을 서로 연결하여 가르치고자 할 때 아이디어를 선정하고 계열화하며, 요약 및 종합하는 전략을 말한다. 브루너(Bruner)의 나선형 교육과정, 레이겔루스의 정교화이론 등이 있다.

2) 전달전략

조직된 학습내용을 학생들에게 제시하고, 학생들의 학습 수행을 이끌어 가는 방법을 말한다. 여기서는 사용해야 할 교수, 교수매체, 학습자료, 상호작용과정 등을 포함한다.

3) 관리전략

수업의 수행과정에서 언제, 어떻게 조직이나 전달전략의 요소를 사용할 것인가에 관한 전략이다. 수업지도계획, 성적 관리 등이 포함된다.

2. 수업설계의 일반적인 절차

수업설계의 일반적 절차는 분석단계, 설계단계, 개발단계, 평가단계로 구분한다. 수업설계의 일반적 절차를 구체적으로 제시하면 [그림 5-2]와 같다.

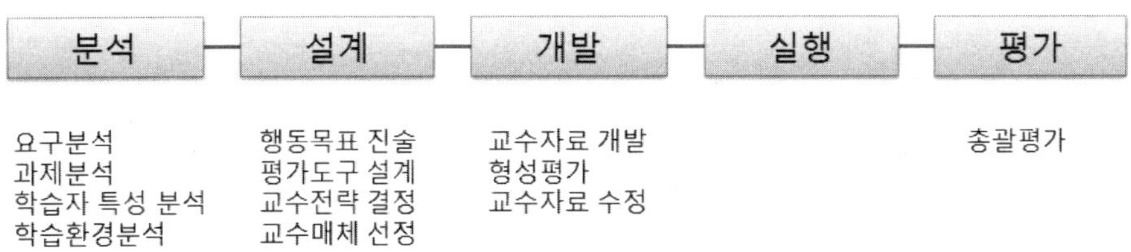

[그림 5-2] 수업설계의 일반모형

가. 분석단계

1) 요구분석

학습목표를 설정하기 위한 단계로 특정지식이나 기능에 대한 현재의 상태와 기대되는 상태 간의 격차를 분석하는 것이다.

2) 과제분석

수업목표를 달성하기 위해 필요한 지식, 기능, 태도가 무엇인지를 진단하며, 하위과제를 분석하는 단계이다.

3) 학습자 특성 분석

학습목표 분석과 병행하여 실시하며 학습을 위한 학습자의 특징을 파악하는 일이다. 학습자의 선수학습 능력, 학습양식, 현재의 기술, 선호도, 학습태도 등은 수업설계를 위한 기초자료로 활용된다.

4) 학습환경 분석

학습과제를 수행하기 위한 교수매체, 시설, 학습환경, 학습조건 등을 분석하는 것이다.

나. 설계단계

1) 행동목표 진술

학습자가 학습을 마친 후 무엇을 할 수 있는지를 규정하는 것이다. 행동적 목표 진술방식은 타일러(Tyler), 메이거(Mager)등이 대표적인 목표진술 방식을 설명하고 있다.

2) 평가도구 설계

진술된 목표에 따라 수업 후 학습자들이 할 수 있는 능력을 평가하기 위해 도구를 개발하는 것이다.

3) 교수전략 결정

목표를 달성하기 위한 구체적인 방법을 찾는 것을 말한다. 교수전략으로는 수업 전 활동, 정보의 제시방법, 실습과 피드백, 평가방안, 추후활동에 관한 전략 등을 포함한다.

4) 교수매체 선정

교수매체는 교재를 포함하여 학습보조자료, 비디오, 오디오, 이미지, 웹페이지 등 다양한 수업에 활용되는 자료를 말한다. 교수매체의 선정은 학습해야 할 내용을 가장 효과적이고 효율적으로 나타낼 수 있고 학습자들의 학습을 촉진할 수 있도록 설계 · 개발 · 활용되어야 한다.

다. 개발단계

1) 교수자료 개발

수업에서 효과적 · 효율적 · 매력적으로 활용할 수 있도록 다양한 교수자료을 개발해야 한다. 수업자료의 주요한 구성요소에는 학습자 지침서, 수업 프로그램, 검사지, 교사 지침서 등이 포함된다.

가) 학습자 지침서

학습자 지침서는 수업 패키지에 포함된 모든 자료를 활용하는 방법에 대한 안내이다. 수업목표 개관, 수업프로그램을 활용하는 방법에 관한 지식, 수업, 교정 및 심화학습을 위한 기타 참고문헌, 학습계획, 학습자들이 완성한 작품이나 계획서에 대한 절차를 포함한다.

나) 수업프로그램

수업프로그램은 학습자가 수업목표에 도달하기 위해 활용할 수 있는 정보를 포함한다. 수업프로그램은 학습이 되어야 할 정보, 예제, 연습문제, 피드백 및 학습 후 지시 사항 등으로 구성된다.

다) 교사지침서

교사지침서는 수업프로그램의 전체적인 구조를 설명하며, 교사에게 필요한 검사나 정보들이 포함된다. 교사지침서에 포함되어야 할 자료의 유형은 학습에 대한 정보, 방법에 대한 아이디어, 학습내용 개관, 심화 또는 교정활동, 검사, 시간, 수업프로그램에 필요한 교수나 시설 등이다.

라) 검사지

검사지는 사전 검사지와 사후 검사지로 구성되어 있다(학습증진 검사는 수업프로그램에 들어 있다).

2) 형성평가 및 수정

형성평가는 분석, 설계, 개발 과정을 통해 제작된 수업자료를 총체적으로 점검하여 수정 또는 보완하는 것이다. 형성평가의 목적은 수업프로그램의 효율성 및 효과성을 증진시키는 것이다. 즉, 개발된 프로그램을 현장에서 실행하기 전에 종합 점검하여 문제점을 수정함으로써 프로그램의 질을 높이기 위한 것이다. 형성평가의 종류에는 일대일 평가, 소집단 평가, 현장평가, 외부전문가 평가가 있다. 일대일 평가는 개별 학습자들 대상으로 수업자료를 수정할 부분에 대한 자료를 얻는 것이다. 소집단 평가는 일대일 평가 결과를 기초로 하여 8명에서 20명 정도로 구성된 학습자 집단에게 개발된 수업프로그램을 학습하게 한 후 프로그램의 문제점에 대한 정보를 찾아내는 것이다.

현장평가는 프로그램이 실제로 활용될 현장과 유사한 상황에서 그 수업 프로그램의 적용 가능성을 검증하는 것이다. 외부 전문가 평가는 해당 분야의 전문적인 지식이 있는 전문가를 대상으로 프로그램의 문제점을 규명하는 것이다.

3) 제작

형성평가를 통해 수집된 자료를 종합하고 분석하여 수업자료를 수정한다. 수정 후 프로그램의 최종판이 제작된다.

라. 실행단계

실행단계는 개발된 수업프로그램이나 수업자료를 실제 교육 현장에서 활용하고 실제 교육과정에 설치하여 계속적으로 관리하는 활동이다.

마. 평가단계

평가단계는 수업프로그램이나 수업자료의 효과성 및 효율성을 측정하는 총괄평가를 실시하는 것이다. 총괄평가는 전체 프로그램의 장 · 단점을 종합적으로 파악하는 것이다. 즉, 총괄평가의 주요한 목적은 현재의 수업 프로그램을 계속 사용할 것인지 또는 기관에서 정한 교육요구를 만족시킬 새로운 수업프로그램을 채택할 것인지를 결정하는 것이다.

총괄평가에는 전문가 판단과 현장평가의 주요한 두 가지 단계가 있다. 각 단계의 목적 및 주요활동을 요약하면 다음 〈표 5-1〉과 같다.

〈표 5-1〉 총괄평가

	전문가 판단	현장평가
목적	기관의 욕구를 충족시키기 위해 채택될 프로그램의 잠재성 결정	원래 의도한 장면에서 대상 학습자에게 수업 프로그램의 효율성에 대한 증거 제공
주요 활동	기관의 요구와 수업 프로그램간의 일치도 평가 수업 프로그램의 완벽성과 정확성 평가 수업 프로그램의 유용성 평가 수업 프로그램의 현재 사용자 만족도 평가	학습자의 성취도와 태도 교사의 태도 수행절차의 효율성

참고적으로 형성평가와 총괄평가의 특징을 비교하여 요약 · 정리하면 다음의 〈표 5-2〉와 같다.

〈표 5-2〉 형성평가와 총괄평가 비교

	형성평가	총괄평가
목적	프로그램의 질을 향상시키기 위해 문제점을 찾아냄	프로그램의 채택 또는 유지의 결정을 위해 그 가치와 유용성을 종합판단
평가단계	소집단 평가 1:1 평가 현장검증	전문가 판단 현장 검증
주요활동	프로그램의 문제점 파악 프로그램의 종합 점검 프로그램의 적용 가능성 점검	프로그램의 결과에 대한 종합판단 학습자의 수행 목표 달성 정도 평가

제3절 수업설계의 유형

앞 절에서 언급한 수업설계의 개념을 다시 정리하면 수업의 과정을 이해하고 개선하려는 과학적인 학문영역으로서, 학습자의 지식과 기술에 좋은 결과를 가져오기 위하여 적절한 교수방법을 처방하는 것이다. 수업설계는 투입-과정-산출로 이어지는 일련의 순환과정으로 보고, 학습이 일어나는 조건에 대한 과학적인 지식과 전략을 학습목표를 효과적으로 달성하기 위해 체계적으로 적용시켜 나가는 절차 및 단계이며 수업을 설계, 개발, 실행, 평가를 하기 위한 체제적 과정(Dick & Reiser, 1989)이다.

이러한 수업설계 체제적 과정을 기술한 것이 수업설계모형이다(Gustafson, 1991). 수업설계모형은 수업을 설계, 개발, 실행 그리고 평가를 하기 위해 언어 형태의 설명과 시각적으로 보여주는 전략구성 요소들의 통합된 일련의 틀이다. 또한 수업설계모형은 수업설계 이론을 명료하게 하여 줄 뿐만 아니라 수업설계 이론을 실행하는 수단이 된다.

수업설계모형은 크게 전통적 수업설계모형과 구성주의적 수업설계모형으로 구분할 수 있다. 이제부터 전통적 수업설계모형과 구성주의적 수업설계모형에 대해 그 절차와 특성을 자세히 알아보도록 하자.

1. 전통적 수업설계 모형

여러 학자들에 의해 수업설계의 효과적인 실행을 위하여 필요한 절차들이 포함되어 있는 적절한 수업설계 모형들이 개발되어 왔다. 수업의 효율성을 극대화할 수 있는 방안으로 많은 수업설계 모형이 있다. 그 중에서 비교적 많이 사용되는 수업설계 모형을 살펴보자.

가. Dick & Carey의 체제 접근 모델

전통적인 교실 수업은 교사, 학습자, 교과서 등의 요소로 구성되어 있다. 교사가 교과서를 학습자에게 잘 가르쳐야 하는 책임을 가지고 그 내용을 학습자에게 잘 전달하여 평가에서 좋은 점수를 얻도록 하는 것이 일례이다. 하지만 최근의 교수방법에 대한 일반적인 견해는 학습목표, 환경, 방법, 매체 인프라, 도구 등 모든 요소들이 잘 결합하여 조직적인 과정을 통해 효율적인 학습에 기여한다는 것이다. 이러한 견해를 체제적 관점이라고 부르며 이 관점을 옹호하는 사람들은 수업설계 시 보통 체제 접근법을 쓴다(Dick & Carey, 2003).

체제(system)란 교수 과정 자체를 하나의 체제로 보며 이러한 체제는 교수목적에 도달할 때까지 수정되며 창조적으로 개발된다. Dick & Carey의 모델은 체제 접근 모델이라고 하며 다른 모델들보다 다소 복잡하지 않은 편이나 다른 모델에 포함되어 있는 중요한 요소들은 거의 다 포함되어 있다. 체제 접근에 의한 수업설계 절차를 9단계로 제시하며 마지막 총괄평가는 수업설계자가 하지 않고 별도의 평가자에게 의뢰하므로 제외한다.

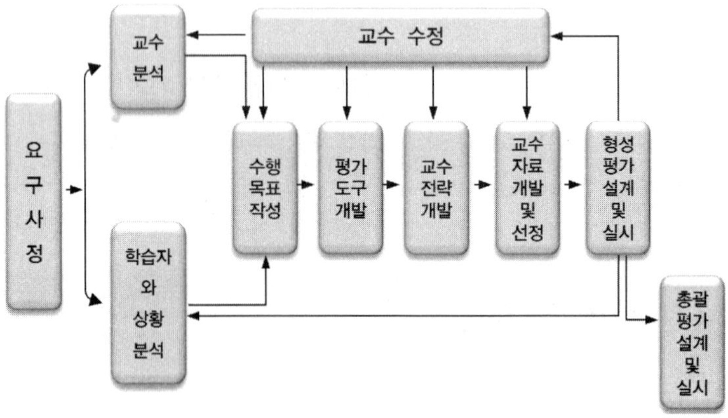

[그림 5-3] Dick & Carey의 수업설계 모형

1) 목적 규명을 위한 요구 사정

수업설계과정에서 가장 중요한 일이 교수 목적을 규명하는 것이다. 이 절차를 부적절하게 이루어지면 비록 훌륭한 교수자라 할지라도 수업설계자의 실제 목표에 도달하기에는 어려움이 많을 것이다. 교수 목적을 규명하기 위해 사용되는 두 가지 기본적인 방법이 교과 전문가적 접근과 수행 공학적 접근이다(Dick & Carey, 2003).

우선 교과 전문가적 접근은 교과전문가들은 각자의 전문 분야에 대해 교수를 개발하도록 요청받는다면 십중팔구 배운 것을 고려하게 될 것이다. 그들은 자신들의 경험을 평가해 보고 경험에 의한 것을 답습하거나 개선하려고 시도할 것이다. 전문가에 의해 설정된 교수 목적에는 종종 내용 정보와 관련하여 '안다' 그리고 '이해한다'와 같은 단어가 포함된다. 이런 방법의 교수-학습 과정은 교수과정에서 교사로부터 학생으로의 정보 전달을 강조한다.

또 하나의 접근인 수행 공학적 접근은 교수 목적에 문제를 해결하고 더 발전시키기 위한 기회를 설정하는 것이다. 수업설계는 무엇이 포함되어야 하는지에 대해 미리 알 수 없고 사실상 교수에 대한 요구도 전혀 알 수 없다. 설계자는 문제를 구체적으로 규명하기 위하여 요구사정과 분석과정을 거쳐야 한다. 이런 유형의 목적 진술에는 '해결한다, 적용한다, 운영한다'와 같은 동사가 포함된다. 이것은 학습자들이 수업을 마친 후에 무엇을 할 수 있는지, 학습자들이 새로운 기능을 사용할 실제 상황에 초점을 두어야 한다.

정리하자면 교수 목적은 교수를 통해 해결할 수 있는 문제에 대하여 광범위한 시사점을 제공하는 요구사정을 통해 정보를 얻는 것이 중요하다. 그리고 목적 분석은 교육과정이나 직무 상황 속에서 수행되어야 하며 결과적으로 학습자들이 할 수 있는 것과 그것을 할 수 있게 되는 상황에 초점을 둔 구체적 진술이 나타나게 될 수 있다.

2) 교수분석

교수분석에는 목적 분석과 하위 기능 분석이 포함된다(Dick & Carey, 2003). 첫 번째 단계에서 목적은 가네(Gagnè, 1985)의 학습 영역의 하나로 범주화하는 것이다. 가네는 학습내용의 유형을 학습된 결과에 따라 지적 기능(intellectual skills), 인지전략(cognitive strategies), 운동기능(motor skills), 태도(attitude), 언어정보(verbal information)로 구분한다.

가) 목적 분석

(1) 지적 기능

지적기능은 무엇을 아는 것과 대조적으로 무엇을 하는 방법을 아는 것에 해당한다. 즉 학습자의 주변에 있는 환경들에 대하여 이를 개념화하여 반응하는 능력을 말한다. 예를 들어, 개념과 규칙을 적용하여 2차 방정식을 푼다든지, 학습자가 인쇄된 기호를 알 수 있는 단어로 표현한다든지, 동사를 주어에 알맞게 일치시켜 쓸 수 있다든지 하는 것이 여기에 속한다.

(2) 인지전략

인지전략이란 특별한 종류의 지적 기능을 의미한다. 인지전략이란 학습자들이 자신의 주의집중, 학습, 재생, 사고 등의 방식을 선택하고 수정함으로써 통제하는 과정이라고 정의할 수 있다. 인지전략은 모든 종류의 학습결과 유형, 즉 언어정보, 지적 기능, 태도, 운동기능 등의 학습에 사용되는 학습전략을 의미한다.

① 리허설 전략 : 각 국가의 수도를 외워야 하는 언어정보의 학습에 있어서 각 국가명과 수도가 연결된 목록을 가지고 머릿속으로 반복하여 연습함으로써 학습을 도울 수 있는 데, 이를 리허설 전략이라 한다.
② 정교화 전략 : 새로운 정보를 기존에 알고 있는 정보와 연관시킴으로써 학습을 돕는 것이다.
③ 조직화 전략 : 새로 학습할 내용을 알아보기 쉽게 재구성하는 것이다
④ 정의적 전략 : 학습에 방해가 될 수 있는 자신의 정의적 특성을 통제하는 전략이다(시험불안, 주의집중 문제 등 자신의 감정을 다스리는 방법을 찾는 것).

(3) 운동기능

운동기능이란 신체의 근육을 활용하여 무엇을 할 수 있는 능력을 의미한다. 단순한 기계적 능력에서부터 복잡한 신경, 그리고 경쟁적인 운동에서의 전략수립과 같은 정신적, 인지적 활동에 이르기까지 다룬다.

(4) 언어정보

학습자가 학교의 학습을 통해서 가장 기초적으로 학습을 하는 것이 바로 언어정보에 해당하는 것으로 이것은 선언적 지식을 의미한다. 각종 사물의 이름, 역사적인 사건이나 연대, 어떤 현상의 사실 등을 알게 될 때 이러한 것은 언어정보에 해당된다. 언어정보는 인간의 역사를 통해서 전수되고 누적된 세계 및 인류 역사적 사건과 추세, 문학 · 예술 등에 나타난 문명과 문화 또는 실제의 사건에 관한 지식을 후대에 전달해 주는 일차적인 방법이다. 이렇게 볼 때 언어정보란 사물의 이름, 사실 · 사건을 재인식하거나 재생의 형태를 통해서 기억해 내는 제 행위를 의미한다.

(5) 태도

태도란 사람, 사물, 사건 등에 대해 취하는 행동에 영향을 미치는 복잡한 인간의 특성을 의미한다. 쉽게 표현한다면, 태도란 인간 행동의 선택을 의미한다. 어떤 사람이나 사물에 대하여 사람마다 다른 태도를 가지고 있을 수 있다. 어떤 사람은 액션영화를 좋아할 수도 있고, 싫어할 수도 있다. 교육적 상황에서 태도란 주어진

선택 상황에서 어떤 일관성 있는 행동을 취하는 것을 의미한다.

학습내용 유형에 따른 지적 기능, 인지전략, 언어정보, 운동기능, 태도의 분석구조는 〈표 5-3〉과 같다.

〈표 5-3〉 학습내용 유형에 따른 분석구조

▶ 지적 기능, 인지전략 기본 분석단계 기본 분석단계(결정단계) 문제해결 목표의 위계적 분석 직접적인 위계적 분석 통합적 분석(태도와 지적 기능) 지적 기능목표 분석 1 지적 기능목표 분석 2	▶ 언어정보 기본 분석단계 기본 분석단계(결정단계) 문제해결 목표의 위계적 분석 직접적인 위계적 분석 통합적 분석(태도와 지적 기능) 통합적 분석(운동기능과 태도) 언어적 정보 목표 분석 군집분석
▶ 운동기능 기본 분석단계 기본 분석단계(결정단계) 문제해결 목표의 위계적 분석 직접적인 위계적 분석 통합적 분석(운동기능과 태도) 운동기능 목표의 분석 1 운동기능 목표의 분석 2	▶ 태도 기본 분석단계 기본 분석단계(결정단계) 문제해결 목표의 위계적 분석 직접적인 위계적 분석 태도 목표 분석 1 태도 목표 분석 2 통합적 분석(태도와 지적 기능) 통합적 분석(운동기능과 태도)

나) 하위 기능 분석

하위 기능 분석의 목적은 각 단계에 필요한 알맞은 하위 기능 집합을 규명하는 것이다. 필요한 기능들이 교수 내용에서 빠져 있고 많은 학생들이 그 기능들에 숙달돼 있지 않다면 이러한 교수는 비효과적일 것이다(Dick & Carey, 2003). 하위 기능 분석은 위계분석, 군집분석, 절차분석, 통합분석으로 구분된다.

(1) 위계분석

위계분석은 지적 기능의 목표를 분석하는 데 사용하는 것이다. 학습자가 목표의 첫 번째 단계를 학습하기 위해 무엇을 알아야 하는가 등의 질문에 따라 각 단계에 대한 하위 기능을 분석하는 것이다.

위계적 분석을 적용하기 위해서 설계자는 목표의 각 단계에 대한 선수 하위 기능을 분석하면 된다. 즉, "학습자가 목표의 첫 번째 단계를 학습하기 위해 알아야 할 것은 무엇인가?"라는 질문을 계속하면서 각 단계에 대한 하위 기능들을 분석하게 된다. [그림 5-4]처럼 Gagné가 제시한 방식대로 교수 목표가 문제해결일 경우에 원리, 개념, 변별 등의 순으로 하위 기능이 분석된다.

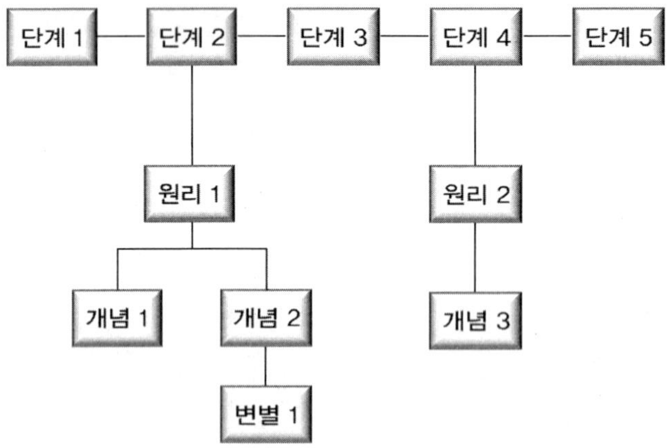

[그림 5-4] 문제해결 목표의 위계적 분석(김형립 외 공역, 1993)

(2) 군집분석

언어정보의 목표를 분석하는 데 사용하는 것이다. 언어적 정보의 유형은 논리적 구조가 없기 때문에 지적 기능과 같은 분석을 할 수 없다. 이런 경우 군집적 분석을 통해 이루어질 수 있다. 상단에 상위 내용을 제시하고 하위 내용으로 각 묶음(군집)을 제시하는 것이다.

목표: 신체의 각 부위를 찾아서 이름을 붙인다.

학습유형: 언어정보

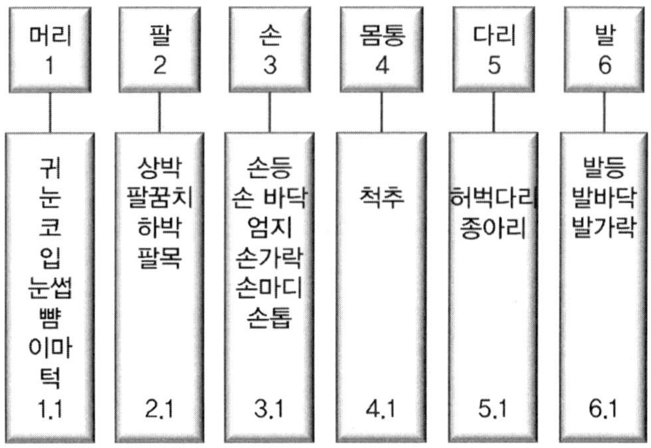

[그림 5-5] 군집적 분석(Dick & Carey, 1996).

(3) 절차분석

목표를 수행하기 위해 필요한 절차를 단계적으로 분석하는 것이며 주로 운동기능의 목표를 분석하는 데 사용된다.

절차적 분석을 적용하기 위해서 설계자는 각 단계에 대해서 '학습자들은 이 단계를 잘 해낼 수 있기 위해서 무엇을 알거나 할 수 있어야 하는가?'라는 질문을 해 보아야 한다. 그에 따라 각 단계별로 내용 작성을 하면서 어떤 단계에서 더 하위적으로 알아야 하는 내용(원리, 이론 등)을 그 아래에 제시하는 등의 구조이다.

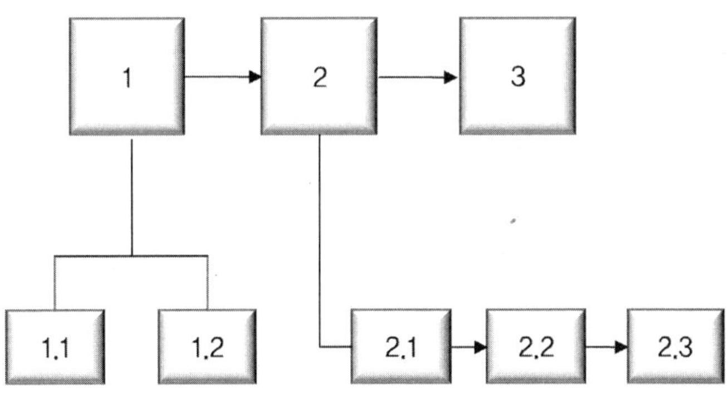

[그림 5-6] 운동기능 목표의 분석

(4) 통합분석

태도를 학습하는 목적은 학습자의 지적 기능이나 운동기능을 선택하도록 학습하는 것이다. 태도는 지적기능 또는 운동기능이 하위기능으로 분류되며 이들 기능들의 보조기능으로는 언어정보가 필요하다. 따라서 태도 목적을 분석하는 데는 위계적 · 군집적 · 절차적 분석 방법을 함께 사용하는 통합분석 방법을 사용한다.

① 통합적 분석방법(태도와 지적 기능) : 태도와 지적 기능이 통합된 분석으로 중간에 A가 있는 경우는 지적기능이 그 태도를 지원하는 기능을 보여주고 V가 있는 경우는 언어적 정보(오른쪽)가 지적 기능(왼쪽)을 지원해 주는 것을 의미한다.

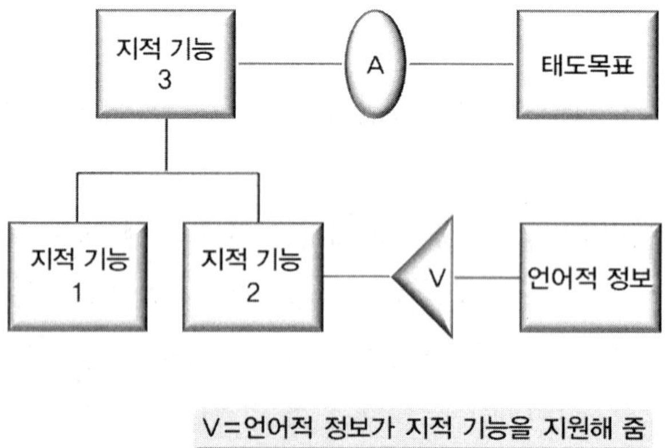

[그림 5-7] 통합적 분석(태도와 지적 기능)

② 통합적 분석방법(태도와 운동기능) : 여러 가지 학습 유형을 필요로 하는 분석구조로서 운동기능과 태도 기능을 분석하는 통합적 성격을 띤다. 각 해당 내용에 맞게 입력하면 된다. 태도 기능을 운동기능과 구별되도록 그 옆에 줄을 긋고 그 사이에 표시를 해 주며 중간에 A가 있는 경우는 운동기능이 그 태도를 지원하는 기능을 보여주고 V가 있는 경우는 오른쪽 내용이 왼쪽 내용을 지원해 주는 것을 의미한다.

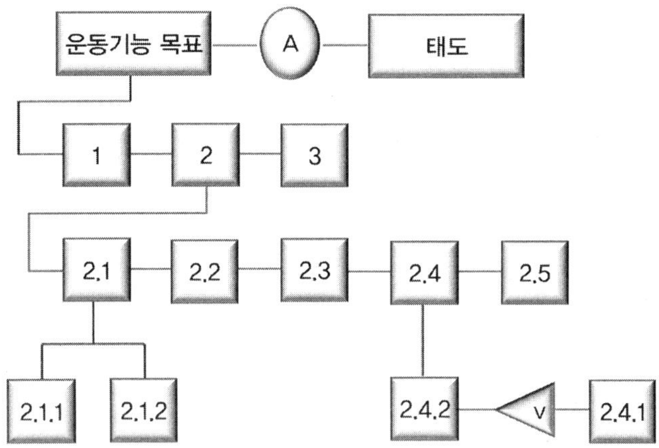

[그림 5-8] 통합적 분석(태도와 운동기능)(김형립 외 공역, 1993).

이와 같이 교수목적의 각 학습영역에 따른 하위기능 분석방법을 정리하면 〈표 5-4〉와 같다(Dick, Carey, & Carey, 2001).

〈표 5-4〉 교수 목적의 학습영역에 따른 하위기능 분석방법

교수 목적의 학습영역	하위기능 분석방법
지적 기능	위계적 분석방법
운동기능	절차적 분석방법
언어정보	군집 분석방법
태 도	위계적, 절차적, 군집의 통합적 분석방법

또한, 교수 목적의 학습영역에 따른 분석구조를 살펴보면 다음과 같다.

(5) 지적 기능목표 분석 1

목표가 특정 상황에서 가장 적합한 방법을 결정해야 하는 과제로 의사결정을 내려야 하는 내용일 경우 이 단계를 사용한다. 결정을 할 수 있는 기준을 학습해야 하는 데 이러한 내용을 수행할 때 요구되는 단계를 기술하면 된다. 이 경우 어떤 상황에서 학습자가 가장 적합한 방법을 결정해야 한다. 예를 들면 그림에서 여러 단계가 나와 있는 데 학습자가 만일 한도 안에 있는 도시 간의 거리를 결정할

필요가 있다면 1, 2, 3, 4의 단계를 거치겠지만 다른 경우 1, 2, 3, 5, 6단계를 거칠 수도 있을 것이다. 이 내용을 수행하기 위해 어떤 선택 혹은 결정을 해야 한다면 언제, 어떻게 의사결정을 하는지를 다음 단계들과 동시에 가르쳐야 한다.

목표: 지도상의 도시와 마을 간의 거리측정
학습유형: 지적 기능

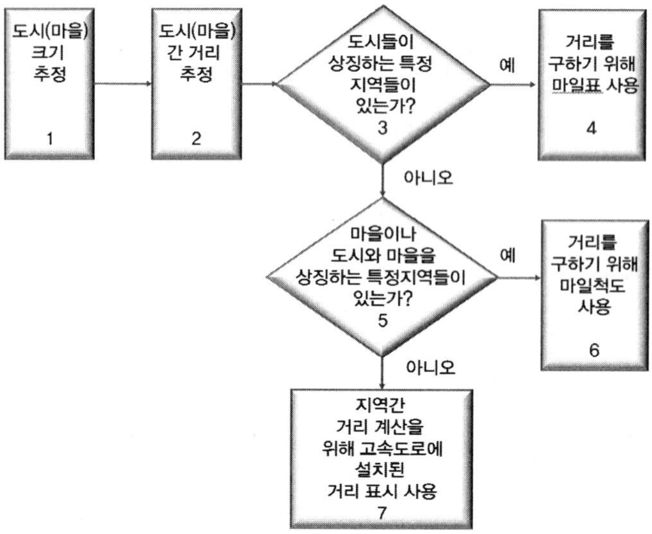

[그림 5-9] 지적 기능목표 분석 1(김형립 외 공역, 1993)

(6) 지적 기능목표 분석 2

[그림 5-11]에서 보면 각 단계는 다음 단계의 투입 요소가 되기 때문에 왼쪽으로 오른쪽으로 하나의 순서도 같이 보인다. 그리고 또한 계속적인 수정을 위한 피드백 장치가 들어 있음을 알 수 있다.

목표: 문장의 목적과 전달하려는 아이디어나 감정에 따라 다양한 문장형태와 구두점을 사용해서 짤막한 이야기를 작성할 수 있다.
학습유형: 지적 기능

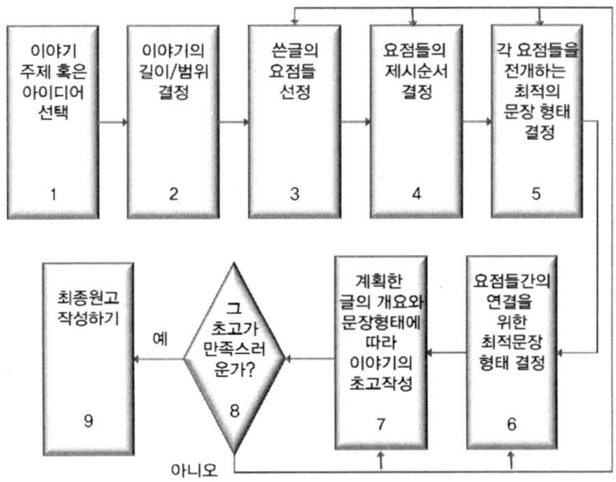

[그림 5-10] 지적 기능목표 분석 2(김형립 외 공역, 1993)

(7) 태도 목표 분석 1

이 단계들은 목표를 수행할 때 수행할 실제 행동들이다. 태도적인 면에서 수행부분과 인식부분으로 나뉠 수 있는 데 수행부분에는 그에 따르는 각 단계를 나열하고 그에 지원되는 인식부분은 오른쪽 부분에 제시하면 된다.

목표: 호텔 투숙 중 최대의 안전대책 선택

학습유형: 태도

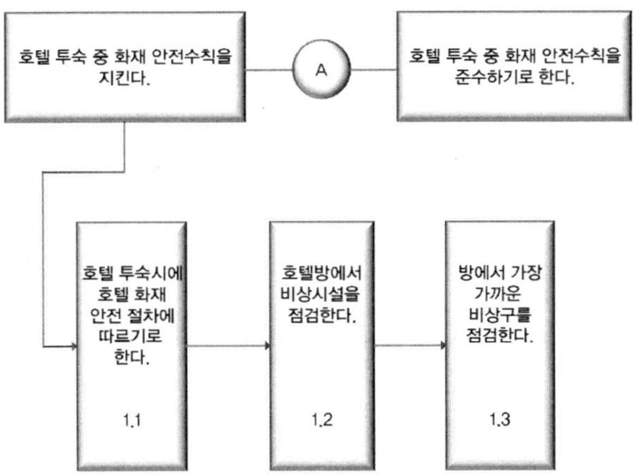

[그림 5-11] 태도 목표 분석 1(김형립 외 공역, 1993)

(8) 태도 목표 분석 2

태도 목표를 달성하기 위해 필요한 실제 행동들을 순서적으로 작성하는 단계로서 태도적 상위 내용에 따르는 각 단계를 나열하면 된다.

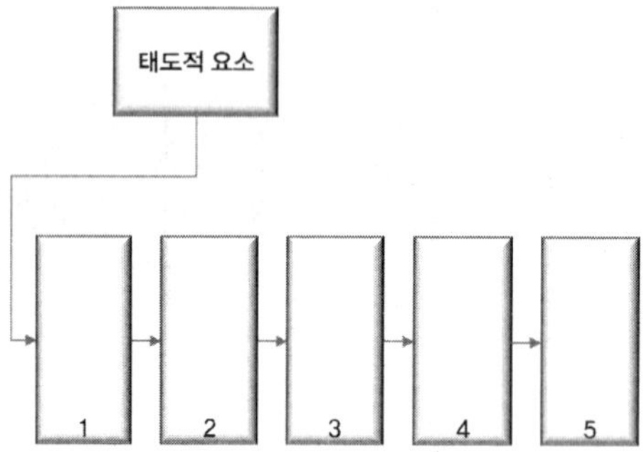

[그림 5-12] 태도 목표 분석 2

(9) 언어적 정보 목표 분석

이 분석구조에서는 어느 지식(내용)부터 먼저 알아야 하는 절대적인 순서가 없어 화살표가 생략되어 있다. 특히 언어적 정보의 내용은 교수 프로그램에 포함되어야 할 정보의 주된 주제들을 단순히 나타낸다.

목표: 컴퓨터 화면에서 원하는 방향과 속도로 커서를 움직이기 위해 사용하는 명령키의 이름을 댈 수 있다.

학습유형: 언어적 정보

[그림 5-13] 언어적 정보 목표 분석

(10) 운동기능 목표의 분석 2

어떤 계획을 세워서 그대로 신체적 동작으로 옮겨야 하는 운동기능은 각 단계별로 진행해야 할 내용을 작성하고 마지막에 결과에 대해 성찰 기회를 제공하여 다시 수행하도록 하는 구조이다.

목표: 달걀껍질을 이용해서 달걀의 노른자와 흰자를 분리한다.
학습유형: 운동기능

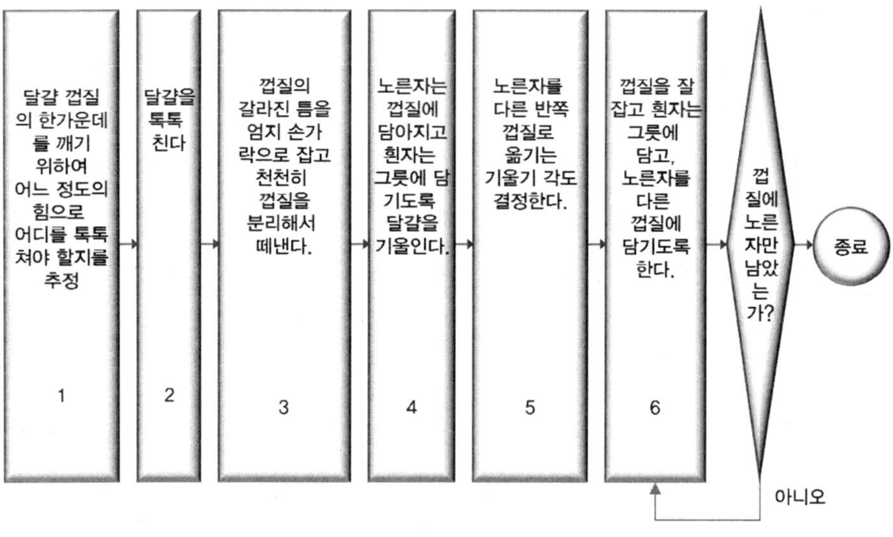

[그림 5-14] 운동기능 목표(김형립 외 공역, 1993)

3) 학습자와 학습 상황 분석

학습자들이 사전에 획득하고 있어야 하는 기능을 분석, 고려할 필요가 있는 학습자의 특성을 살펴보아야 한다.

교수 분석에서 목적 분석과 하위 기능 분석을 마친 후 학습자 및 환경을 분석해야 한다. 교육의 출발은 학습자에 대한 올바른 이해에서 비롯되므로 학습자의 독특한 특성과 유형을 이해하고 그 특성과 유형에 가장 알맞은 교수방법을 적용할 때 수업의 효율성은 더욱 극대화될 것이다.

따라서 본 수업설계시스템은 학습자의 특성과 학습유형을 수업설계자가 파악하여 수업설계 시 적용할 수 있도록 설계하였다. 학습자의 학습특성이나 학습유형을 분류하는 방식에는 여러 가지가 있다. 이곳에서는 최근 가장 활발하게 연구되고 있는 몇 가지의 대표적 유형을 알아보기로 한다.

가) 장의존성과 장독립성

우선 장의존성과 장독립성, 그리고 외향성과 내향성에 대해 알아보기로 하자. 장의존성과 독립성은 개인이 정보를 지각하고 이해하는 데 있어 그를 둘러싸고 있는 지각 또는 맥락에 의해 영향을 받는 정도를 말한다. 장의존형은 자극상황과의 상호작용을 통해 자신이 찾고 있는 정보를 골라내는 데 어려움을 겪는다. 반면에 장독립형은 주위의 장으로부터 중요한 정보를 알아내고 선택하는 일을 더 잘한다. 또한 장의존성과 장독립성과 관련된 개인차 변인을 살펴보면 분석적 추론, 내향성과 외향성, 애매모호 내성, 위험감수와 조심성, 형식 조작적 추론 등이 있다. 이 가운데 장독립형은 내적 동기에 영향을 많이 받기 때문에 보다 내향적이고, 장의존형은 다른 사람의 반응에 더 민감하여 보다 외향적인 경향이 강하다(강이철, 2001).

따라서 장의존적 외향적 특성의 학습자들은 서로 사회적 단서에 민감할 필요가 있는 집단중심의 협력적인 과제상황으로 이루어지는 학습과제에 더 우수하며 주어진 정보에 집중하는 학습전략을 사용한다. 그 반면 장독립적 내향적 특성의 학습자들은 개념도나 개요같이 기초 개념들의 구조를 이해해야만 하는 상황인 과제에 더 우수하다. 학습전략으로는 자료를 찾고 확인하고 구조적으로 분석하는 전략을 사용한다.

〈표 5-5〉 장의존성/장독립성의 특징적 차이

장의존적(외향적)	장독립적(내향적)
총체적	분절적
구조를 받아들인다.	구조를 창출한다.
외부 지향적	내부 지향적
사회적 정보에 집중	사회적 단서에 무신경
사교적이고 교제를 좋아함	내성적
우정을 원함	냉담함
인습적인, 전통적인	개인주의적
사실 지향적	실험적
무관한 사실을 획득	개념 지향적
생각을 제시된 대로 받아들임	정보를 얻어 개념적 틀에 맞춤
형식, 구조에 영향을 받음	분석을 통해 개념을 이해
다른 사람의 느낌, 생각에 의존	형식, 구조에 영향을 덜 받는 개인적 결정

나) Kolb의 학습유형

Kolb는 학습자가 정보를 지각하고 처리하는 선호방식을 학습유형이라고 정의한다. Kolb는 인간이 학습하는 유형을 구체적 경험(Concrete Experience), 추상적 개념화(Abstract Conceptualization), 적극적 실험(Active Experimentation), 반성적 관찰(Reflective Observation)의 네 가지로 구분하였다. CE유형은 경험을 중시하며 개인적인 가치를 기준으로 판단하고, 독특한 사례나 예를 통해 학습하는 경향이 있다. AC유형은 논리적이며 체계적인 평가를 하고 분석과 논리를 기준으로 판단하는 경향이 있다. AE유형은 외향적이면서 자신이 스스로 업무나 작업을 수행하면서 학습하는 경향이 있다. RO유형은 내성적이고 수동적인 경향이 있다.

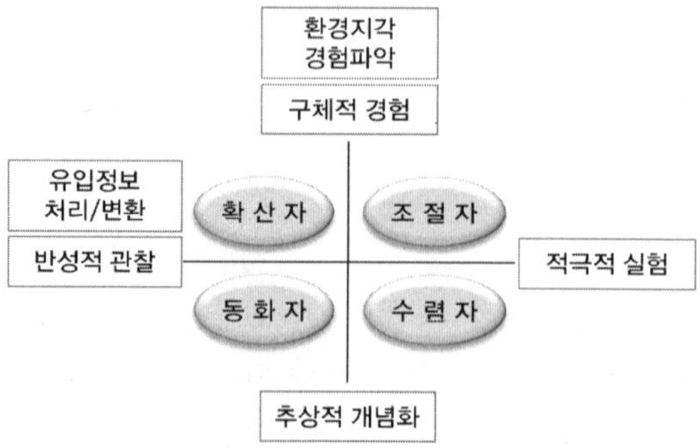

[그림 5-15] Kolb의 학습유형

조절자는 정례화되어 있지 않는 수업이나 동료학습자들의 상호작용을 중요시하고 학습공간에 권위주의적인 인물이 존재하는 것을 싫어하며 노트필기를 중요하게 생각하지 않는다. 동화자는 주어진 규칙을 중요시하며 지시 및 처방에 잘 따르며 이론적이고 강의 방식 등을 중요시하여 교수의 강의 내용을 잘 듣고 노트필기를 중요시한다. 확산자는 자기 진단적 활동과 비구조적인 개방형 활동을 중요시하고 강의 과제 및 제출기일 등 규제사항을 싫어하며 노트필기 및 상호활동도 좋아하지 않는다. 수렴자는 토론형태의 강의를 중요시하며 강의 내용을 그대로 옮겨 적는 경향이 있고, 동료학습자간의 상호작용이나 자율학습활동을 싫어한다. 〈표 5-6〉은 Kolb의 학습유형에 따라 권장하는 교수-학습방안과 함께 각 유형별 특성이 부족한 학습자를 위한 처방방안을 제시하고 있다.

〈표 5-6〉 학습유형에 따른 권장사항과 처방사항

구분	확산자	수렴자	동화자	조절자
권장 교수-학습 방안	-확산적 예 제시 -기억조성 전략 활용 -유추를 통한 정교화 -예제 제시 -학습내용 적용할 과제 제시	-연역 수업계열 사용 -정보원천선정요구 -개요 산출 -현장의 자극상황 적용	-귀납수업계열 사용 -유추/비유를 통한 수업통합 기회 제공 -정보추론을 통한 정교화 -정보조직기회제공 (개념도, 범주화 등)	-구체적 예 제시 -사고보다 행동 위주 -경험-정보관련 -이야기방식 활용 -구체물 활용 -개인 사례 산출

특성이 부족할 경우 처방 사항	-이론적 배경 제시 -현상 설명용 이론 모형제시 -아이디어 현장 적용	-구체적인 귀납 계열 -확산적 예 제시 -유추생성과 설명을 통한 정교화 촉진 -다양한 상황실습	-현장의 자극상황 적용 -정교화 촉진용 이미지 제공	-추상적 아이디어 설명 -주요 아이디어 분석 -정보원천과 학습활동 선정

4) 수행목표 작성

수행목표 작성이란 학습 종결 후에 학습자에게 기대되는 것을 구체적으로 진술하는 것이다. 다른 말로 행동목표 작성이라고도 한다.

1962년에 로버트 메이거(Rovert Mager)는 교수 목표에 관한 출판 이후, 학습자가 학습을 마친 후에 무엇을 할 수 있는가에 대한 명확하고 정확한 진술이 필요하다고 강조함으로써 전 교육계에 큰 영향을 미쳤다. 행동목표라는 용어는 1960년대에 많은 교육자들에게 알려지면서 익숙해졌다. 메이거의 저서는 목표 개발의 표준이 되어 왔다. 그의 목표 모델은 주요한 세 가지 요소를 포함하고 있다.

첫 번째 요소는 교수분석에서 규명된 행동을 기술한다. 목표는 학습자가 무엇을 할 수 있는지 기술해야 한다.

두 번째 요소는 학습자가 과제를 수행하는 조건들에 대해 기술한다. 학습자가 전자계산기나 컴퓨터를 사용해도 되는지, 학습에 필요한 보조자료들이 주어질 것인가? 등 학습자가 기대되는 행동을 수행할 때 활용할 수 있는 것들이 무엇인가에 대하여 기술하는 것이다.

세 번째 요소는 학습자 수행을 평가하는 데 사용될 준거를 기술한다. 준거는 학습자가 수용할 수 있는 응답의 범위를 말하며, 답이 정확하게 맞도록 해답을 제시한다.

가네(Gagné, 1989)는 수행목표 진술을 네 개의 부분과 다섯 개의 부분으로 기술하였다. 네 개의 부분은 ① 수행을 일으키는 조건이며 ② 행동을 나타내는 동사로 '쓰다', '읽다' 등이다. ③ 행동이 가해질 대상을 나타내는 낱말(논문), ④ 정확함을 판단할 수행의 특성을 나타내는 구절(준거 등)을 포함한다. 이 정의는 메이거의 세 요소로 된 목표와 행동 요소를 동사와 대상 또는 내용을 포함하는 개별적 요소로 나누었다는 부분에서 다르다.

또한 가네의 다섯 가지 부분의 목표는 ① 상황 또는 환경, ② 도구와 제약들, ③ 행동, ④ 대상, ⑤ 가능성(목표와 목적 사이의 연계)이다. 상황과 조건 및 제약은 조건요소들을 좀더 자세히 정의하기 위하여 사용된다.

5) 평가도구 개발

가르치고자 했던 기능을 학습자가 성취했는지 여부를 알기 위해 검사문항을 개발하는 것으로 문항에서 측정하는 것과 목표에서의 성취행동이 반드시 일치해야 한다.

배런(Baron, 1998)은 학습자 중심 평가를 학생의 학습을 강화하는 평가라고 정의하고 있다. 학습자 중심의 평가는 학습자들이 자신의 작업의 질을 책임지는 입장에서 자기 평가를 하게 된다.

학습자 중심 평가의 정의는 체제적으로 설계된 교수의 핵심 요소인 준거지향 검사의 전통적인 정의와 일치한다. 학습자 중심 평가는 준거지향적이어야 한다. 즉, 교수 목적과 관련되고 목적으로부터 도출된 수행목표이다. 이러한 유형의 검사는 학습자의 발전 정도와 교수의 질을 평가하는 데 중요하다. 준거지향 검사의 결과는 교사에게 학습자들이 각 교수 목표를 얼마나 잘 성취했는지 알려주며, 설계자에게는 교수의 어떤 구성 요소가 잘 짜여 있는지 알려 준다.

준거지향 검사의 네 가지 유형의 검사는 출발점 행동 검사, 사전 검사, 연습 혹은 리허설 검사, 사후 검사가 있다. 이러한 검사들은 교수를 설계하고 전달하는 데 특별한 기능을 한다. 교수를 설계하는 사람의 관점에서 각 유형검사를 살펴보도록 하자.

가) 출발점 행동 검사

출발점 행동 검사는 학습자들이 교수를 시작하기 전에 실시한다. 학습자의 선행지식으로 학습자가 교수를 시작하기 전에 이미 숙달했어야 하는 지식을 말한다.

교수할 단원을 위한 출발점 행동이 있다면 검사문항은 개발되어야 하고 형성평가 동안에 학습자들에게 사용되어야 한다.

나) 사전 검사

사전 검사의 목적은 교수분석에 관련하여 학습자들의 수준을 나타내기위한 것이다. 사전 검사는 교수를 시작하기 전에 학습자들이 그들의 교수에 포함될 기능의 일부 또는 전부를 숙달했는지 결정하기 위해 실시된다. 설계자들은 어떤 기능이 사전 검사에 포함되어야 하는지 안목을 가져야 하고 검사에 가장 중요한 목표를 선정하는 판단을 해야 한다. 이러한 사전 검사는 교수 목적을 포함한 교수분석에서 규명된 핵심 기능을 하나, 혹은 그 이상의 문항을 포함하게 된다.

다) 리허설 검사

리허설 검사는 학습자들에게 새로운 지식을 연습하도록 하며, 그들 스스로 이해와 기능의 수준을 판단하게 한다. 교사는 연습 검사에 대한 학생들의 응답을 이용하여 정확한 피드백을 제고하고 교수 속도를 감시한다.

라) 사후 검사

사후 검사는 교수 이후에 실시되며, 출발점 행동 검사 문항들을 포함하지 않는다는 점을 제외하고는 사전 검사와 비슷하다. 사후 검사는 사전 검사와 비슷하게 교수에 포함된 목표들을 측정한다. 여기에 설명된 모든 검사들에 대하여 설계자는 검사될 기능과 사후 검사상의 상응하는 문항을 연관 지을 수 있어야 한다.

6) 교수전략 개발

교수 프로그램의 최종 목표를 성취하기 위해서 이용하고자 하는 전략(교수 전 활동, 정보제시, 연습 및 피드백 등)을 설정하는 것이다. 교수전략에는 미시적 전략과 거시적 전략으로 구분할 수 있다. 미시적 전략은 그룹 토의, 개별 읽기, 사례 학습, 강의, 컴퓨터 활용 학습, 협동 학습, 프로젝트 학습 등과 같은 다양한 교수-학습활동을 말한다. 거시적 전략은 학습자들에게 주제를 소개하는 것으로 시작해서 학습자들이 학습목표를 달성하는 것으로 마무리짓는 총체적인 학습전략을 말한다.

교수전략은 내용 군집을 지도하기 위한 순서, 교수에 포함될 학습 요소의 진술, 교수 동안에 학생들의 그룹화 방법의 구체와 그리고 교수 전달을 위한 매체의 선정을 포함한다.

가) 내용의 순서화

교수전략 개발의 첫 단계는 가르칠 순서와 내용을 처리하기 쉽게 분류하는 것을 규명하는 것이다. 교수분석에서 다루던 내용으로 배워야 할 기능으로부터 출발점 행동을 분리하는 것들이고, 위계를 통하여 상위 과정으로 진행된다. 관련된 하위 기능에 대하여 모두 이렇게 한 후에야 어떤 특정 기능에 관한 정보를 제시할 것이다.

나) 교수의 군집화

교수에서 제공하게 될 자료 군집의 크기를 다룬다. 제시되어야 할 정보의 분량(또는 '군집'의 크기)을 결정할 때 다음과 같은 사항을 고려해야 한다

-학습자의 연령 수준
-자료의 복잡성
-일어날 학습의 형태
-활동이 다양할 수 있는지, 그렇다면 과업에 주의를 집중하기
-제시되는 각 내용 군집을 위한 교수전략에서 모든 사건을 다루는 데 필요한 시간

예를 들어, 사전에 얼마나 많은 시간, 내용제시, 연습제공이 요구될지 학습자들에게 알려야 한다. 어린아이들에게는 교수의 규모를 상대적으로 작게 하고 그 안에서 군집을 유지하도록 해야 할 것이다. 더 성숙한 학습자들은 더 큰 내용 군집을 다룰 수 있을 것이다. 학습자의 나이에는 상관없이, 내용이 수행과 피드백 활동으로 다양할 때 학습자들은 활동에 싫증을 느끼지 않을 것이다.

7) 교수자료 개발 및 선정

개별화된 교수의 특성은 전형적으로 교사에 의해서 학생 전체를 대상으로 수행하는 많은 교수 행위들이 교수자료를 통해서 학생들 각자에게 제시된다는 것이다. 수업설계를 처음 시도하는 경우라면 자기 주도적인 학습 자료를 제작하는 것이 용이하다. 다시 말해서 학생들이 새로운 정보나 기능을 교사나 동료 학생들의 도움 없이 학습할 수 있도록 자료를 제작해야 한다. 효율적인 교수를 하기 위해서는 교사주도의 수업 및 매체 자료 이용 수업을 혼합하여 다양한 수업방식을 시도할 수 있다.

설계자로서 교수자료를 처음 개발하는 경우에는 교수과정에 교사가 활동적으로 개입하지 않고 교수가 얼마나 수행될 수 있는지 알아보는 것이 좋다. 이것은 설계 기술을 평가하고 교수 전략의 요소를 학습하는 데 통찰력을 더해 준다. 완성된 교수전략을 갖고 있으면, 마침내 기존 교수자료를 선택하고 스스로 자료를 개발하거나 자료를 개발할 다른 사람을 위한 명세서를 작성할 수 있어야 한다.

교수자료 개발 및 선정에서 필요한 몇 가지 요소에 대하여 알아보자.

가) 교수자료 개발

교수자료에는 학생들이 목표 달성을 위해 사용할 내용이 포함되는데, 이것을 교사에 의해 작성되거나 매체화시킨다. 교수자료는 목표를 위해 특별히 개발될 자료들 뿐만 아니라 구체화되고 있는 기존의 자료들도 포함된다. 또한 학습자가 교수를 통해 그들의 학습진도를 안내하기 위하여 사용할 정보를 말한다. 학생의 학습도서, 활동 지침, 문제 시나리오, 컴퓨터 시뮬레이션, 사례 연구, 자원 구성표 등 다양한 자료들이 교수자료의 부분이 될 수 있다. 여기에서 교수 개발의 절차에 대해 살펴보기로 하자.

교수개발의 절차

1. 각 수업의 목표를 위한 교수전략 검토하기
2. 문헌을 조사하고 어떤 교수자료를 사용할 수 있는지 판단하기 위한 교과전문가의 자문 얻기

3. 이용 가능한 교수자료를 어떻게 채택하고 변경할지 고려하기
4. 새 교수자료의 설계가 필요할지 결정하기
5. 학습자 분석을 검토하고 각 수업마다 교수를 촉진하는 교사의 역할을 생각하고, 원하는 교수가 학생 스스로 진도를 조절하는 것인지 일률적으로 진도가 나아가는 것인지에 대해 결정하기
6. 학습 환경의 분석 및 자료 개발에 이용할 수 있는 자원에 대한 생각을 검토하기
7. 교수전략에 근거한 초안 형태의 교수자료를 계획하고 작성하기
8. 아이디어의 명료성과 흐름을 위하여 각각의 완성된 수업 또는 학급 활동 검토하기
9. 하나의 완성된 단원을 사용하여 만약 필요하다면 별첨 지도안을 작성하여 활동 전반에 걸쳐 학생을 지도하기
10. 개발된 교수자료를 사용하여 평가 활동을 시작하기
11. 교수자료를 수정하고 노트를 작성하여 교사용 안내서 만들기

나) 평가

모든 교수자료에는 결과물에 대한 평가가 이루어져야 한다. 평가는 사전과 사후 검사가 포함된다. 교수자료의 평가는 학생들이 열람이 불가능해도 되지만 최소한의 사후 검사 및 교수 패키지 사용에 필요한 평가도구가 포함되어야 한다.

다) 코스운영 정보

코스운영 정보는 교사에게 자료의 개관을 제공하고 그것들이 학생들을 위한 전반적인 학습 순서에 어떻게 통합될 수 있는지 보여주는 지침서라고 할 수 있다. 그 지침서에는 코스를 수행하는 데 중요하다고 생각되는 검사들도 포함되어 있다. 인터넷 기반의 코스운영 시스템도 상용화되어 있다. 교사 지원이 자동화되어 있어 학생 목록, 학생 정보 파악, 온라인 검사, 프로젝트 감시, 성적부, 콘텐츠 저장고, 문제은행, 면담 시스템 등 다양한 도구들이 포함되어 있다. 코스운영 정보를 사용할 경우 교사나 코스운영자가 쉽게 이용할 수 있는지에 대해 특별한 주의와 안내가 필요하다. 또한, 교수자료에 대한 형성평가도 함께 이루어져야 한다.

라) 교수자료 선택

학습목표에 맞는 기존자료가 있는지 결정하는 것이다. 기존의 많은 자료들은

활용하고자 하는 내용에는 충족시키지 않지만 때때로 필요한 것의 일부분이라도 충족시키는 자료를 발견할 수도 있다. 새로운 비디오나 멀티미디어 등 자료의 개발비용을 고려할 때에 비해 기존자료 선택에 소모되는 비용 및 시간 등은 확실히 가치가 있다.

8) 교수의 형성평가 설계 및 실시

형성평가는 설계자가 그들의 교수를 더욱 효율적이며 효과적으로 수정하는 데에 사용할 수 있는 데이터를 얻기 위해 수행하는 과정이다.

형성평가에는 세 가지 기본 단계가 있다.

1단계는 일대일 혹은 임상적 평가이다. 이 단계에서는 설계자는 교수 자료를 수정하기 위한 데이터를 얻기 위해 개별 학습자와 함께 작업을 한다. 2단계는 소그룹 평가이다. 대상 집단의 대표가 되는 학습자 여덟 명에서 스무 명 정도를 그룹으로 하여 교수자료를 스스로 학습하고, 형성평가에 필요한 데이터 수집을 위해서 시험을 보게 된다. 3단계는 현장평가이다. 현장평가에서는 가능한 교실현장과 비슷한 상황에서 교수가 제대로 되는 데 필요한 절차에 대한 평가를 하는 것이다.

9) 교수 수정

교수설계 모델을 검토하고 수정하기 위해 데이터를 수집하는 형성평가의 개념을 크게 강조할 수 있다. 형성평가를 통해 교수전략과 교수자료를 수정하도록 할 것이다. 교수자료를 수정하는 기본 유형에는 두 가지가 있다. 첫째는 교수자료를 보다 정확하고 효과적인 학습 도구로 만들기 위해 교수자료의 내용이나 취지를 수정하는 것이다. 둘째는 교수자료를 활용하는 절차의 수정과 관련되어 있다. 교수자료에 관한 수정은 대상 집단의 학습자로부터 교수 설계자가 의도한 학습을 이끌어 내는 데 효과적이어야 한다.

10) 총괄평가 설계 및 실시

앞서 형성평가가 교수의 효과를 높이기 위해 데이터와 정보를 수집하는 과정이라고 정리하였다. 총괄평가는 지식의 습득 또는 교수자료를 지속적으로 사용할 것인가에 대한 결정을 하기 위하여 데이터와 정보를 수집하는 과정이다. 평가된 교수자료는 형성평가를 거쳐 수정을 받았을 수도 있고, 그렇지 않을 수도 있다.

총괄평가에는 전문가의 판단과 현장평가라는 두 가지의 중요한 단계가 있다. 전문가 판단단계의 목적은 현재 사용 중인 교수자료나 채택후보에 오른 교수자료가 조직의 요구를 충족시킬 잠재력이 있는지를 결정하는 것이다. 현장평가 단계의 목적은 의도한 수업장면에서 교수자료의 효율성을 입증하는 것이다.

전문가 판단단계와 현장 실험단계에는 각각의 활동과 구성요소가 있다. 좀 더 구체적으로 살펴보면 다음과 같다.

가) 전문가 판단단계

- 조직의 요구와 후보 교수자료 간의 일치도 평가
- 후보 교수자료의 완벽성과 정확성 평가
- 후보 교수자료에 포함된 교수전략 평가
- 교수자료의 유용성 평가
- 교수자료에 대한 현재 사용자의 만족도 평가

나) 현장 실험단계

- 결과분석(outcome analysis)으로 학습자의 기능, 업무, 그리고 조직에 있어서의 교수의 영향을 결정하는 것
- 관리분석(management analysis)으로 학습자의 수행, 실행 가능성, 비용 등과 관련 있는 교사와 감독관의 태도를 평가하는 것

나. ADDIE 모형

ADDIE 모형은 수업설계의 기본모형으로 분석(analysis), 설계(design), 개발(development), 실행(implementation) 및 평가(evaluation)의 단계에 의해 설계된다.

1) 분석단계

수업설계의 첫 번째 요소로써 학습과 관련된 요소(요구분석, 학습자 분석, 환경분석 및 과제분석)들을 분석하는 것이다.

2) 설계단계

분석의 결과로 얻어진 정보들에 기초하여 효과적인 수업프로그램의 설계명세서를 만들어 내는 것이다.

행동적 수업목표 진술, 평가도구 개발, 계열화, 교수전략과 매체선정의 활동을 통해 프로그램의 청사진을 만들어 낸다.

3) 개발단계

설계명세서에 기초하여 수업프로그램이나 교수자료를 개발하고 제작한다.

4) 실행단계

실행단계에서는 개발된 프로그램을 실제 현장에서 사용하고 교육과정을 통해 실행하고 유지 및 관리하는 활동이다.

5) 평가단계

평가단계에서는 프로그램을 실행한 이후 프로그램의 효과성 및 적합성을 측정하기 위해 총괄평가를 실시한다.

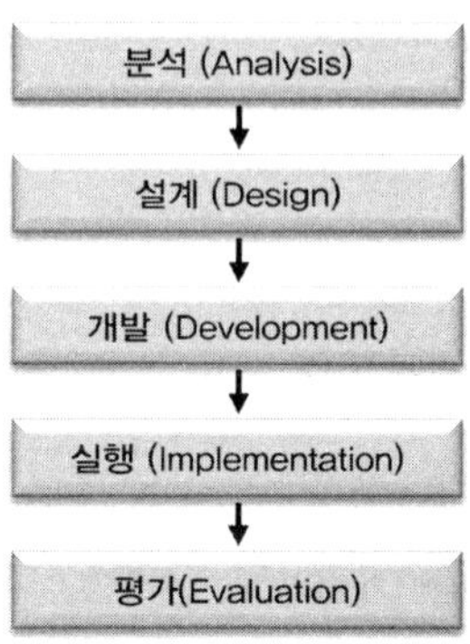

[그림 5-16] ADDIE 수업설계 모형

다. 공학과 매체를 수업에 통합하는 방식의 ASSURE 모형

효과적인 수업을 위해서는 구체적이고 체계적인 수업계획이 요구된다. 공학과 매체를 수업에 통합하는 방식인 ASSURE 모형은 Heinich, Molenda, Russel 등이 개발한 것으로 교사가 수업과정에 사용하는 매체들을 적합하게 사용하는 방법을 구체적으로 제시하는 수업지도안 모형이다. 교수-학습 과정은 여러 단계를 거치는 일련의 과정으로 생각할 수 있다. Gagné(1985)는 이러한 단계를 "수업사태(events of instruction)"라고 하였다. Gagné의 연구에 의하면 잘 설계된 수업은 학생들의 흥미를 유발한 후 새 자료를 제시하고, 학생들에게 배운 것을 연습할 기회를 주고 피드백을 해 주며, 그들의 이해를 사정한 후, 다음 활동으로 이어지는 일련의 과정이다. ASSURE 모형은 이러한 수업사태를 포함한다.

ASSURE 모형은 6단계로 나누어지며 각 단계별 요소들을 살펴보면 다음과 같다.

[그림 5-17] ASSURE 모형

1) 학습자 분석(Analyze Learner)

수업매체와 공학이 효과적으로 사용하려면 학습자의 특성과 매체의 종류와 방법이 잘 어우러져야 한다. 그러므로 ASSURE 모형의 첫 단계는 학습대상의 분석이다. 학습자 분석을 위해서는 크게 세 단계로 나뉘어 분석할 수 있다.

첫째, 일반적인 특성을 분석하는 것이다. 일반적인 특성은 연령, 학력, 직업이나 지위, 지적인 적성, 문화적, 사회적, 경제적 요인 등을 말한다.

이때 친숙한 학습자를 가르치는 교사는 이미 일반적 특성의 분석이 끝난 상태일 수 있다. 일반적인 특성을 파악하기 위해서는 학습자의 학업성적이나 그 외 다른 기록을 열람하거나 교사 혹은 다른 집단 리더들과 이야기하거나 학습자에게 직접적인 질문을 하는 경우로 특성을 파악할 수 있다.

둘째, 학습자의 출발점 행동을 분석하는 것이다. 출발점 행동이란 선수요건(prerequisites)과 같은 의미로 새로운 학습을 시작하기 이전에 학생이 지니고 있는 지식, 기능 및 태도를 의미한다. 이러한 출발점 행동을 알기 위해서는 비공식적인 수단으로 학습 집단의 대표와 대화를 한다든지, 학습자에게 직접 혹은 간접적으로 물어 보는 방법이 있다. 공식적인 수단으로는 표준화 검사 혹은 교사가 만든 시험지를 통해 측정할 수 있다. 이와 같은 출발전 검사(entry test)를 통하여 교사는 학습사가 이미 알고 있는 것을 분석함으로써 적절한 교수방법과 매체를 선택할 수 있다.

셋째, 학습양식을 분석하는 것이다. 학습양식이란 한 개인이 학습환경을 생각하고 상호작용하고 정서적으로 반응하는 방식을 결정하는 일련의 심리적 특성이다. 학습양식의 변인으로는 지각적 선호와 강도, 정보처리 습관, 동기적 요소, 생리적 요인 등을 들 수 있다. 지각적 선호와 강도는 학습자들이 선호하는 다양한 감각적 통로(청각, 시각, 촉각, 근육, 운동 지각 등)이며 정보처리 습관의 범주는 개인이 정보의 인지적 처리에 접근하는 방법과 관련된 변인들(발견학습, 집단 토의, 질의 응답식 강의 등)을 포함하는 것이다. 동기적 요소는 주의 집중 및 지속과 많은 관심 등을 말하며 생리적 요인은 성별, 건강상태, 환경 조건 등을 말한다.

2) 목표진술(State Objectives)

ASSURE 모형의 두 번째 단계는 목표진술이다, 목표는 수업자가 수업에서 행할 계획에 대한 진술이 아니라 학습자가 수업에서 성취해야 할 것에 대한 진술이다(Sharon E. Smaldino 외, 2006). 수업목표를 진술해야 하는 이유는 첫째, 교사 자신이 무엇을 가르쳐야 할지를 명확하게 한다. 즉, 교사는 목표를 통하여 수업활동의 일관성을 유지할 수 있다. 둘째, 학습자가 목표에 도달하였는지를 확인하기 위한 평가의 내용, 절차, 방법에 준거를 결정할 수 있게 된다. 셋째, 교사가 목표에 도달하기에 가장 적합한 교육내용, 수업전략과 매체를 선정하는 데 지침이 된다. 넷째, 구체적이고 명확하게 진술된 목표는 학습자가 무엇을 배워야 하는지를 정확하게 인식하게 하고, 그에 대한 준비를 하게 하므로 결국 선행조직자의 역할을 수행하게 된다.

잘 진술된 목표는 그 목표가 누구를 위해 의도되는가의 대상(audience)을 지적함으로써 시작된다. 그 다음은 보여주어야 할 행동(behavior) 혹은 능력, 그리고 그 행동이나 능력이 관찰될 조건(condition)을 진술한다. 마지막으로 새로운 기능이 숙달되어야 할 정도(degree)—능력이 판단될 수 있는 표준—가 진술된다. 여기에서 진술해야 할 대상, 행동, 능력, 조건, 정도에 대해 자세히 알아보자

가) 대상(audience)

체계적인 수업의 주요 전체는 교사가 무엇을 하는가에 있다. 학습은 학습자가 적극적이어서 지적 과정에 스스로 참여하거나 신체적인 기능습득 활동에 참여할 때 가장 잘 이루어진다. 그러므로 목표의 성취는 교수자가 무엇을 하는 것이 아니라 학습자가 무엇을 하는가에 달려 있다. 따라서 어떤 목표이든 목표를 제시할 때에는 누구의 능력이 바뀌는지 분명히 해야 한다.

나) 행동(behavior)

목표 제시의 중심은 학습자가 수업 후에 어떠한 행동과 능력을 습득할 수 있는지를 표시한다. 이러한 동사는 관찰 가능한 행동으로 제시된다면 교사의 명확한 의도가 표시될 수 있어서 혼란을 방지할 수 있다. 수업을 마친 후에 학습자는 무엇을 할 수 있을 것인지 '안다', '이해한다' 그리고 '감사한다' 등과 같이 의미가 모호한 용어는 교사의 목적을 분명하게 제시하지 못한다. '정의한다', '분류한다', '시범한다' 등과 같은 분명한 용어만이 관찰 가능한 성취행동을 드러내 보이는 것이다.

다) 조건(conditions)

목표의 제시는 어떠한 조건 아래에서 관찰 가능한 행동이 일어나야 하는가가 제시되어야 한다. 만일 새의 종류는 구별해야 하는 특정한 목표가 학습자에게 제시되었다면 그 구분은 흑백사진을 가지고 해야 하는지, 아니면 천연색 사진을 가지고 해야 하는지가 먼저 결정되어야 한다. 또한 목표 달성을 위해 어떠한 도구나 장비가 이용될 수 있는지도 아울러 제시되어야 한다. 예컨대 '주어진 대한민국 지도 위에 주요 석탄산지를 표시할 수 있다.'라든가, '체력과 학습의 관계를 가지고 300자 이내의 작문을 할 수 있다.' 등이 목표가 될 수 있어야 한다.

라) 정도(degree)

목표의 마지막 조건은 목표 달성 여부를 분명하게 알 수 있는 기준을 제시하는 일이다. 학습자는 어느 정도의 기능이나 기술을 나타내야 하는지, 비록 그 기준이 양적으로나 또는 질적으로 제시된다고 해도 분명한 실제 정도를 나타낼 수 있어야 한다.

교수자가 쓴 목표를 평가하는 데 있어서 중요한 고려사항은 그 형식과 관계없이 목표의 의도를 잘 전달했느냐의 여부이다. 교사의 목표가 "목표 평가표"에 있는 모든 준거를 만족시키지만, 동료나 학생들에게 교사 자신의 의도가 정확하게 전달되지 않았다면 그 목표들은 부적절하다. 어떤 목표에 대한 마지막 판단은 교사와 학생에게 유용한가에 의해 결정되어야 할 것이다.

3) 수업방법 매체 및 자료선정(Select Methods Media and Materials)

ASSURE 모형의 세 번째 단계는 수업방법 매체 및 자료의 선정이다. 교사는 학습양식이 다른 학생들에게 개인에 맞게 서로 다른 방법을 통해 개인적인 학습을 할 수 있도록 과제를 구성해야 한다. 따라서 학습자의 다양성 및 목표에 따른 상이한 많은 모형 등을 제안하고 선정해야 한다.

수업방법 매체 및 자료를 선정하기 위한 전략들을 살펴보기로 하자.

가) 수업방법 선택하기

교사는 흔히 학습양식이 다른 학생들에게 각 양식에 맞게 서로 다른 방법을 통해 개인적인 연습을 할 수 있도록 과제를 구성한다.

나) 매체 유형 선택하기

이용 가능한 매체와 공학의 다양한 배열, 학습자의 다양성, 추구될 많은 목표, 과제를 단순화할 상이한 많은 모형을 제안할 수 있다.

다) 특정자료 얻기

학습목표에 알맞은 도구형태를 선정한 후에는 구체적으로 그 학습내용에 사용할 수 있는 수업매체를 찾아야 할 것이다. 특정자료를 얻기 위해서는 현재의 자료를 수정하는 일과 새로운 자료를 준비하는 일이 될 것이다.

라) 기존의 자료를 선택하는 일

학습자가 사용 가능한 자료를 교사나 훈련담당자가 탐색하는 일은 우리의 교육현실로서는 그리 쉽지 않기 때문에 참으로 안타까운 일이다. 그러나 교사나 훈련담당자는 수업에서 쓰여지는 자료를 우선 자신의 주변에서 찾아보아야 한다. 그 밖에 이미 만들어져 있는 자료를 학교 내, 교육청, 대학 또는 각족 연구소와 유관단체 등을 통하여 알아보면 의외로 놀란 만한 성과를 거둘 수도 있다.

마) 새로운 자료를 설계하는 일

교사가 학습목표를 수행하기 위해 교수자료를 새롭게 설계하는 일이 발생할 수 있다. 새로운 자료를 설계하려고 할 때 특히 주의해야 할 몇 가지 요소가 있다.

① 목표: 학습자에게 가르치려고 하는 내용이 무엇인가?

② 대상: 학습자의 특성은 무엇인가? 제공하는 자료를 사용하기 위하여 필요한 사전지식이나 기능을 학습자가 가지고 있는가?

③ 비용: 자료제공을 위한 충분한 비용이 있는가? 자료를 만들기 위한 준비를

갖추고 있는가?

④ 기술적 기능: 사용하기 위한 자료를 만들 수 있는 충분한 기술을 가지고 있는가? 만일 없다면 그러한 기능을 가진 사람의 도움을 받을 수 있는가?

⑤ 기자재: 만들려고 하는 자료를 완성하기 위하여 필요한 기자재를 확보하고 있는가?

⑥ 시설: 만든 자료를 이용하기 위해서는 특수한 시설을 필요로 하는가? 그리고 그러한 시설은 준비가 될 수 있는가?

⑦ 시간: 계획한 자료를 만들기 위하여 투입할 수 있는 충분한 시간이 있는가?

4) 매체와 자료의 활용(Utilize Media and Materials)

새로운 모델에서의 다음 단계는 선정될 자료를 실제 활용하는 단계이다. 사용효과를 극대화하기 위하여 제2차 세계대전 당시 미군의 훈련과정에서 여러 연구 결과 보고에 따라 적용하였던 경험 등을 통하여 알 수 없는 다양한 방안을 참고할 필요가 있다. 그것은 자료의 사전점검, 제시방법의 숙달, 다양한 환경을 고려하는 것, 대상자들을 준비시키는 일, 그리고 실제 자료를 제시하는 일에서의 주의 등이다.

가) 자료의 사전점검

자료를 선정하는 과정에서 교사들은 그 자료가 대상학습자와 교육목표에 맞도록 힘써야 한다. 이를 위하여 교사들은 혼자서만 힘쓸 것이 아니라 다른 사람의 조언, 소규모의 실제적용 보고, 그리고 동료의 비판까지도 감수해야 한다. 하지만 이러한 노력 이외에도 이제는 자료를 개발한 교사가 한번 더 그 내용을 점검할 필요가 있다. 오로지 내용에 관한 좀 더 자세한 지식만이 교사들이 가르칠 내용과 사용할 도구나 자료가 적절하게 배열되도록 도움을 줄 수 있다.

오랜 시간과 노력을 들여 준비한 자료가 실제 사용하면서 예기치 않은 문제에 봉착할 수 있다. 예컨대 사용할 어휘수준이 대상자에게 맞지 않는다든지 사용할 비디오 테이프가 제대로 녹음이 안 되었다는지, 심지어 제시해야 할 장면을 잘못 선택할 수도 있다.

나) 제시방법의 숙달

제시할 자료를 점검한 후에 교사는 자신이 해야 할 역할을 실제 행하여 볼 필요가 있다. 적어도 한 차례 이상 실제수업을 진행하기 이전에 행하여 보고, 또 수업시작 직전에도 자신이 해야 할 바를 점검해야 한다. 그렇다고 두려워하거나 신경이 예민해질 필요는 없다. 이를테면 어떤 교사는 거울 앞에서 연습해 보기도 하고, 또 다른 교사는 동료나 친구 앞에서 실연해 보이고 비판을 받기도 하며, 그 밖에 도구를 이용하여 자신의 역할을 검증해 볼 수 도 있다.

소의 micro-teaching이라는 기법을 이용하여 자신의 행동을 녹화하고, 그 결과를 재생하여 행동하는 것, 심지어 말한 것을 재점검할 수 있다. 이 같은 micro-teaching기법에 관해서는 다음 장에서 자세하게 설명하기로 한다. 아마도 자신이 학습자에게 어떻게 보여지는지, 그리고 어떻게 목표를 다루며 변화도 없이 그저 매일매일의 일상적인 방법으로 학습자를 대하지는 않는지 확인하려면 이 기법을 이용하는 것이 가장 효과적이다.

학습자료의 참신성이나 제시방법의 다양성, 그리고 학습시간의 양을 확인하는 일 등은 얼마나 연습을 하는지, 그리고 어떤 형태의 피드백을 받을 수 있는가에 달려 있다. 비디오 테이프나 녹음기, 또는 거울, 아니면 동료들은 모두 이러한 피드백을 줄 수 있는 대상이다. 그저 머릿속에서만 실연을 해보지 말고 실제 학습자 집단 앞에 서서 가르쳐 보는 연습을 갖는 것이 중요하다. 그리하여 실제 학습상황에서 학습자들은 통제할 수 있는 기본적인 자질을 길러야 하고, 이러한 능력이 몸에 자연스럽게 배어서 언제 어디서나 자신이 전달하려고 하는 내용을 전달할 수 있는 자신감이 갖추어져야 한다.

(1) 환경을 갖추기

실제 학급에서든 강당에서든, 또는 조그마한 특수교실에서든 어떠한 곳에서 수업이 진행되든 간에 자료는 항상 사용할 수 있게 준비되어 있어야 한다. 어떠한 수업상황에서든 편안한 좌석, 적절한 환기, 쾌적한 기온의 조절, 적당한 조명 등과 같은 여러 가지 학습 환경이 알맞게 조성되어야 한다. 많은 수업도구는 암막과 알맞은 전기사용 등을 필요로 하기도 한다. 교사는 적어도 이러한 요소를 점검해야 하고, 모든 학습자가 무리 없이 볼 수 있고 들을 수 있게 자료를 배열해야 한다.

(2) 학습대상자를 준비시키기

학습에 관한 여러 연구결과는 수업시간에 제시된 내용 중에서 학습자가 배우는 것은 그들이 그 제시내용에 대하여 얼마나 배울 준비가 되어 있는가에 달려 있다고 분명하게 지적하고 있다. 도구를 통하여 내용을 전달하려고 할 때 먼저 학습자를 준비시키는 일은 매우 중요하다. 수업의 요점을 정리해 주고, 제시되는 내용의 일반적인 구성요소를 설명해 주며 배우려는 여러 가지 내용 사이에 어떠한 관련이 있는지를 합리적으로 말 해주는 일, 또는 학습하려는 내용에 주의를 기울임으로써 실제 어떠한 이득이 되는지를 알려주고 그에 다른 성취동기를 부여하는 일, 그리고 제시되는 여러 요소 중에서 주의를 집중할 특수한 부분을 강조하는 일 등을 통하여 학습자가 학습에 간한 사전준비를 하도록 하는 일은 학습에 결정적인 영향을 미친다.

각각의 내용 중에서도 특히 주의를 집중하도록 하는 일, 동기를 부여시키는 일, 합리적인 근거를 제시하는 일 등은 교사들의 목표에 관한 견해를 제시해 줌으로써, 그 목적을 달성할 수 있다. 이 밖에도 특수한 경우에는 다른 노력도 기울여야 한다. 이를테면 익숙하지 않은 용어를 설명해 준다거나 특수한 효과를 나타내는 도구나 자료를 설명해 주는 일 등이 그것이다.

(3) 자료의 제시

지금까지의 복잡한 준비 작업은 바로 이 일을 하기 위한 사전작업이었던 것이다. 따라서 최선을 다하여 이제까지 준비한 자료를 제시해야 한다. 따라서 교사는 혼자서 쇼를 하듯이 쇼맨십을 발휘해야 한다.

5) 학습자 참여의 유도(Require Learner Participation)

ASSURE 모형의 다섯 번째 단계는 학습자가 배워 나가는 능력을 겸험하도록 기회를 제공하는 것이다. 교육학자들은 오래 전부터 실제 학습과정에 참여하는 것이 학습을 촉진시킨다는 사실을 인정해 왔다. 1900년대 초 Dewey는 수업과정에서 학습자가 참여하는 내용이 중심이 되도록 교육과정과 수업절차를 재조절할 필요성에 관하여 강조하였다. 후에 Skinner와 같은 행동주의 심리학자들은 바람직한 행동에 대한 계속적인 강화를 제공하는 수업절차가 각각의 반응에 강화하지 않는 수업보다 훨씬 더 효과가 있다는 것을 증명하였다.

최근 학습자의 내적인 두뇌활동에 역점을 두어 연구하고 있는 인지이론에서도 효과적인 학습을 위해서는 학습자 자신에 의한 활동적인 정보처리 활동이 중요하다는 원칙을 제시하고 있다. Gagné는 여러 유형의 목표를 효과적으로 학습하기 위한 많은 필요조건이 있다고 결론짓고 있으며, 그 중에서 모든 목표달성에 공통적으로 필요한 조건을 달성하려고 하는 기능을 직접 연습해 보는 일이라는 것이다.

이러한 각종 연구결과가 수업을 준비하는 수업설계자와 교사들에게 주는 의미는 분명하다. 가장 효율적인 학습상황은 학습자가 목표달성을 위하여 실제행동을 하도록 요구하는 일이다. 참여의 형태는 새로운 어휘의 반복적인 사용, 연습장에 수학문제를 실제 풀어 보는 행위, 농구 경기에 참여하는 것 또는 학기 말 숙제와 같은 실제적 결과를 내보이는 일 등과 같이 다양할 것이다. 이와 같은 학습자의 참여활동을 위하여 특수한 도구를 사용하려면 더 많은 학습자의 참여가 필요할 것이다. 영화나 필름 스트립의 사용을 위한 준비, 슬라이드나 투시환등기 사용을 위한 준비 등이 그러한 내용이다. 이러한 학습자의 참여 중에서도 옳은 반응에 관한 교사의 즉각적인 인정은 특히 평균 이하의 능력을 가진 학습자와 학습을 해 나갈 때에 매우 중요하다.

이러한 평균 이하의 능력을 가진 학습자를 위해서는 성공에 대한 즉각적인 증거가 앞으로의 학습을 촉진시키는 강력한 동기부여책이 될 수 있다. 토론이나 짤막한 시험, 연습 등은 수업도중에 반응을 강화하는 효과로서 훌륭한 기능을 한다. 교사지침서나 교재에서는 학습자의 반응을 강화하고 촉진시키는 구체적인 기술과 방법을 제시해 주고 있기 때문에 참고할 필요가 있다.

6) 평가와 수정(Evaluate and Revise)

효과적인 학습을 위한 ASSURE 모형의 마지막 구성요소는 평가와 수정이다. 여기에서는 학습자의 성취결과에 대한 평가, 수업방법과 도구에 대한 평가, 수업과정에 관한 평가, 그리고 수정을 다루어 보도록 하자.

가) 학습자의 성취결과에 대한 평가

수업과정에서 발생하는 궁극적 의문은 학습자가 배우기를 기대했던 내용을 배웠는가 못 배웠는가 하는 점이다. 그들은 처음 목표에 제시했던 능력을 나타낼 수 있는가?

이 물음에 대한 대답을 하기 위한 첫째 단계는 일정한 기준을 가진 목표를 제시했던 처음 단계로 돌아가 학습자의 기능이 그러한 기준에 맞는지를 교사 자신이 확인하는 일이다. 성취결과의 평가방법은 목표의 특성에 달려 있다. 어떤 목표는 Ohm의 법칙을 기억하는 것, 부사와 형용사를 구별하는 것, 독립선언서의 의미를 정리하는 것 등과 같은 단순한 지적 기능만을 요구할 수 있다. 이러한 목표의 달성여부를 확인하기 위해서는 지필검사나 구두시험과 같은 재래식 평가 방법으로 가능하다. 그러나 합창단을 지위하는 일, 평균대 위에서의 균형잡기, 2차방정식 풀기 등과 같은 과정에서의 행동을 나태내야 하는 목표라든지, 작문짓기, 그림그리기 등과 같은 창조적인 활동, 또는 다양한 정치적 견해를 종합하는 일, 불우이웃돕기를 위한 방안을 제시하는 일 등과 같은 종합적 태도를 나타내는 목표를 평가하기 위해서는 단순히 이러한 평가방법을 가지고는 안 된다. 결국 평가절차는 목표의 유형을 고려하여 결정해야 한다.

과정이나 결과 또는 태도 등의 노력을 평가하기 위해서도 지필검사나 구두시험과 같은 방법을 쓸 수 있으나, 그러한 검사결과는 학습자들이 목표를 제대로 달성했는지 확인하기에는 너무 간접적인 자료가 되기 쉽다. 따라서 실제 행동을 관찰함으로써 보다 직접적이고 보다 강한 증거나 드러나 보이는 평가를 할 수 있어야 한다. 이것은 결국 학습자는 새로운 기능을 시범해 보일 수 있고, 교사는 그것을 관찰하고 평가할 수 있는 상황을 만들어야 한다는 것을 의미한다. 물론 이러한 평가를 하기는 쉽지 않다. 특히 태도학습의 내용 등을 평가하기 위해서는 그러한 목표에 달성됐는지를 확인하기 위하여 오랜 기간 동안의 관찰이 필요하고 각기 다른 상황에서의 관찰이 필요하다.

나) 도구와 방법의 평가

평가에서는 수업도구와 방법에 대한 평가도 다루어야 한다. 교사가 사용한 수업자료는 효과적이었는지, 개선될 여지가 있는지, 학습자의 성취결과에 비추어 보았을 때 경제적이라고 할 수 있는지, 특히 처음 그것이 사용된 이후에 다음의 효과적인 사용을 위하여 반드시 평가되어야 한다. 그리고 그러한 평가의 결과, 사용한 도구는 학습자가 수업목표를 달성하는 데 실제 도움을 주었는지, 학습자의 흥미를 돋우는 데 효과적이었는지, 그리고 학습자의 의미있는 참여를 유도할 수 있었는지에 관한 평가결과는 교사 개개인의 도구사용 자료집에 보관되어야 한다.

학급에서 토론, 개별면접, 그리고 학습자 행동의 관찰 등이 수업도구와 방법의 평가 방법으로 사용되어야 한다. 물론 목표달성의 실패는 수업에서 무엇인가 잘못되었다는 것을 의미한다. 하지만 교사가 사용한 수업방법에 관한 학습자의 반응을 분석하는 것은 그러한 실패를 바로잡는 데 도움이 된다. 교사와 학습자의 통로는 아마도 교사가 택한 집단 학습보다는 개별학습이 보다 효과적일 수 있다는 것을 확인할 수 있고, 또한 학습자는 교사가 선정한 투시환등기 사용보다는 영사기 사용을 선호하고 있다는 사실을 일깨워 줄 수도 있다.

다) 수업과정의 평가

궁극적인 평가는 수업의 단위가 끝나야 이루어지겠지만 사실상 평가는 계속적인 과정이다. 평가는 수업시작 전에도, 그리고 수업 도중에도, 수업이 끝난 후에도 이루어진다. 수업시작 전에 교사는 사용하려는 방법이나 자료가 현재 학습자들이 가지고 있는 기능과 맞는지 학습자의 특성을 확인해야 한다. 그 외에 여러 가지 자료는 사용되기 전에 점검되어야 한다. 수업 도중에도 평가는 짤막한 퀴즈나 자기보고형식 또는 기르려고 하는 능력의 연습과정을 통하여 이루어져야 한다.

수업 도중의 평가는 보통 진단적인 목적을 가진다. 즉 그것은 교수 · 학습과정에서 일어나는 여러 문제를 교정하고 목표달성을 방해하는 수업과정의 어려움을 해결할 수 있도록 고안된다. 평가는 또한 수업의 끝이 아니다. 어쩌면 그것은 수업도구를 효율적으로 사용하기 위하여 체계적으로 고안된 새로운 모델에서는 다음 단계를 위한 출발점으로 간주될 수도 있다.

다) 수정

수업과정의 마지막 단계는 평가결과가 모아진 자료를 검토하는 일이다. 실제 벌어진 수업과 그 수업에서 기대한 학습목표 사이에 얼마나 큰 차이가 있는지, 학습자의 성취는 목표에 미달했는지, 또는 초과 달성했는지, 교사가 준비한 수업 도구나 방법에 대한 학습자의 반응은 어떠한지, 교사가 선정한 자료의 가치에 본인은 만족하는지, 만일 훌륭한 모델이라고 하여도 사용하는 사람들이 적절히 사용하며 부족한 점을 보충해 나갈 때 진정한 효과를 볼 수 있게 된다.

라. Gagné-Briggs의 교수설계 이론

1) 학습의 유형과 조건

Gagné(1985)는 학습을 통해 가질 수 있는 인간의 능력을 다섯 가지 유형으로 분류하였다. 즉, 언어정보(verval information), 지적 기능(intellectual skills), 인지전략(cognitive strategies), 운동기능(motor skills), 태도(attitudes)이다. Gagné는 학습이란 학습자가 어떤 과제를 수행하기 위해 특정한 능력을 획득하였을 때 그 결과로 나타나는 것이라고 하였다. 이 다섯 가지 학습된 능력이 바로 학습능력이며, 그리고 각각의 학습된 능력은 서로 다른 학습의 조건을 요구하며 서로 다른 방법으로 학습된다. Gagné-Briggs(1979)에게 교수설계란 학습유형과 관련하여 어떤 내적·외적 조건을 밝히는 것은 중요한 일이다. 내적 조건이란, 학습에 필수적이거나 보조적인 것으로서 학습자가 사전에 습득한 선수학습 능력들의 기억이나 획득을 말한다. 그리고 외적 조건이란, 학습자 외적의 교수사태들을 수업에 포함하여 학습자의 선수학습 능력을 활성화시켜 주고 보조해 줄 수 있는 다양한 방법들을 말한다. 학습유형에 따라 학습의 내적·외적 조건을 제시하면 〈표 5-7〉과 같다.

〈표 5-7〉 학습의 유형에 따른 학습의 조건(Gagné-Briggs, 1979)

학습의 유형		내적 조건 (선수학습 능력)	외적 조건
언어 정보	명칭	언어연쇄를 기억함.	(학습자에 의한)명칭을 영상이나 의미있는 문장에 연결시킴으로써 기호화함.
	사실	의미있는 정보의 맥락을 기억함.	보다 큰 정보의 맥락 속에 사실을 귀속시킴.
	지식	관련된 정보의 맥락을 기억함.	새로운 지식을 관련된 정보의 맥락 속에 귀속시킴.
지적 기능	변별	SR 결합을 기억함.	동일한 자극과 상이한 자극을 제시하는 상황을 반복하며 피드백을 제공함.
	구체적 개념	관련된 대상의 특징분류에 관하여 기억함.	대상의 관련성 없는 특징을 바꾸어 가면서 개념의 여러 가지 예를 제시함. 학습자가 개념의 예를 파악하도록 함.
	정의된 개념	구성개념들을 기억함.	개념의 구성요소를 제시하거나 개념의 정으로 언어적으로 나타냄, 학습자가 개념을 나타내 보도록 함.
	원리	구성개념들 또는 하위원리를 기억함.	원리를 언어적으로 나타냄. 학습자가 원리를 적용해 보도록 함.
	고차원 원리 (문제해결)	관련된 하위원리를 기억함.	새로운 문제를 제시함. 문제해결을 위한 새로운 원리를 제시함.
인지전략		관련된 하위원리와 개념들을 기억함.	해결방안이 구체화되지 않은 새로운 문제상황을 연속적으로(장식간에 걸쳐서)제시함. 학습자가 문제해결을 하도록 기회를 제공함.
운동기능		구성 · 운동연쇄들을 기억함.	실행의 하위단계(원리)들을 확립하거나 기억함. 운동기능을 전체적으로 연습함.
태도		목적된 개인행동들과 관련 있는 정보와 지적 기능을 기억함.	사람에 대한 존경심을 확립하거나 기억함. 직접경험 혹은 존경하는 인물의 관찰에 의한 간접경험을 통해 개인적 활동에 보상함.

2) **교수사태**(Events of Instruction)

다양한 학습상황에서 학습목표를 달성하기 위하여 학습의 외적과 내적 조건을 충분히 충족시켜야 한다. Gagné는 학습에서 일어나는 다양한 상황들의 일련의 절차를 교수사태라고 부른다. Gagné가 제시한 아홉 가지 교수사태는 학습자의 내적 인지과정을 토대로 외적 조건을 제공할 수 있도록 한다. 따라서 교수사태는 수업을 계획하고 교육프로그램을 개발하는 교수설계자들에게 설계를 위한 처방을 제공해 줄 수 있다. 다양한 학습상황에서 필요한 교수사태와 절차를 살펴보자.

① 주의력 획득하기: 학습자의 주의가 필요하며 학습활동이 원활하게 이루어지도록 하는 것이다.

② 학습자에게 학습목표 제시하기: 학습자가 수업이 끝난 후 자신이 무엇을 배웠는지 확인할 수 있고 학습자의 수업에 대한 기대치에 부응하기 위한 것이다.

③ 선수학습 요소의 회상 자극하기: 본 학습에 필요한 선수학습능력은 새로운 학습이 발생하기 전에 회상되어야 하는 것이다.

④ 자극자료 제시하기: 수업에서 다룰 수 있는 언어의 형태나 개념의 예, 운동 시범 등을 통하여 학습에 필요한 자료를 제공하는 것이다.

⑤ 학습안내 제공하기: 학습자가 학습목표에 명세화된 특정 능력을 획득할 수 있도록 도와주는 것이다.

⑥ 수행 유도하기: 학습자가 특정 학습능력을 습득하였는지를 확인하기 위하여 질문을 하거나 지시를 통해 학습자의 명백한 행동으로 수행할 수 있도록 유도하는 것이다.

⑦ 수행의 정확성에 관한 피드백 제공하기: 학습자의 학습능력에 따른 행동에 대한 결과를 잘 수행했는지, 잘 수행하지 못했는지 결과에 대해 피드백을 제공하는 것이다. 피드백을 통해 학습자는 학습에 대한 성취를 효과적으로 할 수 있다.

⑧ 수행 평가하기: 학습자가 학습목표에 달성했는지 여부를 확인하고 의도한

기능도 일관성 있게 수행했는지의 여부를 확인하는 것이다.

⑨ 파지 및 전이 향상시키기: 교수자는 교수활동이 수행평가로 끝나지 않고 학습자가 학습한 것을 학습의 파지와 전이를 위해서는 일정한 시간에 반복 학습을 통해 선행학습들과 연관시켜 주어야 하는 것이다.

마. Keller의 동기설계 이론

1) ARCS(동기설계)이론의 배경

학습자의 학업능력은 학습자의 특성과 교수사태 뿐만 아니라 학습자의 동기 수준과도 밀접한 관련이 있다. 학습의 결과는 학습자들이 학습에 의미를 부여하고 보다 흥미를 느낄 때 더 높은 학업성취를 보일 수 있다. Keller의 ARCS이론은 집중(attention), 관련성(relevance), 자신감(confidence), 만족감(satisfaction)의 네 가지 구성요소로 이루어지며, 각 단어의 첫 글자를 따서 ARCS 모형이라고 한다. ARCS 이론은 학습동기의 중요성을 체계적으로 제시하고자 학습동기에 대한 설계 및 개발의 전략들을 밝혀 내기 위한 기본적인 틀을 제공한다. ARCS 이론의 특성은 다음과 같다.

① ARCS 이론은 인간의 동기를 결정지을 수 있는 다양한 변인과 그에 관련된 구체적인 개념을 통합한 네 가지 개념적 범주, 즉 주의(attention), 관련성(relevance), 자신감(confidence), 만족감(satisfaction)이 있다.

② ARCS 이론의 교수-학습 상황에 동기를 유발하고 유지하기 위한 구체적이고 처방적인 전략을 제시한다.

③ ARCS 이론은 교수설계모형과 병행하여 활용할 수 있는 동기설계의 체제적 과정을 보여 준다.

2) ARCS 이론의 구성요소

가) 주의(attention)

학습동기의 첫 번째 요소는 주의이다. 수업에서 학습자들은 주의를 집중해야 하는 것이다. 학습이 일어나기 위해 학습자가 학습 자극에 흥미를 가지고 주위를 기울여야 한다. 단순한 외적 자극(교탁 두드리기, 음성으로 집중시키기, 동작으로 집중시키기 등)부터 정신적인 자극을 일으키는 문제 제기에 이르기까지 다양한 자극으로 주위를 집중할 수 있다. 구체적인 전략으로 지각적 주의환기, 탐구적 주의환기, 다양성 등이다.

나) 관련성(relevance)

학습동기의 두 번째 요소는 관련성이다. 학습에서 호기심이 유발되었다 해도 학습내용에 아무런 관련이 없다고 느끼면 동기가 소멸된다. 학습내용이 학습자의 미래, 취업, 진학, 관심사, 경험 등과 관련시킬 때 관심사가 확립된다. 관련성을 높이기 위한 전략으로 친밀성, 목적 지향성, 필요 또는 동기와의 부합성 강조의 전략 등이 있다.

다) 자신감(confidence)

학습동기의 세 번째 요소는 자신감이다. 자신감은 학습자가 성공에 대해 적극적인 기대를 할 수 있도록 도와줄 때 형성되는 것이다. 학습자는 학습에 재미와 필요성을 느끼면서 성공의 기회가 있다는 것을 인식할 수 있어야 한다. 학업성취도가 적정 수준에 도달할 경우 자신감을 심어주는 것이 높은 동기 유발 및 유지의 요소가 된다. 자신감을 높이기 위해서는 학습의 필요조건 제시의 전략, 성공의 기회 제시의 전략, 개인적 조절감 증대의 전략 등이 있다.

라) 만족감(satisfaction)

학습동기의 네 번째 요소는 만족감이다. 만족감은 자신의 학습 경험과 성취에 대한 긍정적 느낌이다. 만족감은 학습자가 배운 것을 스스로 적용해 볼 수 있는 기회라고 생각하고 자신의 성공을 인정하는 것을 의미한다. 학습자가 학습결과에 대하여 만족하면 학습동기는 계속 유지될 것이며 학습 수행에도 영향을 미치게 된다. 만족감을 높이는 구체적 전략은 자연적 결과 강조의 전략, 긍정적 결과 강조의 전략, 공정성 강조의 전략 등이 있다.

ARCS 모형의 네 가지 구성요소는 위에 제시한 것처럼 각각 세 가지 하위 구성요소로 세분화된다. 하위 구성요소 각각에 대하여 관련된 문제를 〈표 5-8〉과 같이 제시하였고 이는 교사가 학습자의 동기를 분석하고 계획할 때 참고할 수 있다(송상호, 1999).

〈표 5-8〉 ARCS 모형의 구성 요소

구성요소	하위 요소	동기 유발을 위한 주요 질문
주의 집중 (Attention)	지각적 각성	흥미를 끌기 위해 무엇을 할 수 있을까?
	탐구적 각성	탐구하는 태도를 어떻게 유발할 수 있을까?
	변화성	주의 집중 유지를 위해 적절한 변화를 어떻게 줄 수 있을까?
관련성 (Relevance)	목적 지향성	학습자의 요구들 어떻게 최적으로 충족시켜 줄 수 있을까?
	모티브 일치	최적의 선택, 책임감, 영향을 언제 어떻게 제공할 수 있을까?
	친밀성	수업과 학습자의 경험을 어떻게 연결시킬까?
자신감 (Confidence)	학습 요건	성공에 대한 긍정적 기대감을 어떻게 키워줄 수 있을까?
	성공 기회	자신감을 향상시킬 수 있는 학습 경험을 어떻게 제공할까?
	개인적 통제	자신의 성공이 스스로의 노력과 능력에 의한 것이라고 느끼게 할 수 있을까?
만족감 (Satisfaction)	내재적 강화	학습한 지식/기능을 사용할 기회를 어떻게 제공할까?
	외재적 강화	학습자의 성공에 대해 외적 강화를 어떻게 제공할까?
	공정성	자신의 성취에 대해 어떻게 긍정적인 느낌을 가지도록 할까?

[그림 5-18]는 ARCS와 교수전략 요소와의 관계를 나타낸 것이다.

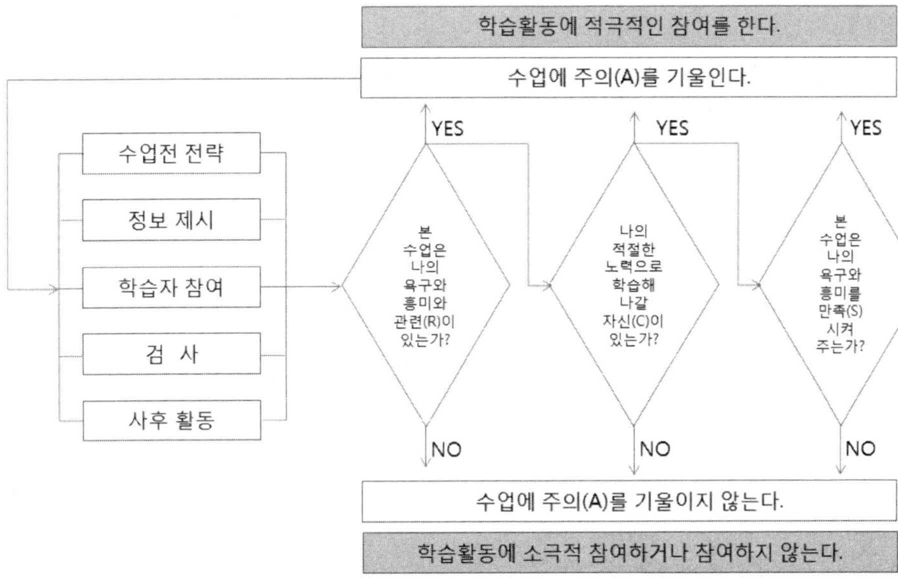

[그림 5-18] Keller의 ARCS모형

2. 구성주의적 수업설계 모형

가. Willis의 R2D2(Recursive, Reflective Design and Development) 모형

Willis의 R2D2 모형은 ADDIE 모형 대신에 정의(definition), 설계와 개발(design & development), 확산(dissemination)으로 세 가지 초점과 그 초점에 맞추어 수행해야 하는 과제를 제시한다. 이 모형의 특징은 전통적 · 거시적 모형과는 달리 명확한 시작과 끝이 없다. 그와 반면에 세 가지 주요 초점 사이의 끝없는 상호작용이 존재하며 동일한 이슈가 여기저기에서 여러 번 반복되고 있기 때문에 순환 반복적(recursive)이다. 또한 전통적 모형에서 나타나는 광범위한 예비적 분석보다는 창의적 과정인 설계와 개발을 더욱 중요시하는 모형이다.

목표와 평가에서도 전통적 모형과 차이가 있다. 이 모형은 명시적인 목표보다는 설계와 개발의 과정에서 자연스럽게 나타나는 목표에 의존한다. 이는 목표를 설정하고 이 목표달성을 위하여 설계와 개발을 하는 전통적 모형과는 차이가 크게

난다. 평가에서는 학습자 모두에게 사용하는 준거지향평가를 지양하고 프로토타입 개발을 바탕으로 수정할 자유를 가진 설계화 개발의 여러 사람들의 활동에 초점을 둔다.

Willis(1995)가 주장하는 구성주의에 바탕을 둔 ISD 모형의 특성은 다음과 같다(정재삼, 1996 재인용).

① ISD 과정은 순환적이고 비선형적이어서 때로는 무질서하다.
② 계획은 체계적이지 않고 유기적, 발달적, 성찰적, 협동적이다.
③ 목표는 분석에서가 아니라 설계와 개발의 작업 중에 나온다.
④ ID 전문가는 맥락과 내용에 익숙해야 한다.
⑤ 수업은 맥락에서 유의미한 학습을 중시한다.
⑥ 총괄평가보다는 형성평가가 중요하다
⑦ 객관적 자료보다 주관적 자료가 중요하다.

〈표 5-9〉 R2D2 모형의 초점과 과제

초점(Focal Ports)	과제(Tasks)
정의 (Definition focus)	-진단분석(front-end analysis) -학습자 분석 -과제 및 개념분석 (목표는 설계와 개발 과정에서 자연스럽게 등장함)
설계와 개발 (Design & Development focus)	-매체와 형태 선정 -개발환경의 선정 -산출물 설계와 개발 -평가전략(형성평가 중심)
확산 (Disseminations focus)	-최종 포장(packaging) -유포와 보급 -채택(총괄평가가 중요시되지 않음)

나. The new R2D2 모형

Wills와 Wright(2000)는 Wills(1995)의 모형을 수정하여 새로운 R2D2 모형의 활동과 절차를 만들었다. 수업설계 과정은 분명한 출발점도 최종점도 없는 비선형 과정이며, 설계자는 수업설계의 촉진자가 되고, 설계팀의 구성원과 의사결정 과정을 공유한다. 이 모형은 정의, 설계와 개발, 보급에 초점을 두었다. Wills와 Wright는 각 단계에 따라 세부활동을 제시하였는데 세부적인 활동은 반드시 수행해야 할 절차가 아니라 일종의 제안이다. 설계 단계에 따른 세부 활동을 살펴보자.

〈표 5-10〉 Wills와 Wright의 새로운 R2D2 모형

초점(Focal Ports)	세부 활동
정의 (Definition focus)	활동 1: 참여 팀의 구성과 지원 활동 2: 점진적 문제해결 활동 3: 실천적 지식 개발 또는 맥락적 이해
설계와 개발 (Design & Development focus)	활동 4: 개발 환경의 선정 활동 5: 협력적 탐구 활동 6: 산물 설계와 개발
확산 (Disseminations focus)	활동 7: 개발된 자료 사용을 도와주는 활동

정의(Definition focus)는 참여 팀 구성과 지원, 점진적 문제해결, 실천적 지식 개발 또는 매락적 이해의 세 가지 활동을 포함한다. 그리고 이 활동들은 전체 과정을 통해 주의를 기울여야 하며, 또한 전체 설계의 활동의 부분이며 설계 초기에 일어나는 활동이 아니다.

설계와 개발(Design & Development focus)은 하나의 통합적 과정으로서 개발환경을 선정하고 만들어진 설계안이 제대로 만들어졌는지 팀원들끼리 합의해 나가는 협력적 탐구, 그리고 구체적인 산물을 설계하고 개발하는 활동으로 이루어진다. Wills와 Wright는 설계와 개발이 통합되는 이유는 최근의 다양한 저작도구들이

효율적이고 융통성 있게 활용이 가능하기 때문이라고 한다.

확산(Disseminations focus)은 교사와 학습자가 개발된 자료를 적절하고 효과적으로 활용할 수 있도록 도와주는 활동을 말한다. 특수 맥락적 상황에서 교사가 해당 자료를 제대로 활용하도록 지원하고 다양한 경험 또는 많은 경험을 한 다른 교사와 공유해야 한다는 것이다.

이러한 구성주의적 수업설계모형은 어떤 유형의 상황에서도 적용이 가능할 수 있도록 제공하는 것이 핵심이다. 수업설계자가 어떤 경향성에서 벗어나 구체적인 맥락에 초점을 두고 여러 사람들과의 협력 과정을 통해 문제를 해결하고 다중적 관점에서 바라보며 구성하는 것을 강조한다.

제3부

교육방법 및 교육공학의 활용

제6장 수업의 과정
제7장 수업설계의 실제

앞서 살펴본 제1부 교육방법 및 교육공학에 대한 이해와 제2부 다양한 이론들에 대한 이해를 토대로, 제3부 활용부분에서는 실제적인 수업에 대한 적용과 실습을 하고자 한다. 이러한 과정을 통해 여러 변인들을 고려한 효과적이고, 효율적이고, 매력적이며, 안전한 수업에 대한 깊이 있는 성찰이 가능할 것이다. 또한 다양한 이론과 모형의 학습을 기반으로 교사 자신과 학교 현장에 적용 가능한 방법과 구체적 전략들을 세울 수 있는 안목을 기를 수 있는 것이다.

제6장 수업의 과정

제1절 수업계획 단계
제2절 수업실행 단계
제3절 수업평가 단계

교육은 학습자의 바람직한 행동변화를 목표로 하며, 이는 학교에서의 수업과정을 통해 일어나기 때문에 수업은 학교교육에서 가장 핵심적인 일이 된다. 따라서 학교는 수업의 과정이 성공적으로 이루어질 수 있도록 계획적이고 의도적으로 교육 환경을 조성해야 하는 것이다.

앞 장에서 살펴보았듯이 수업과정에 대한 계획은 이론적인 원칙을 실제에 적용하여 수업설계를 하는 과정이다. 또한 수업설계는 수업 전 과정에 대한 체제적인 접근에 의해 결정되어야 함을 알 수 있었다. 체제적인 접근이란 문제해결을 위해 전체를 분석하고 그 전체 속에서 각 부분의 기능이 어떻게 역동적이고 상호 보완적인 관계에 있는지를 파악하는 접근방법이라고 할 수 있다. 다시 말해 수업 체제를 구성하고 있는 모든 구성요소가 교육 목적을 달성하기 위해 서로 유기적인 관계를 맺으면서 총체적인 접근이 이루어져야 함을 말하는 것이다.

여기에서는 제4장의 수업이론과 제5장의 수업설계이론을 기초로 하여 학교현장에서 교사가 실제적으로 수업을 계획하고 실행하며 평가하는 세 단계의 절차로 구분하여 설명하고자 한다. 이러한 과정을 통해 교사는 보다 자신의 수업을 효율적으로 이끌어 낼 수 있을 뿐만 아니라, 수업의 질 보장에도 필수적으로 작용할 것이다.

수업의 계획, 실행, 평가 단계를 모형으로 제시하면 다음의 [그림 6-1]과 같다.

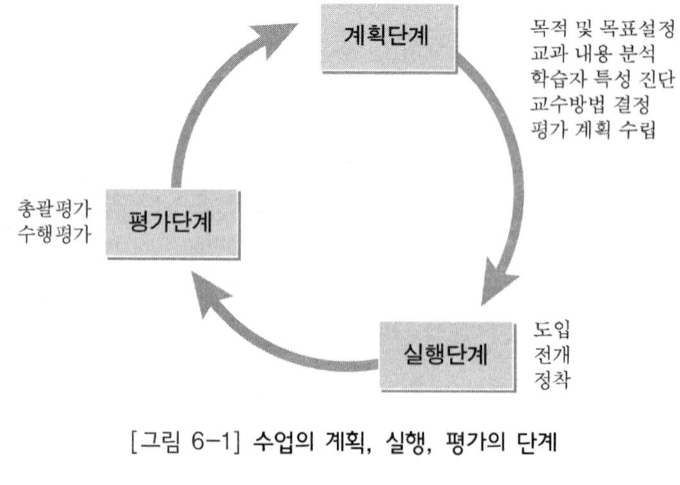

[그림 6-1] 수업의 계획, 실행, 평가의 단계

제1절 수업계획의 단계

수업계획이란 흔히 수업을 준비하고 부르는 수업활동의 한 단계로 수업의 효율성, 효과성을 위해서 필수적인 과정이라고 할 수 있다. 특히 다양한 학습자들의 흥미 · 관심 · 수준을 감안해야 하고, 제공될 적절한 수업방법이나 수업매체를 생각하여 매력적이고 안전한 수업으로 이끌기 위해서는, 수업이 막연한 기대나 잘 되어가겠지 하는 애매한 계획으로는 그 성과를 기대하기 어려울 것이다.

이와 같이 중요한 수업계획을 잘하기 위해 교사가 갖추어야 할 기본 지식에 대해 살펴보면 다음과 같다.

▸ 수업설계에 대한 지식

학습자의 요구를 분석하고 그에 따른 교육목적과 수업목표를 설정하고 학습과제를 분석할 수 있는 지식을 갖추어야 한다. 수업목표는 수업과정의 기본 방향과 틀을 안내해 줄 뿐만 아니라 사회적으로 중요한 가치와 직결되어 있기 때문에 효과적인 수업계획안을 작성하는 데 매우 중요하다고 할 수 있다.

▸ 학습자에 대한 지식

학습자의 능력과 선수학습 정도, 그리고 인성적인 특성을 미리 알고 있어야 한다. 교사는 수업계획을 세울 때 다른 요소에 비해 학습자의 특성에 대해 가장 많은 고려를 해야 한다. 학습에 영향을 미치는 학습자의 특성에는 학습능력, 학습의욕, 학습양식, 자아개념, 친구관계, 가정환경 등 여러 가지가 있다. 따라서 교사는 이러한 학습자의 특성을 고려한 수업목표, 내용, 방법, 자료 등을 선택해야 한다. 이것이 학습자를 존중하는 수업계획일 것이다.

▸ 학습내용에 대한 지식

학습자의 이해 못지않게 교육과정, 학습 내용의 조직, 구성 등 가르쳐야 할 학습내용에 대한 지식도 중요하다. 교과서 집필자나 교수들이 학문영역의 내용을 어떻게 체계화하였는지, 학습내용 중 전체와 부분이 어떤 관계를 가지고 있는지, 내용의 위계는 어떠한지, 주제들 간의 차이는 무엇인지, 어떤 내용이 더 중요하고 덜 중요한지에 대한 내용들 또한 알아야 한다.

▶ 수업방법에 대한 지식

다양한 수업방법을 알고 있어서 학습내용에 가장 적절한 수업방법을 선택할 수 있어야 하며, 수업매체에 대한 지식도 갖추고 있어야 한다.

▶ 교실에서의 경험에서 얻는 묵시적 지식

묵시적 지식(tacit knowledge)은 시간이 지나면서 직접 학습자를 관찰하고 수업을 지도하는 과정을 통해 터득된 지식으로서, 수업을 좀 더 융통성 있고 다양하게 함으로써 교사의 의사결정과 수업계획에 영향을 준다.

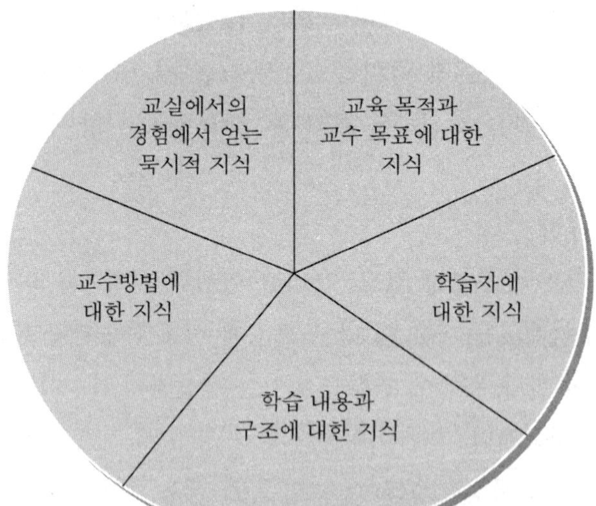

[그림 6-2] 수업계획 단계에서 교사가 갖추어야 할 기본 지식

Shulman(1992)은 교육목적과 수업목표, 학습자, 학습내용, 수업방법 등에 대한 이해를 넓히기 위해 다음과 같은 구체적인 방법을 제안하였다.

첫째, 학급관찰, 교육실습, 수업경험과 같은 실제적 경험하기

둘째, 유능한 교사와 그렇지 못한 교사행동에 대한 사례 논문 읽기

셋째, 수업에 관한 개념이나 패러다임 변화에 대한 기사 읽기

넷째, 교과내용과 수업방법에 대한 연구논문 읽기

이와 같은 네 가지 방법은 수업계획을 위해 필수적인 교육목적과 수업목표, 학습자, 학습내용, 수업방법 등에 대한 이해의 폭을 확장시키는데 매우 효과적인 방법들이라 할 수 있다.

1. 수업목적 및 수업목표 설정

수업과정에 대한 계획에서 가장 먼저 세워야 할 것은 요구분석(needs analysis)을 통해 교육목적과 수업목표를 설정하는 것이다. 교육목적은 교육체제가 포용하는 보다 광의의 목표와 가치를 뜻하며, 수업목표는 특정한 수업 절차를 통해서 학습자가 달성하는 성취 행동을 말한다. 따라서 수업목표는 수업 장면에서 그 목표에 도달시키기 위해 보다 구체적이고 세분화된 '구체적인 행동목표'로 진술할 필요가 있다.

구체적인 행동목표로 진술해야 하는 이유를 살펴보면 첫째, 교사가 주어진 수업시간에 무엇을 가르쳐야 하는지를 분명히 알 수 있다. 둘째, 학습자 스스로 학습계획을 세우게 되어 학습의 효과를 높일 수 있다. 셋째, 학습자의 행동변화의 모습을 평가할 수 있다. 넷째, 어떠한 수업매체를 선정해야 하는지가 분명해진다.

행동적 수업목표에 대해 좀 더 자세하게 설명하면 다음과 같다.

첫째, 학습자가 수업을 마친 후에 '수행할 수 있기를 기대하는 학습자의 외현적 혹은 명세적 행동으로 행위동사를 사용하여 진술하는 것을 의미한다. 예를 들어, '감상한다', '이해한다', '안다'와 같은 관찰 불가능한 암시적 동사가 아니라 '진술한다', '계산한다', '만든다'와 같은 외현적인 행동으로 나타나는 명시적 동사를 사용

하는 것을 말한다.

둘째, 교사의 행동(~을 알게 한다. ~을 가르친다. 등)으로 진술하는 것이 아니라, 학습자의 행동(~을 한다. ~을 할 수 있다. 등)으로 진술되어야 한다.

셋째, Mager는 수업목표의 진술에 있어서 학습자가 수행하게 될 행동(behavior), 학습행위가 일어나게 되는 조건(condition), 학습의 성취 수준을 판정할 수 있는 준거(criterion)를 포함해서 구체적으로 진술해야 한다고 주장하였다.

이와 같이 구체적인 수업목표 진술은 전개될 수업내용을 미리 알고 위계적인 구조를 파악하고 사고하는데 도움이 된다. 그러나 개별 수업목표를 중심으로 수업이 진행될 가능성이 높으므로 총체적인 지식의 체계를 파악하기 어려울 수 있으며, 교실 상황에서 학습자들의 상호작용이나 상황적인 맥락을 고려하지 않고 목표를 향한 수업 성취에만 집중할 수 있다. 또한 모든 교과목에 이러한 목표 설정이 가능한 것은 아니다. 그래서 최근에는 포괄적인 수업목표 진술이 더 바람직하다고 주장하는 학자들도 있다.

이를 정리하면 다음의 〈표 6-1〉과 같다.

〈표 6-1〉 구체적 수업목표의 장점과 단점

장점	단점
• 수업목표나 도착점 행동이 무엇인가를 제시해 줌으로써 학습동기가 유발되어 학습효과가 향상된다. • 교사가 수업을 조직적으로 계획하고 전개하는데 매우 편리하다. • 학생들의 학습결손을 쉽게 발견할 수 있으므로 교정지도가 수월하다. • 수업목표를 기준으로 평가문항을 작성할 수 있으므로 학업성취 정도에 대한 정확한 평가를 실시할 수 있다.	• 역동적이고 복잡한 수업과정은 수많은 성과를 낳을 수 있기 때문에, 수업이 시작되기 전에 수업의 성과를 행동적인 용어로 명세화 하는데 한계가 있다. • 명제적 수업목표는 계열성이 있는 교과와 없는 교과에 따라 적절하게 적용되어야 한다. • 직접관찰이 가능한 행동으로 진술하기 쉬운 내용만을 평가의 대상으로 취급할 가능성이 있어 정의적 영역의 평가가 소홀해 질 우려가 있다. • 수업목표의 명세화를 교육내용의 선택이나 조직 이전에 반드시 해야 할 필요가 없다.

2. 수업내용의 분석

수업내용의 분석은 흔히 학습과제 분석(task analysis)이라 부른다. Reigeluth(1983)는 학습과제 분석이란 가르쳐야 할 모든 종류의 지식이나 기능을 분석하는 과정이라고 보고, 학습과제 분석의 목적에 대해 수업내용에 대한 정보를 제공하려는 것이라고 하였다. 만약 적절한 학습과제 분석이 이루어지지 않는다면 교사는 학습자에게 무엇을 가르쳐야 할지를 정확하게 파악할 수 없을 뿐만 아니라 최적의 수업전략도 세울 수 없을 것이다.

학습과제 분석의 필요성을 정리하여 제시하면 다음과 같다.

첫째, 학습을 한 후 학습자가 습득하게 되는 수행 능력이 어느 유형에 해당되는지를 분류하고, 이를 달성하기 위해 구조화된 학습 내용의 요소(학습내용과 조건, 개념, 원리, 기능 등)나 단위를 계열화하여 그 절차를 정하기 위해서이다.

둘째, 학습할 요소 간의 관련성 확인을 위해서이다.

셋째, 학습순서를 결정(쉬운 것에서 어려운 것, 단순한 것에서 복잡한 것)하기 위해서이다.

넷째, 학습내용의 누락이나 중복을 피하기 위해서이다.

다섯째, 선행학습 요소의 확인을 위해서이다.

여섯째, 형성평가의 구체적 기준을 마련하기 위해서이다.

Gagné는 학습과제를 구성하고 있는 많은 학습 요소를 분석하고, 이를 위계적인 관계로 조직해 놓아야 수업활동을 효율적으로 처방할 수 있다고 하면서 위계적인 학습과제 분석을 주장하였다. Gagné에 의하면 학습과제란 하위 수준의 기능에서 상위 수준의 기능을 학습하는 데 필요한 학습 요소나 학습 단위의 위계적인 관계를 타당성 있게 조직함으로써 학습 요소 간에 최대한의 긍정적인 학습 전이를 일으킬 수 있는 능력 요소의 체계적인 집합체를 말한다.

그러나 이러한 학습과제 분석에서 위계구조이론은 최종적인 학습 결과로서 종착점 행동을 지향하는 행동주의적인 시각에 의한 접근이라고 볼 수 있어서 비판의 대상이 되고 있다. 또한 이러한 학습 위계구조는 수학이나 과학과 같이 학습과제의 속성 자체가 구조적인 성격을 띠고 있을 때만 적용 가능하다는 것이다. 그러므로 Gagné의 위계구조이론은 과제의 논리성과 학습자의 심리적 논리 구조를 연계하여 분명하게 설명하고 있지 못하므로(박성익, 1997) 앞으로는 인지발달심리학의 심층적인 접근이 요청된다.

3. 학습자의 특성 진단

수업목적을 확인하는 과정에서 학습자의 특성을 고려하는 것은 매우 중요하다고 할 수 있다. 학교 차원에서 학습자들의 차이가 있는 것은 물론이고, 교실 내에서도 학습자들간에 능력의 차이가 많이 나타나고 있다. 이러한 학습자들간의 차이를 적절히 고려하지 않을 경우, 수업에서 교사가 아무리 능숙하게 수업내용을 전달한다 하더라도 기대했던 수업 성취를 이룰 수 없게 된다. 왜냐하면 학습자들은 자신의 능력 수준을 벗어나거나 미치지 못할 때 학습 동기를 잃게 되며 그 결과로 학습결손을 초래하게 되기 때문이다(Dunn & Griggs, 1995).

교사가 수업의 과정에서 고려해야 하는 학습자의 개인차 변인에는 지적 특성, 선행지식, 정의적 특성, 인지유형, 학습유형 등이 있다. 그동안 사람들은 학습에 영향을 주는 개인차 변인으로 지적 능력(IQ)이 절대적인 것으로 생각하였으나, 이는 학습에 영향을 주는데 25% 정도에 불과하고 다른 요소, 즉 동기, 선행지식, 건강, 학습전략의 사용, 정서적 안정감, 교사의 수업의 질, 부모의 지지 등이 중요하다는 것이 밝혀지게 되었다. Scarr(1981)는 이러한 요소를 사회적 능력(social competence)이라고 불렀다. 사회적 능력은 학습에 75%의 영향을 미치는데, 교사는 학습자의 이러한 특성을 이해하고 그 특성에 가장 부합되는 수업 환경 및 방법을 제공할 때 교육의 최대 효과를 얻을 수 있는 것이다.

이를 정리하면 다음의 [그림 6-3]과 같다.

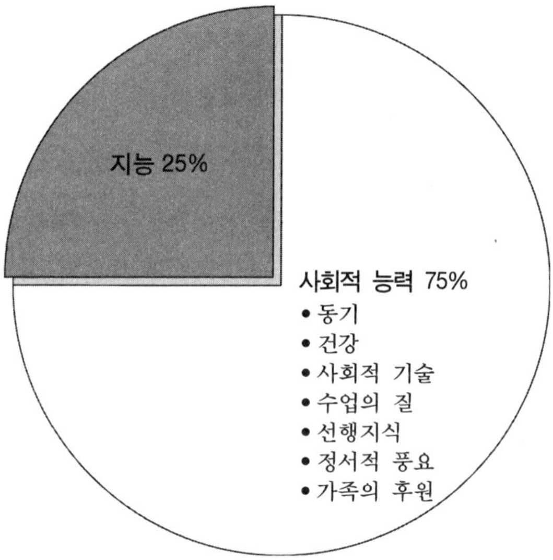

[그림 6-3] 학습에 영향을 미치는 개인차 변인

이와 같은 학습자의 능력, 적성, 학습유형, 성취수준, 선수학습 정도 등의 개인차가 있는 학습자에게 공통의 학습목표를 성취시키기 위한 노력의 일환으로 대두된 것이 적응적 수업이라고 할 수 있다. 적응적 수업기법은 개인차가 있는 학습자에게 각기 다른 수업전략을 적용함으로써 교실에서 자연스럽게 나타나는 다양성이 학업성취에 방해요인이 되지 않도록 해 준다.

그러나 수업에서 이러한 개인차를 적절히 고려하여 반영하는 것은 단순한 공식이나 규칙으로는 해결할 수 없는 복잡한 의사결정 과정이 필요하다. 이러한 관점에서 교사는 수업을 위해 기울이는 모든 노력이 어느 정도 적절하고 성공적인가에 대해 스스로 엄격하게 자성할 수 있어야 한다. Borich(2000)는 이와 같은 교사를 반성적인 교사(reflective teacher)라 부르며 이들은 학습자를 가르칠 때 어떻게 가르치는 것이 성공적이고 가장 적절한 수업인지 스스로에게 계속 질문하고 수업에 대해 스스로 비판하는 태도를 갖는 교사를 말한다고 하였다. 다시 말해 이러한 교사는 자신의 수업에 학습자의 요구, 학습전력, 경험 등을 고려하고 반영하려고 노력하고 수업 후에도 자신의 수업에 대해 분석하고 비판하는 일을 게을리하지 않는다.

4. 수업방법 결정

수업목표를 효과적으로 달성하기 위해서는 가장 좋은 방법을 선택하여 계획을 세워야 한다. 수업계획 단계에서 교사 중심의 설명식 수업을 할 것인가, 학습자 중심의 수업을 할 것인가, 개별학습을 할 것인가, 집단학습을 할 것인가, 어떠한 전달 체제를 이용할 것인가 하는 구체적인 수업 전략에 대한 결정을 해야 한다. 또한 결정해야 할 사항이 수업자료의 선택과 활용이다. 교과서, 매체, 기타 다양한 수업자료에 대한 결정은 수업계획 단계에서 고려되어야 할 중요한 사항 중 하나이다.

이와 같은 전략을 세우는 데는 수업환경도 중요한 배경이 된다고 할 수 있다. 교실의 크기, 위치, 좌석 배치, 암막시설, 조명, 그리고 컴퓨터실, 과학실험실, 어학실습실, 멀티미디어실 등의 환경 파악이 필요하다.

5. 평가계획 수립

수업평가의 목적이 수업목표에 대한 성취도를 확인하려는 것이므로 수업의 계획 단계부터 평가방법, 평가문항 등에 대한 계획이 수립되어야 한다. 이와 같이 미리 평가계획을 세워야 하는 이유에 대해 최동근 외(1997)는 다음과 같이 설명하고 있다.

첫째, 수업 전에 평가문항을 작성함으로써 수업의 내용과 평가문항에 일관성을 유지할 수 있으며, 수업목표의 도달 정도를 정확하게 평가할 수 있게 된다. 이러한 평가를 목표지향 평가 또는 준거지향 평가라고 한다.

둘째, 수업을 하기 전에 평가문항을 작성하면 수업계획이나 전략을 수립하는데 유리하다. 수업목표에 제시된 조건이나 상황에 따라 수업조건이나 환경을 마련하여야 하고, 수업을 하기 전에 학습자가 목표를 성취한 정도를 확인하기 위한 평가문항을 개발해야 한다.

셋째, 수업을 실시하기 전에 평가문항을 작성해야 평가의 타당도가 높아진다. 따라서 수업목표를 진술한 직후에 평가문항을 작성하여 수업목표와 평가문항의 일치도를 높이는 것이 바람직하다.

제2절 수업실행 단계

수업실행 단계는 학습자가 수업목표를 성취하도록 하는데 가장 적합한 수업방법 및 절차를 선정하고 이를 활동으로 전개하며 학습 단원에 대한 본격적인 지도 활동이 이루어지는 것을 의미한다. 이 단계에서는 학습자의 특성과 학습 단원의 특성을 고려해 어떤 수업전략이 가장 효과적인지 구체적인 방법을 결정하고 그에 따라 수업매체도 활용하게 된다.

1. 수업실행의 일반적 단계

일반적으로 수업의 실행은 도입, 전개, 정리의 세 단계로 구분할 수 있다.

가. 도입단계

본 수업이 시작되는 단계로 비교적 짧은 5~10분 내의 시간 안에 이루어진다. 이 시간에는 학습과제의 구체적인 목표를 제시하고, 학습자의 동기유발을 위해 다양한 방법을 동원한다. 또한 미리 배운 학습내용을 회상시켜 본 수업과 관련을 맺어 준다.

나. 전개단계

수업의 중심 활동으로 학습과제의 내용을 학습자에게 제시하고 학습자는 이에 반응하는 단계를 말한다. 이때 다양하고 적절한 수업방법과 수업자료를 활용하여 수업목표에 도달할 수 있도록 수업을 진행하며, 교사는 학습자가 수업에 적극적으로 참여할 수 있도록 유도해야 한다.

다. 정리단계

학습내용을 정리하고 종결하는 단계로 요약, 정리, 연습, 통합 및 일반화를 통해 학습한 내용이 실제에 적용될 수 있도록 한다. 이 과정에서 그 성과를 중간 점검하기 위해 형성평가를 실시하게 되는데, 그 결과에 따라 학습 완성 여부가 판정된다. 불충분한 부분이 있었다면 재학습할 수 있는 보충학습의 기회를 가져야 하며, 이미 만족할 만한 학습 진전을 보인 학생에 대해서도 학습을 심화시키거나 더욱 촉진시킬 수 있는 기회를 주는 것이 좋다.

한 시간의 학습지도에서 이루어지는 주요한 수업활동들을 도입, 전개, 정리의 세 단계로 나누어 요약, 제시하면 다음의 〈표 6-2〉와 같다.

〈표 6-2〉 수업실행의 단계별 주요활동

지도 단계	주요활동
도입	• 동기유발 • 목표제시 • 선행학습과 관련짓기
전개	• 학습내용의 제시 • 학습자료의 제시 • 학습자의 적극적 참여 • 다양한 수업기법의 활용 • 시간과 자료의 관리
정리	• 요약 정리 • 강화 • 일반화의 유도 • 보충 및 예고

2. Gagné & Briggs의 수업단계

수업이 이루어지는 각각의 수업단계에는 학습 성취에 영향을 주는 여러 가지 조건이 구비되어야 보다 효과적인 성과를 얻을 수 있다. 여기에서 우리는 수업과 학습을 구별해서 생각해 봐야 할 필요가 있다. 수업은 학생의 내적 활동을 효과적으로 돕기 위해 교사가 제공하는 모든 외적 교육활동을 의미하는 것이고, 학습은 학생의 머릿속에서 일어나는 내적인 활동을 의미한다.

교사가 수업을 설계할 때는 이러한 외적 활동이 학습을 도와주도록 계획해야 하므로 학습과 수업은 밀접한 관련을 갖게 되는 것이다. Gagné & Briggs(1979, 1992)는 이를 학습을 위한 외적 조건이라 부르며 수업사태의 단계에서 필요한 조건들을 다음과 같이 일곱 가지 단계로 제시하였다. 또한 Hunter(1982)는 완전습득 프로그램의 수업단계를 제시하였다.

여기에서는 두 모델의 수업단계를 비교하여 제시함으로써 각 단계에서 필요한 교육활동과 이러한 활동을 어떻게 내부적인 학습과정과 연결시킬 수 있을지 살펴보고자 한다.

〈표 6-3〉 Gagné & Briggs와 Hunter의 수업단계 비교

일반적 단계	Gagné & Briggs의 단계	Hunter의 단계
도입	주의집중시키기	복습
	목표알려주기	학습기대 준비
	선행학습 기억시키기	목표와 목적
전개	자료 제시하기	제시와 모델링
	학습활동 유발하기	평가
	피드백 제공하기	연습
		마침
정리	평가하기	개별연습

가. 1단계 : 주의집중시키기

수업설계에서 주의집중은 매우 중요하다. 이유는 학습자가 수업에 흥미를 보이지 않는다면 학습에 능동적으로 참여하기 어려울 것이기 때문이다. 주의를 집중시킨다는 것은 산만한 상태에서 시각 · 청각적으로 민감하게 변화를 주는 것 혹은 이미 집중이 된 상태에서 더 높은 수준의 호기심과 관심을 불러일으키는 것을 의미한다.

따라서 교사는 학습자에게 여러 가지 자극을 제시하여 주의를 집중시키며 적절한 학습 자세를 갖출 수 있도록 주의 태세(attention sets)를 수립해야 한다. 또한 학습자의 흥미나 호기심을 자극하고 호기심을 유발할 수 있는 다양한 수업기술을 갖추고 있어야 한다.

주의를 집중시키는 방법에는 여러 가지가 있겠지만 그 중 하나는 호기심을 유발하는 것이라 할 수 있다. 보통 흥미로운 질문을 던져 학습내용을 전개해 나가는 방법은 발문의 다양한 기법을 활용하여 효과를 볼 수 있다. 예를 들어, "만일 여러분들이 달에 도착한다면, 제일 먼저 무엇을 보게 될까요?" 와 같은 발문은 앞으로 배우게 될 내용에 대해 관심을 갖게 한다. 또한 그림이나 도표, 사진, 실제 모델 등의 도구를 사용하여 학습자의 시각 · 청각을 자극하는 방법도 효과적이다. 특히 청각적인 것보다 시각적인 자료가 훨씬 효과적이기 때문에 수업시간에 사용될 자료의 샘플이나 도구를 미리 제시하여 관심을 끌고 수업을 전개해 나가는 것도 하나의 방법이 될 수 있다.

나. 2단계 : 목표 제시하기

목표는 학습자에게 기대하는 학습성과로 수업이 끝났을 때 학습자에게서 나타나기를 기대하는 성취 행동을 의미한다. 또한 목표는 여행하는 사람에게 행선지와 같은 역할을 하는 것이므로 수업의 단계에서 학습자에게 목표를 명확히 제시해 주어 학습자가 스스로 행선지를 향해 바르게 가고 있는지, 언제 도착할 것인지를 판단하고 평가할 수 있도록 해 주어야 한다.

이와 같이 학습자에게 목표를 미리 알리는 것은 중요한 내용에 집중하고 사고를 체계화할 수 있도록 도와주게 되어 학습과정을 활성화시키는 효과를 얻게 된다. 학습목표를 제시함에 있어 가장 중요한 것은 목표를 분명하게 전달해야 한다는 것이다. 이를 위해 학생들의 어휘 수준에 맞는 단어를 사용하여 학습목표를 제시해야 하고, 수업을 하고 난 후 학습자들이 어떤 활동을 할 수 있어야 하는지 제시해 주어야 한다.

예를 들어 다음과 같이, 도시와 여러 가지 문제에 관련된 대단원을 시작하면서 여러 활동들을 제시해 놓고 단위수업이 시작될 때 그 시간에 다룰 내용을 체크하는 방법도 사용될 수 있을 것이다.

(✓) 도시의 공기오염 문제와 해결방안을 설명해 보아라.
(✓) 도시의 수질오염 문제와 해결방안을 설명해 보아라.
(　　) 도시의 소음문제와 해결방안을 설명해 보아라.
(　　) 도시의 환경문제에 대해서 글로 쓰고 발표해 보아라.

다. 3단계 : 선행학습 기억시키기

이 단계는 이미 학습한 내용을 재생하고 상기시켜 주는 도입부분의 마지막 단계라 할 수 있다. 어떤 과제의 학습이 이루어지기 위해서는 그 과제와 관련이 있는 선행학습 내용을 잘 기억시켜 주어야 한다. 예를 들어 “도시의 여러 가지 문제와 해결방안을 제시하는 것”이 현재 학습의 목표라면 “도시의 정의, 도시의 특징”과 같은 선행학습 내용은 본 학습목표 달성을 위해 중요한 선행지식이 된다.

선행학습 내용을 기억시켜 주기 위한 방법을 살펴보면, 핵심되는 내용을 간단하고 이해하기 쉬운 형태로 요약, 복습, 재진술하는 방법 등과 발문을 하는 방법이 있다. 발문을 활용하면 관련된 마음 속의 이미지를 이끌어 냄으로써 전체 내용을 서술적으로 요약하지 않고서도 선행학습 내용의 핵심을 기억시킬 수 있다.

라. 4단계 : 자료 제시하기

교사가 학습내용을 학습자에게 제시하기 위해서 생각해야 할 일은 어떤 원칙에 따라 자료를 선택하고 제시하느냐의 문제이다. 여기에는 몇 가지의 방법이 있는데 순차성, 선택성, 다양성 등이 그것이다.

첫째, 학습내용은 가장 기본적인 학습내용부터 시작하여 점차 일반적인 학습내용에 이르기까지 순차적으로 제시되어야 한다. 먼저 단순하고 쉬운 학습내용부터 학습하게 되고, 그 다음 이를 토대로 점차 복잡하고 어려운 학습내용을 학습하도록 제시하는 것이다. 또한 학습내용을 적절한 크기로 분할하여 가르칠 필요가 있다. 한 시간에 가르칠 학습내용을 학습자의 수준과 특성, 수업의 조건과 활동상황 등을 고려하여 적당한 크기로 묶는 것이다. 한 단위의 학습내용이 너무 큰 경우에는 학습자들이 성공적으로 학습하기가 어려우며, 피상적으로 흘러 지루하고 따분한 수업이 이루어질 가능성이 많기 때문이다.

둘째, 학습내용은 선택하여 강조해야 한다. 학습자가 배우는 모든 내용이 중요한 것은 아니기 때문에 각 단원에서 가장 중요한 내용을 강조해 두어야 학습을 효과적으로 할 수 있고 수업의 중심내용을 기억할 수 있게 된다. 예를 들어 "3장 마지막에 있는 표와 그림"이나 "영화를 볼 때 어떤 것을 주의해서 보라고 말해주는 것(혹은 중요한 부분에서 정지시킬 수도 있음)", "판서내용을 밑줄을 치거나 다른 색깔로 칠해서 주요 단어를 강조하는 것", "언어적 표현(이건 정말 중요해요, 이것과 관련지어 보세요, 나중에도 또 사용할 수 있을 거예요)" 등을 사용할 수 있다. 이 단계에서는 수업의 핵심내용을 선택적으로 강조해야 한다는 것에 초점을 맞춰야 한다.

셋째, 학습내용을 제시할 때 다양한 방법으로 제시해야 한다. 수업을 시작할 때 학습자의 관심을 유발하는 것도 중요하지만, 그 관심을 지속시키는 것도 매우 중요하다. 따라서 학습자의 사고를 촉진하고 흥미를 증진시켜 주는 다양한 청각적, 시각적, 촉각적 수업자료와 강의, 문답, 소집단 토론 등의 수업활동 등이 필요하게 된다. 이와 같이 제시하게 되면 학습자는 자신의 학습양식에 맞는 방법으로 학습내용을 이해할 수 있어서 학습효과는 커지게 된다.

마. 5단계 : 학습활동 유발하기

학습내용이 제시된 후에는 학습자가 적극적으로 수업에 참여할 수 있도록 하는 것이 중요하다. 학습자가 학습활동에 참여하도록 하는 방법에 대해 Rosenshine & Stevens(1986)은 다음과 같이 몇 가지를 제시하고 있다.

- 미리 많은 질문을 준비해 놓아야 한다.
- 중요한 점, 부수적인 점, 과정 등에 대해 간단한 질문을 자주 한다(또는 학생들이 질문을 만들어 보도록 지도한다).
- 자발적인 학생 외에 손을 들지 않는 학생들도 시켜 본다.
- 학생에게 자신의 언어로 규칙이나 과정을 설명해 보도록 시켜 본다.
- 종이나 칠판에 답을 적게 하고, 교사는 학생들 사이를 순회한다.
- 학생들에게 답을 적게 하고, 주위의 친구들과 답을 비교해 보도록 한다.
- 강의/토론이 끝나면 칠판에 핵심내용을 적고, 집단별로 서로 중요한 점에 대해 요약해 보도록 한다.

바. 6단계 : 피드백 제공하기

이 단계는 학습자들이 활동을 하면서 제대로 학습하고 있는지에 대해 파악할 수 있도록 하기 위한 것이다. 피드백 단계에서 학습자의 반응에 대해 "맞다", "틀리다"와 같은 단편적인 평가보다는 오히려 학습자 스스로 문제점을 찾아낼 수 있도록 생각과 행동의 방향을 안내해 주고 용기를 주는 것이 중요하다. 예를 들어 "정말 새로운 생각이네요", "오늘 우리가 하려고 하는 것과는 좀 다른 것 같은데, 어떻게 생각해요?", "더 생각해 보세요" 등과 같은 피드백으로 학습자의 잘못된 반응을 단적으로 평가하지 말고 더 바람직한 방향으로 지도해 줄 수 있을 것이다.

이와 같이 피드백을 제공하는 방법에 대해 개별 학생, 소집단, 전체 학급 단위로 구분하여 살펴보면 다음 〈표 6-4〉와 같다.

〈표 6-4〉 피드백 방법

개별 학생	소집단	전체 학급
· 지나가면서 고개를 끄덕인다. · 교재에서 옳은 답을 가리킨다. · 학생에게 힌트를 준다. · 틀린 답 옆에다 표시를 해준다. · 교과서나 참고자료를 사용해서 서로 다른 학생들의 것을 채점한다.	· 소집단 구성원들과 함께 답에 대해 논의한다. · 그룹 간의 답에 대해 서로 평가한다. · 각 집단에 힌트를 준다. · 집단 간 다른 집단의 답을 채점하도록 한다.	· PPT에 답을 적어 보여준다. · 유인물에 답을 적어 나눠준다. · 큰 소리로 답을 읽어 준다. · 칠판에 답을 적는다. · 학생을 선정하여 큰 소리로 자신의 답을 말하게 한다. · 교사가 불러준 답대로 상대방의 시험지를 채점하게 한다.

사. 7단계 : 평가하기

이 단계는 교사가 학습자의 학업성취에 대한 평가를 어떻게 할 것인지 구체적인 계획을 세워 체계적으로 해야 하는 단계이다. 학습활동을 평가하는데는 시험과 퀴즈, 발표, 숙제, 에세이, 학습지, 조사보고서, 수행평가, 개별연습, 실험실습, 포트폴리오 등 여러 가지 방법을 사용할 수 있다.

제3절 수업평가 단계

평가단계는 학습자가 수업 목표를 달성했는지 학습의 성과를 평가하는 단계라 할 수 있다. 이 단계는 수업의 과정에서 매우 중요한 단계이므로 사전에 철저한 준비와 함께 반드시 실행되어야 한다. 평가의 종류에는 형성평가와 총괄평가와 같은 전통적인 평가방식과 새롭게 도입된 포트폴리오와 같은 수행평가 방식이 있다.

1. 전통적인 평가방법

전통적인 평가방법에는 형성평가와 총괄평가가 있다. 형성평가는 수업이 진행되는 과정에 학습자가 학습의 내용을 얼마나 잘 이해하고 있는지를 평가하는 것을 의미하는 것으로, 학습속도 조절이나 학습의 과정 진단, 수업방법 개선 등에 유용하다고 할 수 있다.

총괄평가는 그 동안의 학습 성과를 총괄적으로 평가하여 학생들에게는 최종적인 성적을 부여하고 교사에게는 스스로 수업의 효율성을 최종적으로 확인하는 단계를 말한다. 이 평가는 수업이 끝난 후 성취 결과를 총괄적으로 평가하는 것으로 학습자의 성적을 결정하고 수업목표의 달성 여부를 확인하게 하는 것으로 주로 지필검사가 사용되어 왔다.

이와 같은 학습성과의 평가는 피드백되어 각 단계의 적정성 여부에 대한 정보를 제공하며, 한편으로 다음 단계의 수업 과정 설계에 대한 중요한 자료를 제공한다는 점에서 의의가 있다.

2. 수행평가 방법

미래 정보화 사회에서는 단편적이고 사실적인 지식의 암기, 이해 능력보다는 정보의 탐색과 수집, 분석, 비판, 종합 그리고 자기 주도적인 학습 능력과 창의력을 요구하고 있다. 그동안 우리나라의 교육에서도 고등정신 능력과 바람직한 품성의 함양을 교육의 목표로 제시해 왔으나, 교육방법과 평가는 이러한 능력과 품성의 함양과는 반대의 방향으로 진행되어 왔다. 그러나 세계 여러 나라는 교육 개혁을 주장하며 그에 따른 평가방법으로 수행평가 방식을 제기하였다.

수행평가란 교사가 학습자들의 과제를 수행하는 과정이나 결과를 다양한 방법으로 직접 관찰하고 그 결과를 통해 학습자의 능력을 전문적으로 판단하는 평가방식이다. 이 평가방법은 교육 개혁의 중요한 방법의 하나로 시행되고 있는데, 서술형 검사, 논술형 검사, 실기시험, 실험실습법, 관찰법, 토론법, 구술시험, 면접법, 자기평가 보고서, 동료평가 보고서, 포트폴리오 방법 등 다양하다. 우리나라에서도 1990년부터 이러한 개념이 도입되기 시작하였으며, 열린교육의 확산과 더불어 새로운 교육평가 방법으로 자리잡기 시작하였다.

이 중에서 포트폴리오 방법은 학습자 자신이 쓰거나 만든 작품을 지속적이면서도 체계적으로 모아 둔 개인별 작품집 혹은 서류철을 이용한 평가방법이다. 이 모음집에는 학생의 목표, 반성적 진술, 교사와 학생 간의 의견 교류 등이 포함된다. 그 동안의 평가는 결과만을 중요시하였으나 최종적인 결과도 중요하지만 그러한 결과를 낳게 된 과정도 중요하며, 일회적이고 단절적인 평가보다 지속적이면서도 통합적인 평가를 중시하는 데 그 배경이 있다.

제7장 수업설계의 실제

제1절 ASSURE 모형의 이해
제2절 수업설계 실습

교사가 매일 일어나는 실제 수업에서 어떻게 실행되는지 분명하게 설명해 주기 위하여 수업설계를 작성한다. 본 장에서는 실제 수업에서 어떻게 실행되는지 분명하게 설명해 주는 ASSURE 수업 사례의 틀(ASSURE Case Framework)을 도입하여 교과별로 수업설계 작성법을 예시를 통해 알아본다.

제1절 ASSURE 모형의 이해

제 5장 제 3절의 수업설계 유형에서 언급한 ASSURE 모형은 교사가 수업과정에서 사용하는 매체들을 적합하게 사용하는 방법을 구체적으로 제시하는 수업지도안 모형이다. 매체와 공학을 결합하는 ASSURE 수업설계 모형은 [그림 7-1]과 같으며 다시 살펴보자.

[그림 7-1] ASSURE 수업설계 모형

1. 학습자 분석(Analyze Learner)

수업매체와 공학이 효과적으로 사용하려면 학습자의 특성과 매체의 종류와 방법이 잘 어우러져야 한다. 그러므로 ASSURE 모형의 첫 단계는 학습대상의 분석이다. 일반적인 특성은 연령, 학력, 직업, 지위 그리고 문화적, 사회 경제적 요인 등으로 볼 수 있다. 교사가 생각하고 있는 수업매체와 방법에 대해 학습자가 준비되어 있는지에 관한 여부를 학업성적 이외의 다른 기록들을 살펴봄으로써 알 수 있다. 또한 학습자가 새로운 학습을 시작하기 이전에 학습자가 이미 알고 있는 지식, 기능, 태도를 의미하는 출발점 행동에 대해 분석해 봄으로써 적절한 교수방법과 매체를 선택할 수 있다.

2. 목표진술(State Objectives)

ASSURE 모형의 두 번째 단계는 목표진술이다, 목표는 수업자가 수업에서 행할 계획에 대한 진술이 아니라 학습자가 수업에서 성취해야 할 것에 대한 진술이다(Sharon E. Smaldino 외, 2006). 수업목표를 진술해야 하는 이유는 첫째, 교사 자신이 무엇을 가르쳐야 할지를 명확하게 한다. 즉, 교사는 목표를 통하여 수업활동의 일관성을 유지할 수 있다. 둘째, 학습자가 목표에 도달하였는지를 확인하기 위한 평가의 내용, 절차, 방법에 준거를 결정할 수 있게 된다. 셋째, 교사가 목표에 도달하기에 가장 적합한 교육내용, 수업전략과 매체를 선정하는 데 지침이 된다. 넷째, 구체적이고 명확하게 진술된 목표는 학습자가 무엇을 배워야 하는지를 정확하게 인식하게 하고, 그에 대한 준비를 하게 하므로 결국 선행조직자의 역할을 수행하게 된다.

3. 방법, 매체 및 자료 선정

ASSURE모형의 세 번째 단계는 수업방법 매체 및 자료의 선정이다. 교사는 학습양식이 다른 학생들에게 개인에 맞게 서로 다른 방법을 통해 개인적인 학습을 할 수 있도록 과제를 구성해야 한다. 따라서 학습자의 다양성 및 목표에 따른 상이한 많은 모형 등을 제안하고 선정해야 한다.

4. 수업방법 선택하기

교수자는 학습양식이 다른 학생들에게 각 양식에 맞게 서로 다른 방법으로 개인적인 연습을 할 수 있도록 수업방법을 선택해야 한다. 설명적, 토의식, 창의력 개발을 위한 교수-학습 방법과 현장경험을 통한 교수-학습방법 등 다양한 수업방법을 적용해야 한다.

5. 수업매체 유형 선택하기

수업매체 유형 선택에서는 비투사매체, 투사매체, 오디오, 비디오, 멀티미디어 등 다양한 종류에 따라 서로 다른 장 · 단점을 이용하여 교수학습법에 적용되어 사용할 수 있도록 해야 한다. 매체 유형의 속성을 파악하여 학습장면, 학습자 특성, 학습목표의 요구를 비교하면서 가장 적합하고 효율적인 매체선택과 사용방법이 이루어져야 한다.

6. 매체와 자료의 활용(Utilize Media and Materials)

네 번째 단계로 매체와 자료의 활용을 살펴보면 교사는 선정한 매체 및 자료 등을 사전에 검토하고 준비해야 하며 그것들을 사용하기에 알맞은 시설이 준비가 되어 있는지 여부를 확인해야 하며 학습경험이 학생중심이 되도록 제공해야 한다.

7. 학습자 참여의 유도(Require Learner Participation)

다섯 번째로 학습자 참여의 유도이다. 가장 효과적인 학습방법은 학습자가 참여하는 것이다. 따라서 수업과정에 학습자가 참여하는 내용이 중심이 되도록 해야 하고 바람직한 학습자의 행동에 계속적인 강화를 제공해야 한다.

8. 평가와 수정(Evaluate and Revise)

ASSURE 모형의 마지막 단계는 평가와 수정이다. 학습의 성취 결과는 목표와 관련되며 평가 목표에 따라 학습자가 목표를 성취하는 데 매체들이 도움이 되었는지, 효과적인지, 또는 제시된 시간에 이루어졌는지, 학생들의 흥미를 높이는 데 도움이 되었는지, 의미 있는 학생 참여를 제공해 주었는지 평가해 본다. 이러한 평가를 통해 부족하거나 실패한 부분이 있으면 개정하고 수정하여 수업의 질을 향상시키는 데 사용해야 한다.

다음의 양식은 ASSURE 모형을 적용한 수업설계 양식이다. 제시한 수업설계 양식은 모형의 절차에 따라 구체적으로 설계하는 과정을 통해 효율적인 수업을 진행할 수 있다.

제2절 수업설계의 실습

수업설계 실습하기에서는 ASSURE 모형의 각 단계별로 안내된 내용을 참고하면서 수업설계를 실습할 수 있도록 구성하였다. 다음에서 제시하고 있는 사회, 수학 교과의 수업설계안은 ASSURE 모형을 적용하여 구성한 것으로 각 단계별로 수업설계 예시를 보여줄 것이다. 이를 통해 수업설계에 대한 이해를 높이고 스스로 할 수 있도록 노력하자.

1. ASSURE 모형을 적용한 수업설계

가. 고등학교 사회 교과

1) 학습 주제 및 학습내용 선정

다음의 양식에 콘텐츠설계를 하고자 하는 학습주제와 주요 학습내용을 기록한다. 기록은 가급적 간결하게 한다.

〈표 7-1〉 수업설계를 위한 학습주제 및 학습내용

학습 주제(제목)	주요 학습내용
한국사회와 문화	* 한국 정치생활과 문화 우리 민족은 인간을 존중하고 평화를 사랑하는 홍익인간의 이념을 바탕으로 인본주의적 정치 문화를 지향해 왔다. 신라의 화백제도나 왕도정치를 표방했던 조선시대의 신문고제도 등이 이를 뒷받침해 주는 대표적 예이다. 또한 상부상조했던 정치적 기풍이 있었다. 그러나 서구 민주주의가 도입된 지 50여 년 지난 지금까지 우리는 수많은 시행착오와 희생을 경험하고 있다. 민주정치 구현을 위한 우리의 과제를 정당 활동 및 운영, 의정활동, 그리고 정치 참여 문화의 측면에서 살펴본다. * 한국 경제생활과 문화 우리 민족은 전통적으로 농경 중심의 경제활동을 영위해 왔으며, 조선시대에는 유교 문화와 품앗이, 두레, 계, 향약 등을 통해 상부상조의 전통을 이어 왔다. 현대 산업화 과정에서는 경이적인 경제 성장을 이룩하였으며, 요즘에는 정보 기술 강국으로 발돋움하기 위해 많은 노력을 했다. 오늘날 우리가 일상생활 속에서 보여주고 있는 경제활동을 일상생활속 모습을 통해 파악한다. * 일상생활과 문화 한국사회는 '정'과 권위에 기초한 연고의 문화 속에서 살고 있다고 할 수 있다. 그냥 스쳐 지나가기 쉬운 일상의 단면들을 다소 거리를 두고 바라보면서 거기에 담겨진 의미를 읽어 보는 것은 아마도 우리의 삶을 보다 값지게 해줄 것이다. 우리의 만남 속에 우리의 놀이 속에, 우리의 언어 속에 담겨진 의미를 파악해 본다.

2) 학습자 분석

학습자의 일반적 특성, 출발점 능력 그리고 학습양식에 대한 분석을 중심으로 수행한다. 각 분석의 개념과 특성을 잘 이해하고 제시된 주제 및 양식에 따라서 분석해 본다.

〈표 7-2〉 학습자 분석

분석 영역	분석 내용
일반적 특성	이 수업에 참여하는 학생들은 고등학교 2학년 학생들이다. 선택교육과정에 속한 학생들로 자신이 원하는 교과목을 스스로 정하여 선택한 학생들이다. 이 수업을 듣는 학생들은 문과 지향적으로 앞으로 인문 · 사회 · 상경 계열의 대학의 진학을 원하는 학생들이다. 일부의 학생을 제외하고 춘천에서 나고 자라 지역적 차이는 별로 없지만 다양한 사회경제적 환경에 속해 있다. 일반적으로 학생들은 교사의 강의를 가장 편해하지만 지루해하고 자신들의 적극적 활동에 대해서 귀찮아하면서도 재미있어 하는 모순적인 태도를 가지고 있다.
출발점 능력	고등학교 2학년 학생들은 다음과 같은 것을 할 수 있다. - 과제가 제시되면 여러 매체를 통해 정보를 수집하고 활용할 수 있다. - 수집한 정보를 해석할 수 있다. - 의견을 모아 협력할 수 있다. - 주어진 자료들, 컬러펜, 종이, 자, 색종이, 가위 , 풀을 이용하여 주제에 맞는 디자인을 구상하고 표현할 수 있다. - 사회현상에 대한 자신의 견해를 밝히고 글로 표현할 수 있다.
기타 특성 (학습 양식)	이 학생들은 과제를 부여받는 데에 있어서 문제 중심과 내용 요약 등의 교과서 중심보다는 토론, 연극 등 모둠을 통한 집단학습 활동을 좋아하는 특성이 있다.

3) 목표진술

이 단원의 학습목표는 '한국사회의 문화에 대해서 이해하고 이를 글로 표현할 수 있다'이다. 구체적인 학습목표를 진술하면 다음과 같다.

〈표 7-3〉 목표진술

목표	주요 내용
• 목표 1	- 고등학교 2학년 5-6명으로 구성된 소집단에서 칼럼 신문 만들기를 통해 한국사회와 문화에 대해 알 수 있다. - 모둠 구성원은 모두 소집단 활동에서 수집한 정보를 활용하여 자신의 견해를 글로 표현할 수 있어야 한다.
• 목표 2	모둠 활동에 대한 평가는 협동능력, 주제 창의성, 내용적합성, 디자인 창의성에 근거하여 평가될 것이다.

▶ ABCD 진술기법

① 대상 A(Audience): 누가 학습할 것인지에 관한 대상을 분명히 하고,

② 행동 B(Behavior): 학습자가 성취해야 하는 것을 관찰 가능한 행동으로 진술하며,

③ 조건 C(Condition): 목표에 도달하는 데 사용되는 자원, 시간 및 자원 등의 제약을 제시하고,

④ 정도 D(Degree): 학습자가 목표에 도달했는지의 여부를 나타내는 기준을 제시한다.

4) 수업방법, 매체, 자료의 선정

수업에 활용할 수업방법, 매체, 자료에 대해서 다음과 같이 제시한다.

〈표 7-4〉 수업방법 및 매체, 자료

내용 영역	주요내용
수업방법	개인별 탐구학습을 포함한 모둠별 협동학습
수업매체	개인용 컴퓨터, 빔프로젝터
수업자료	1) 수업내용의 절차를 알려줄 유인물 2) 칼럼이 무엇인지 설명하는 PPT자료 3) 평가 항목이 적힌 유인물

5) 매체와 자료의 활용

수업에 활용할 매체와 자료를 미리 활용해 보는 계획에 대해서 기술한다.

〈표 7-5〉 매체와 자료의 활용

구분 \ 내용	활용계획
수업매체	1) 빔프로젝터를 활용하여 칼럼신문에 대해 설명할 PPT자료를 보여 준다. 2) 5-6명으로 구성된 소집단에서 각자 분야별 주제를 선정하여 개인용 컴퓨터를 이용하여 자료를 찾는다.
수업자료	1) 수업내용의 절차를 알려줄 유인물을 나눠 주어 사회, 정치, 경제, 문화별로 분야를 나누어 각각의 주제를 선정하고 컴퓨터를 이용하여 자료를 찾아서 개별적으로 칼럼 기사를 작성하고 작성된 글을 가지고 칼럼 신문을 만드는 전 과정에 대해 설명한다. 2) 칼럼이 무엇인지 설명하는 PPT자료를 활용하여 칼럼의 정의와 표현방법에 대해 설명한다. 3) 평가 항목이 적힌 유인물을 나눠 주어 모둠원들의 학번과 이름을 적게 하고 어떻게 평가가 이루어지는지에 대한 설명을 한다.

※ 수업에서 사용할 학습자료를 함께 제시한다.

6) 학습자 참여 유도

수업 과정의 각 단계별로 학습자 참여를 어떻게 유도할 것인가에 대한 전략을 기술한다.

〈표 7-6〉 학습자 참여 유도

수업 과정	주요내용
1. 도입단계 • 흥미유발 • 학습목표 제시	* 학습목표 제시 -고등학교 2학년 5-6명으로 구성된 소집단에서 칼럼신문 만들기를 통해 한국사회와 문화에 대해 알 수 있다. * 칼럼신문 만드는 과정이 적힌 유인물을 나누어 준다. * 5-6인으로 구성된 모둠을 구성하고 모둠활동 결과물에 대한 평가가 제일 높은 모둠에게 상을 줄 것을 알린다.

2. 전개단계 • 문제인지 (가설 설정) • 문제해결 (가설 검증)	* 칼럼이란 무엇인지 어떻게 쓰는지 PPT를 이용하여 설명한다. * 모둠 구성원들끼리 분야를 나누고 주제를 선정한 후 개인용 컴퓨터를 이용하여 각자 선정한 주제에 맞는 자료를 찾는다. * 자료를 분석하고 자신의 견해를 글로 표현한다. * 구성원 모두가 칼럼을 다 쓰고 나면 4절지 종이, 컬러펜, 풀, 가위, 색종이를 모둠별로 제공해 준다. * 모둠원이 모여서 신문 구성과 디자인을 어떻게 할 것인지 회를 한다. * 논의된 방식에 따라 기사를 배열하고 신문을 꾸민다.
3. 정리 단계 • 정리 • 평가	* 신문을 다 만들고 난 뒤에 조장이 어떤 이야기들을 칼럼으로 썼으며 강조하고 싶은 점과 신문 디자인이 표현하고자 하는 바에 대해 간단하게 발표한다. * 교사는 계속 모둠활동과 개인 활동을 점검하며 미리 제공되어졌던 평가표에 협동성, 주제 창의성, 내용 적합성, 디자인 창의성을 계속해서 기록하며 개인 활동의 뛰어난 점도 꼼꼼하게 기록한다. * 평가표에 의거하여 우수한 모둠 1개를 선정하여 상을 수여한다.

7) 평가

학습자 성취의 평가 및 매체와 방법의 평가, 그리고 전체적인 수업의 평가를 어떻게 할 것인가에 대한 전략을 기술한다.

〈표 7-7〉 평가

평가	주요 내용
1. 학습자 성취의 평가	* 협동성-모둠 구성원들의 과제 수행의 책임성과 함께 하고자 하는 자세를 평가한다. * 주제 창의성 -다른 모둠에서 다루지 않거나 창의적인 주제를 얼마나 다루고 있는가 평가한다. * 내용 적합성 -모둠 구성원들이 쓴 칼럼이 주제에 부합하는 내용으로 이루어졌는지 평가한다. * 디자인 창의성 -신문 디자인이 남들과 얼마나 다르고 독특하게 구성되어 있는지 평가한다.

<table>
<tr><td>2. 매체와 방법의 평가</td><td>* 활용된 매체와 방법을 성공적으로 평가하기 위해 교사는 학생의 활동 소감을 듣는 시간을 갖는다.
* 교사가 학생의 활동 소감을 듣는 주목적은 교사가 제시한 수업매체와 수업자료를 통해 즐거운 수업이 이루어졌는지를 평가하기 위함이다.</td></tr>
<tr><td>3. 전체적인 수업 평가</td><td>* 학생과 교사는 전체적인 수업 평가를 위해 교사가 개발한 평가양식에 응답하여 교사와 학생의 평가에 대한 지각차이가 있는지 비교한다. 불일치가 나타나는 항목에 대해 교사는 학습활동, 매체선택, 수업방법과 평가자료에 대한 자신의 선택을 수정할 필요성을 발견한다.
* 모둠별 활동의 결과물에 기초하여 개인별로 반성보고서를 쓰도록 권유하며, 개인 보고서가 수업 시간 내에 마무리되면 발표를 하는 것도 좋다.</td></tr>
</table>

※ 수업에서 사용한 학습자료도 함께 평가한다.

나. 고등학교 수학 교과

1) 학습 주제 및 학습내용 선정

다음의 양식에 콘텐츠설계를 하고자 하는 학습주제와 주요 학습내용을 기록한다. 기록은 가급적 간결하게 한다.

〈표 7-8〉 수업설계를 위한 학습주제 및 학습내용

학습 주제(제목)	주요 학습내용
삼각함수	* 삼각함수 삼각형에서 세 변의 길이와 세 각의 크기를 삼각형의 6요소라고 한다. 삼각법은 그리스어의 삼각형(trigon)과 측량 · 측지(metria)라는 두 단어를 합성한 것으로, 삼각형의 6요소 사이의 관계나 주어진 조건에 맞는 삼각형을 결정하는 것을 연구하는 것이다. 삼각함수는 자연과학, 공학, 측량 등의 여러 분야에 실용적인 이유로

<table>
<tr>
<td>삼각함수</td>
<td>
시작되었다.
인도의 천문학자인 아리아바타는 현의 길이의 반을 jya로 정하였는데 이것이 현대의 사인함수와 같은 것이며 jya가 아라비아를 거쳐 라틴어로 번역되는 과정에서 sine이 되었다.
이번 시간에 학습할 내용은 삼각함수의 뜻을 아는 것과 삼각함수의 값의 부호를 구할 수 있게 하는 것이다.

* 삼각함수의 값의 부호
<table>
<tr><td></td><td>1사분면</td><td>2사분면</td><td>3사분면</td><td>4사분면</td></tr>
<tr><td>$\sin\theta$</td><td>+</td><td>+</td><td>-</td><td>-</td></tr>
<tr><td>$\cos\theta$</td><td>+</td><td>-</td><td>-</td><td>+</td></tr>
<tr><td>$\tan\theta$</td><td>+</td><td>-</td><td>+</td><td>-</td></tr>
</table>

각 θ를 나타내는 동경과 단위원과의 교점을 $P(a,\ b)$라고 하면 $\sin\theta$, $\cos\theta$, $\tan\theta$의 부호는 a, b에 따라 결정이 된다.
</td>
</tr>
</table>

2) 학습자 분석

학습자의 일반적 특성, 출발점 능력 그리고 학습양식에 대한 분석을 중심으로 수행한다. 각 분석의 개념과 특성을 잘 이해하고 제시된 주제 및 양식에 따라서 분석해 본다.

〈표 7-9〉 학습자 분석

분석 영역	분석 내용
일반적 특성	이 수업에 참여하는 학생들은 고등학교 1학년 학생들이다. 수준별 선택교육과정에 속한 학생들로 자신이 원하는 선생님과 수학수업의 수준을 정하여 선택한 학생들이다. 일부의 학생을 제외하고 OO에서 나고 자라 학생간 지역적 차이는 별로 없지만 다양한 사회 · 경제적 환경에 속해 있다. 수학을 좋아하는 학생들은 매우 적은 상황이지만 그래도 수학 성적을 높이고자 하는 학생들이 많아 수업에 집중을 잘하는 학생들이다.

출발점 능력	이반의 학생들은 수학 성적이 중 · 상위권 학생들이다. 대부분의 학생들이 어느 정도의 선행학습이 되어 있어, 수업에 대한 전반적인 학습을 미리 해놓은 학생들이 많아 수업 때 내용을 어렵게 받아들이는 학생은 많지 않다.
기타 특성 (학습 양식)	

3) 목표진술

이 단원의 학습목표는 '삼각함수의 뜻과 삼각함수 값의 부호를 구할 수 있다.' 이다. 구체적인 학습목표를 진술하면 다음과 같다.

〈표 7-10〉 목표진술

목표	주요 내용
• 목표 1	삼각함수의 뜻을 알 수 있다. - $\sin\theta$, $\cos\theta$, $\tan\theta$의 뜻을 알고 그 값을 어떻게 구하는 방법을 터득한다.
• 목표 2	삼각함수의 값의 부호를 구할 수 있게 한다. - 각 사분면에 따른 각도에 따라 $\sin\theta$, $\cos\theta$, $\tan\theta$의 부호가 어떻게 결정되어지는지 구할 수 있다.

▶ ABCD 진술기법

① 대상 A(Audience): 누가 학습할 것인지에 관한 대상을 분명히 하고,

② 행동 B(Behavior): 학습자가 성취해야 하는 것을 관찰 가능한 행동으로 진술하며,

③ 조건 C(Condition): 목표에 도달하는 데 사용되는 자원, 시간 및 자원 등의 제약을 제시하고,

④ 정도 D(Degree): 학습자가 목표에 도달했는지의 여부를 나타내는 기준을 제시한다.

4) 수업방법, 매체, 자료의 선정

수업에 활용할 수업방법, 매체, 자료에 대해서 다음과 같이 제시한다.

〈표 7-11〉 수업방법 및 매체, 자료

내용 영역	주요내용
수업방법	수준별로 학생들을 분류하여 학생들끼리 서로서로 학습해 나가는 직소모형을 사용하여 수업한다.
수업매체	개인용 컴퓨터, 빔프로젝터
수업자료	1) 수업내용의 절차를 알려줄 유인물 2) 삼각함수가 무엇인지 설명하는 PPT자료 3) 수업진행 후 학생들의 성취도를 평가하기 위한 시험지

5) 매체와 자료의 활용

수업에 활용할 매체와 자료를 미리 활용해 보는 계획에 대해서 기술한다.

〈표 7-12〉 매체와 자료의 활용

내용 구분	활용계획
수업매체	1) 빔프로젝터를 활용하여 사인에 대해 설명할 PPT 자료를 보여준다. 2) 그룹별로 학생들의 수준을 분별하여 나누어서 수업을 하여 개념을 설명하고 문제를 제시하면 그 그룹에서 학습을 잘하는 학생이 문제를 잘 풀지 못하는 학생을 도와 문제를 잘 풀 수 있도록 하는 협동학습을 하도록 한다.
수업자료	1) 수업내용의 절차를 알려줄 유인물을 나눠주어 사인함수, 코사인함수, 탄젠트 함수 크게 세 가지로 나눈 다음에 학생들에게

	각각의 함수에 대한 설명을 할 수 있는 자료를 찾고 그 개념을 학습한 학생들이 문제를 잘 해결하지 못하는 학생들에게 해결해 주도록 한다. 2) 사인함수를 설명하는 PPT자료를 활용하여 칼럼의 정의와 표현방법에 대해 설명한다. 3) 평가 항목이 적힌 유인물을 나눠 주어 모둠원들의 학번과 이름을 적게 하고 어떻게 평가가 이루어지는지에 대한 설명을 한다.

※ 수업에서 사용할 학습자료를 함께 제시한다.

6) 학습자 참여 유도

수업 과정의 각 단계별로 학습자 참여를 어떻게 유도할 것인가에 대한 전략을 기술한다.

〈표 7-13〉 학습자 참여 유도

수업 과정	주요내용
1. 도입단계 • 흥미유발 • 학습목표 제시	* 학습 목표 제시 삼각함수의 뜻과 삼각함수의 값의 부호를 구할 수 있다. * 우리 학교의 후문까지의 거리와 학교에서 후문까지 이르는 거리를 알고 있을 때 학교에서 후문까지의 직선거리는 어떻게 되는가에 대한 문제를 제시한다. * 5-6인으로 구성된 모둠을 구성하고 모둠활동 결과물에 대한 평가가 제일 높은 모둠에게 상을 줄 것을 알린다.
2. 전개단계 • 문제인지 (가설 설정) • 문제해결 (가설 검증)	* 사인함수란 무엇인지 어떻게 쓰는지 PPT를 이용하여 설명한다. * 모둠 구성원들끼리 분야를 나누고 주제를 선정한 후 개인용 컴퓨터를 이용하여 각자 선정한 주제에 맞는 자료를 찾는다. * 각자 맡은 $\sin\theta$, $\cos\theta$, $\tan\theta$에 대한 자료를 찾은 다음 4절지 종이, 컬러펜, 풀, 가위, 색종이를 모둠별로 제공해 준다. * 자신이 맡은 함수의 값을 4절지 용지에 다가 종이와 컬러펜을 이용하여 사인함수 그래프를 그리고 그것을 발표자가 나와 그래프를 보여주며 자신이 맡은 함수의 성질을 설명한다.

3. 정리 단계 • 정리 • 평가	* 각 모둠의 발표가 끝나면 사인함수 코사인함수 탄젠트함수와 관련된 문제를 제시하여 풀게 하고 못 푸는 문제가 있을 때는 그 문제와 관련된 모둠을 찾아가서 그 모둠 구성원에게 이 문제는 어떻게 푸는지에 대한 질문을 하고 해답을 얻는다. 각 모둠에서 해결하지 못하는 문제가 발생할 때에는 선생님에게 질문을 하여 해결을 하도록 한다. * 최종적으로 학생들에게 삼각함수의 중요내용을 이용하여 푸는 문제를 제시하여 학생들이 제대로 문제해결을 할 수 있는 능력을 갖게 되었는지를 확인한다.

7) 평가

학습자 성취의 평가 및 매체와 방법의 평가, 그리고 전체적인 수업의 평가를 어떻게 할 것인가에 대한 전략을 기술한다.

〈표 7-14〉 평가

평가	주요 내용
1. 학습자 성취의 평가	* 협동성-모둠 구성원들의 과제 수행의 책임성과 함께 하고자 하는 자세를 평가한다. * 주제 창의성 -다른 모둠에서 다루지 않거나 창의적인 주제를 얼마나 다루고 있는가를 평가한다.
2. 매체와 방법의 평가	* 학생들의 시험지를 걷은 후 학생들이 많이 틀린 문제를 분석하고 그 단원에 대한 수업지도를 다시 할 수 있도록 한다.
3. 전체적인 수업 평가	* 학생들과 수업 후 수업에서 어떤 부분이 추가되어야 하고 잘못된 부분이 있었는지에 대한 이야기를 하여 다음번에는 그런 오류가 발생하지 않도록 한다.

※ 수업에서 사용한 학습 자료도 함께 평가한다.

2. ASSURE 모형을 적용한 수업설계 양식

가. 학습주제 및 학습내용 선정 실습하기

다음의 양식에 콘텐츠설계를 하고자 하는 학습주제와 주요 학습내용을 기록한다. 기록은 가급적 간결하게 한다.

학습 주제(제목)	주요 학습내용
	* * * * * *

나. 학습자 분석단계 실습하기

학습자의 일반적 특성, 출발점 능력 그리고 학습양식에 대해서 다음의 양식에 따라 분석해 본다.

분석 영역	분석 내용
일반적 특성	
출발점 능력	
기타 특성 (학습 양식)	

※ 학습자 분석은 일반적인 특성에서 기타 특성에 이르기까지 특별한 형식에 구애됨이 없이 서술한다.

다. 목표진술 실습하기

수행 가능한 행동적 용어로 학습목표를 진술해 본다. 학습목표 진술은 앞서 선정 · 조직된 주요 교육내용을 중심으로 작성한다.

목표	주요 내용
• 목표 1	
• 목표 2	

▶ ABCD 진술기법

① 대상 A(Audience): 누가 학습할 것인지에 관한 대상을 분명히 하고,

② 행동 B(Behavior): 학습자가 성취해야 하는 것을 관찰 가능한 행동으로 진술하며,

③ 조건 C(Condition): 목표에 도달하는 데 사용되는 자원, 시간 및 자원 등의 제약을 제시하고,

④ 정도 D(Degree): 학습자가 목표에 도달했는지의 여부를 나타내는 기준을 제시한다.

라. 수업 방법, 매체, 자료의 선정 실습하기

수업에 활용할 교수-학습 방법, 매체, 자료에 대해서 다음의 양식지에 기술한다.

내용 / 영역	주요내용
교수-학습 방법	

교수-학습 매체	
교수-학습 자료	

마. 매체와 자료의 활용 실습하기

수업에 활용할 매체와 자료를 미리 활용해 보는 계획에 대해서 기술한다.

구분 \ 내용	활용계획
수업매체	
수업자료	

※ 수업에서 사용할 학습자료를 함께 제시한다.

바. 학습자 참여 유도 실습하기

수업 과정의 각 단계별로 학습자 참여를 어떻게 유도할 것인가에 대한 전략을 기술한다.

수업의 과정	주요내용
1. 도입단계 • 흥미유발 • 학습목표 제시	
2. 전개단계 • 문제인지 (가설 설정) • 문제해결 (가설 검증)	
3. 정리 단계 • 정리 • 평가	

7) 평가 실습하기

학습자 평가 및 전체적인 수업 평가를 어떻게 할 것인가에 대한 전략을 기술한다.

평가	주요 내용
1. 학습자 성취의 평가	
2. 매체와 방법의 평가	
3. 전체적인 수업 평가	

※ 수업에서 사용한 학습 자료도 함께 평가한다.

제4부

교육방법 및 교육공학의 미래

제8장 교육의 미래
제9장 교육공학의 미래

이미 앞의 내용에서 확인하였듯이 교육의 변화는 눈부시다. 과거에는 예기치 못했던 교육 각 부분의 발전은 교육의 전 부분에 걸쳐서 새로운 양상을 나타내 보인다. 단순하게 공교육의 대표 기관인 학교에서만 이루어지던 교육의 모습은 사회 모든 부분에 걸쳐서 일어나고 있고, 이에 따라 교육과 관련된 일들은 사회에서 벌어지는 모든 현상과 깊숙한 관련을 맺고 있다. 이제는 교육하는 장소나 기관이 또는 가르치는 사람이 따로 작용하는 것이 아니라 소위 학습사회를 통한 모든 영역으로 확대되고 있다. 그리고 이러한 현상은 시간이 지나갈수록 그 정도가 더욱 심화될 전망이다. 어느 특정한 장소나 사람 또는 내용을 망라하여 교육의 현상이 통합되어 발전해 나갈 것이라는 전망이 대체적인 판단이다. 더구나 교육방법이나 공학의 면에서는 날로 발전하는 전자기술의 발달로 그 정도가 훨씬 더 심해질 것이고 우리가 상상할 수 있는 이상의 모습을 보일 것이다. 아마도 교육현상에 영향을 미치는 것도 인간들의 면모에서 로봇이나 다른 형태의 기기들의 영향을 받을 것이다. 문제는 이러한 상황 속에서 가장 인간적이고 부작용을 덜 가져올 수 있는 방안을 찾아야 한다는 점에 착안하여야 한다. impersonalization의 문제는 더 이상 미루어만 둘 수 없는 중요한 내용으로 우리 모두에게 다가올 것이다.

본 4부에서는 우선 현재 우리 교육이 당면하고 있는 문제를 중심으로 전체 한국교육의 문제점을 명확히 하고 그 후에 당장 우리 앞에 다가올 교육의 변화 내용과 그에 따른 대안을 생각해 보고 교육방법 및 교육공학의 변화 내용을 미리 점검해 보기로 한다. 아울러 이러한 변화 속에서 우리 교육이 대비하여야 할 내용도 구체적으로 생각해 보는 기회를 가지고자 한다. 아마도 이러한 대안에는 여러 가지가 있을 수 있다. 단순하게 교육의 변화 내용이 어떨 것인가를 예측하는 일도 중요하지만 그에 따라 어떠한 대응책을 준비할 것인가에 대한 진지한 대안 모색도 정말 중요한 문제가 될 수 있다.

제8장 교육의 미래

제1절 학교교육에 대한 기대와 믿음
제2절 미래교육의 세계화와 정보화
제3절 교육개방에 대한 준비
제4절 지방화와 교육개혁
제5절 평생학습사회 실현

지난 70여 년간 한국교육도 많은 고난과 역경 속에서 경제 · 사회 발전의 원동력으로 꾸준히 성장 · 발달해 왔다. 교육 자체로는 이른바 교육체제의 정착, 교육이념의 정립, 교육기회의 확대, 교육내용의 정선, 새로운 교육방법의 도입 등 교육의 질과 양적 면에서도 괄목한 성장을 이루어 온 것이다. 이러한 성장과정에서 무비판적인 서구 제도의 도입, 과도한 교육열, 일관성 없는 교육정책으로 인한 진통과 시련을 겪기도 하였으며, 계속적인 개혁 · 변화의 노력이 주어져 왔다(김병성, 2000).

이러한 변화 속에서 우리 교육에 결정적인 영향을 미쳐온 중요한 변수가 있었다. 그것은 바로 교육의 정치적 중립을 가장 중요한 요소라고 여겨온 일반적인 생각과 달리 실제 정치적 입김이 가장 강하게 교육의 전반에 영향을 미쳐 왔다는 것이다. 우리 교육은 정치와 관련하여, 특히 정권이 바뀔 때마다 항상 변할 수밖에 없었던 것이 현실이었다. 교육이 전면적 손질을 받아야 하는 교육개혁은 우리의 경우 대체로 정권교체기에 활발하게 추진되었다. 이와 같이 우리의 교육은, 교육의 논리보다는 정치의 논리에 따라 손질이 가해지는 것이 일반적이었다. 즉 우리 교육은, 교육논리로는 바꿀 이유가 없음에도 정치논리로 인해 변화되어야 했다. 이런 현실 속에서 1994년 이르러서야 처음으로 한국이라는 불모지 위에 교육정치학이라는 씨앗이 뿌려졌다(안기성 외, 1998).

그 때까지만 해도 아직 교육과 정치는 무관한 것이어야 한다는 재래의 낡은 관념에 사로잡혀 있었다. 교육정치학에서는 교육정치학적인 관찰을 통하여 교육개혁의 기제를 규명함으로써 교육과 정치의 관계를 확인하고, 정치논리가 일반적으로 지배하여 교육을 바꾸어 가는 정치독주의 교육개혁이나 허구적이고 추상적인 어설픈 교육논리가 일반적으로 지배하는 교육개혁은 위험하다는 것을 밝혀야 한다. 나아가 양자의 균형잡힌 교육개혁에 대한 이론적이며 실제적인 방안을 제시하고 있다. 지금 열린교육이니 수요자 중심교육이니 하는 상업주의적인 교육관이 우리 교육을 지배하고 있는 실정이며 분과주의자들에 의해서는 '지방화'란 이름으로 소모적인 교육이 이루어지고 있다. 조기유학 및 영어열풍으로 인한 사회계층의 이질화 현상은 우리 사회의 분열을 조장하고 있다. 이러한 일련의 일들은 어떤 경우는 국익에 이롭지 않은 일인데도 불구하고 현재 교육개혁이라는 이름으로 추진되고 있다. 이는 혹 이를 추진하는 세력들의 일관된 사고에서 비롯된 것인지

모르지만 우리 사회를 담보로 모험을 하고 있음에는 틀림이 없다. 이러한 사실은 우리에게 위기감을 불러일으키게 한다. 교육을 마구잡이로 바꾸어 가게 된다면 이는 더욱 우리의 미래를 예측할 수 없게 만들어 갈 것이기 때문이다. 따라서 한국교육의 균형발전은 학교교육의 격차를 줄이고 교육효과에서 지역 간 · 계층 간 · 성별 등에서 균등화를 이룰 수 있는 방안이 수립되어야 한다. 이와 같은 취지에 따라 교육의 균형발전을 위하여 학교사회 체제에 관련된 학교 내 · 외적인 관련 요인을 실천적 측면에서의 격차요소를 제거하는 한편, 학교교육에 적용하는 사회 구조적 측면의 불평등 요소를 줄이는 이원적 접근이 필요하다.

제1절 학교교육에 대한 기대와 믿음

일반적으로 교육논리와 경제논리는 항상 충돌되는 개념으로 이해된다. 우리 교육에 대한 여러 문제점을 진단하고 그 대책을 논의할 때 서로 각자의 논리에 기대어 주장하다 보면, 결국 교육논리도 경제논리라고 서로 폄하하게 되어 교육의 정체성을 잃게 된다. 경제논리의 핵심은 개방화 · 국제화 시대에 경쟁을 전제하지 아니하고는 어떠한 발전도 기대할 수 없다는 것이다. 오늘날 모든 국가는 이미 적자생존의 시대에 진입했으며, 부인하고 싶어도 승자 독식시대라고 규정한다. 또한, 국가 간 경쟁이라는 게임은 나눠 먹는 게임이 아니며 이긴 자가 독식하는게 일반적인 것이다. 불행히도 현실사회는 이들이 주장하는 논리대로 움직이고 있으며 자유무역협정(FTA)은 지금의 글로벌 자유무역시장에서 자국의 상품을 다른 나라에 팔려면 기본적으로 체결해야 하는 국가 상거래 조건으로 바뀌고 있다. 국경 없는 무장벽 · 무관세 시장의 확대는 우리처럼 자원이 부족하고 인구가 많은 국가에는 피해갈 수 없는 흐름인 것이다.

이러한 시각에서 보면 우리의 교육정책, 특히 초 · 중등 교육정책은 '하향 평준화 · 평등주의'라는 이야기가 나올 만하다고 본다. 하지만 다른 쪽 논리로도 접근해 볼 필요가 있다. 물론, 경쟁이라는 글로벌 현실을 망각케 해서는 안 되겠지만,

승자독식의 현실에서도 국민의 어두운 곳을 비춰 주고 뒤처진 학생들을 북돋우고 잘하는 학생과 조화를 이룰 수 있게 도와주는 일종의 패자부활전의 논리도 우리 교육에 필요하다. 적어도 국민보편교육이라고 할 수 있는 '초 · 중등교육'분야에서는 더욱더 필요하다. 사실 앞서 언급한 대로 교육문제는 마땅한 방안을 찾기도, 국민적 합의 도출도 쉽지 않다. 이런 와중에 각각의 상반된 논리로 모든 문제의 진단과 대책을 달리하는 상황에서 한쪽에선 다른 쪽을 백안시(白眼視)하고, 또 다른 쪽에서는 반대쪽을 등한시(等閑視)하는 등 서로 이견표출과 갈등만을 되풀이하였다. 이러한 상황에서는 개혁 과제의 추진보다는 개혁 방향의 설정과 국민적 합의가 우선되어야 한다. 승자독식, 적자생존의 원칙에서 패자부활이나 개평의 정신이 서로 어우러질 수 있도록 교육 분야에 대한 게임의 룰을 서로 맞추어야 할 것이다.

1. 초 · 중등교육에 대한 기대와 믿음

정부는 국민들에게 많은 경제적 부담과 고통을 주어 왔던 사교육비를 경감하고자 온갖 노력을 해 왔다. 지난 1975년 단행된 평준화정책이 그 시작이었고, 2004년 2월 사교육비 경감 대책을 마련하였으며, 그 해 4월부터는 인터넷을 이용한 EBS 수강강의도 실시하고 있다. 또한 창의적 인재 육성을 위해 수준별 교육과정 운영과 선택 교과가 늘어난 제 7차 교육과정을 시행하고 있으며, 각 부분의 창조적 영재의 조기발굴과 육성을 위한 교육적 지원도 본격화하고 있다. 이제는 대중교육이냐 아니면 엘리트교육이냐는 양자 택일식의 이념적 다툼은 큰 의미가 없다고 본다. 튼튼하고 견실한 대중적 공교육의 기반 위에 다양하고 경쟁력 있는 엘리트교육이 균형과 조화를 이루어야 한다. 자립형 사립 고등학교나 특목고 등 평준화 보완의 문제도 이러한 관점에서 접근할 필요가 있다. 고교 평준화를 둘러싼 우리 사회의 논쟁은 미리 언급하였듯이 매우 치열하다. 정부의 입장은 고교 평준화의 근간을 유지하면서 이를 보완하자는 입장이다. 그러나 다른 한편에서는 평준화정책의 근본적인 폐지를 요구하는 목소리가 만만치 않으며, 특히 경제계에서 그러한 목소리가 높다. 고교 평준화 폐지론자들에 따르면, 치열한 세계 경쟁에서 살아남기 위해서는 우수한 인재를 조기 발굴해서 키워야 하며, 이는 선택권 확대와 경쟁을 통해서만 가능하다는 입장을 견지하고 있다. 다시 말하지만 이들의 주장은 현재의 고교 평준화 체제는 학력의 하향 평준화, 공교육 황폐화의 주된 원인이라는 것이다.

그러나 우리나라처럼 대입 경쟁이 치열한 나라에서 대중교육인 고등학교 진학에서부터 경쟁원리를 도입하게 되면 자칫 입시 준비 때문에 중학교의 정상적 교육과정이 무너지고, 한참 자라날 시기의 청소년들의 심신 건강도 크게 훼손될 것이 불을 보듯 뻔하다는 주장도 일견 살펴볼 필요가 있다. 또한 우리 사회 내부의 치열한 저항 때문에라도 평준화 폐지는 현실적으로 그리 쉽게 이루어질 일도 아니다. 평준화를 폐지하기 보다는 내적 다양화, 특성화를 통하여 체제의 역동성과 경쟁력을 높이고 아울러 여기에 교육의 수월성을 추구할 수 있도록 관련 제도를 보완해 나가는 것이 절대 필요하다. 결국 평준화를 찬성하든 반대하든 어느 한가지의 일방적인 제도 운영을 통하여 교육문제를 모두 해결할 수 없다는 상식적인 결론을 주의해서 살펴볼 필요가 있다.

내적 다양화, 특성화를 위하여서는 무엇보다 수준별 이동 수업의 확대와 학교군별 선지원 후추첨 배정의 확대, 특성화 학교 및 자율학교의 확대, 영재학급 및 영재교육원의 설치 등을 추진하고, 아울러 본래의 설립 취지에 맞는 특목고와 자립형 사립학교의 육성방안을 추진하여야 한다. 물론 학교현장에서 다양한 교육이 이루어질 수 있도록 단위학교에 보다 많은 권한과 자율이 보장되도록 해야 한다. 그리고 학생들이 사회에 진출하여 직업을 통해 행복을 추구하며 생산적인 성인이 되는데 필요한 학교 내외의 진로교육은 활성화해야 하며, 시민사회에서 필요한 덕성과 사회적 능력을 기르고 세계화가 요구하는 문화적 다양성을 적극 수용하는 한국인 육성을 위한 고부가 가치가 예상되는 전력 분야의 국제 이해 교육도 발전시켜 나가야 한다.

2. 대학 구조 개혁과 교육 경쟁력 강화

우리의 대학 교육은 대중화 단계를 지나 보편화 단계에 진입하였으나 사회 발전과 지속적 성장을 선도할 과학기술 등 핵심전략 분야 인재 양성을 위한 투자와 노력은 부족한 실정이다. 특히, 전략 산업의 급속한 성장에 따라 이 분야의 인력 수요는 전세계적으로 매년 폭발적으로 증가하는 추세다. 그러나 우리 대학이 국가 발전을 위한 중심적 역할을 수행할 수 있으려면 현재의 대학 기능과 역할 수행 방식에 근본적인 변화가 있어야 한다. 즉 대학들이 연구 역량을 선진국 수준으로 제고하고 경직된 규제로부터 자율성을 획득하고 이를 바탕으로 산학연 협력에 적극 나서도록 하여야 할 것이다. 아직까지도 대학의 자율화라는 측면에서의 여건은 제대로 주어지지 않고 있다는 것이 대체적인 분석이다. 매년 신입생 수의 결정은 대학 자체의 판단으로 이루어지지 않는다. 근래에 벌어지는 대학 반값 등록금 문제만 하더라도 대학 자율로 결정될 수 없는 문제가 되어 가고 있다. 대학 퇴출이나 평가에 따른 폐쇄와 같은 구조조정의 문제만 하더라도 일방적인 정부의 판단이 작용하고 있는 것이 현실이다.

그 동안 대학교육 · 연구의 수준은 많이 향상되었으나, 세계 수준의 경쟁력 확보에는 미흡한 것이 현실이다. 기초 학문 분야는 지속적으로 보호하고 국제 경쟁력 있는 분야의 대학원과 연구소를 집중 육성하는 등 세계적 수준의 대학교육 · 연구 역량 확충이 우리가 해결할 중요한 과제인 것이다. 아울러, 지방대학을 '지역발전의 중심축'으로 육성하여 산학연 협력 체제를 강화해 나가고 지역 혁신 네트워크를 구축하는 것도 시급한 문제다. '학교기업제도'를 도입한 것은 그 좋은 예라 할 수 있다.

세계 각 국도 국가 경쟁력 강화를 목적으로 대학교육 · 연구의 수월성을 높이기 위한 다양한 정책을 추진하고 있다. 이러한 고등교육 보편화 시대에 과잉 교육의 문제가 제기된 상황에서 대학 경쟁력 제고 및 교육 · 연구 수준의 향상을 위해서는 증원 · 증과 위주의 양적 확대에서 벗어나 교원 1인당 적정 학생 수, 대학 특성화, 교육연구 지원체제 구축 및 개편 등 고등교육의 질적 수준 제고 추진이 필요하다고 할 수 있다.

현재, 정부는 지난 몇 년간 추진해 온 BK21사업(Brain-Korea) 정책에 대한 경험을 바탕으로 독창적 지식기술 창출의 기지로서 대학원 중심으로 대학의 역량을 전환하기 위해 2006년부터 Post-BK21 사업을 추진 중이다. 그리고 분야별로 특성화된 지방대학을 육성하고 지역 발전을 촉진할 지역 인적자원 개발을 지원하기 위해

2004년도에만 약 2, 000여 억 원을 투자하여 지방대학을 중심으로 대학, 지자체, 산업체, 연구소, NGO 등이 참여하는 '지방대학 혁신 역량 강화 사업'을 추진하고 있다. 그러나 이것만으로는 부족하다. 학력 인구 감소, 비정규 교육기관의 증가, 교육시장 개방 등 고등교육 시장의 경쟁적 환경이 보다 가속화될 것이므로, 대학의 과감한 내부혁신을 통한 특성화 위주의 대학 경쟁력 제고를 적극 유도할 필요가 있다. 앞으로는 무분별한 종합 대학 설립허가도 지양되어야 한다. 그리고 대학의 특성화를 보다 과감히 요구해야 한다. 엄정한 평가와 선택과 집중에 기반한 재정 지원으로 교육 여건 개선 등 대학의 자구 노력을 보다 강도 높게 요구할 필요가 있다.

제2절 미래교육의 세계화와 정보화

21세기는 과연 어떠한 모습으로 우리에게 다가올 것이고 다가와야 하는가? 미래는 언제나 낙관만 혹은 비판만 할 수 없는 여러 상반된 가능성을 안고 있다. 지난 한 세기를 돌이켜 보면 그러한 가능성을 쉽게 짐작할 수 있다.

20세기는 인류 역사상 유례없는 과학기술의 발달과 경제적 번영을 이룬 세기며, 많은 질병을 극복하여 인간의 평균 수명을 크게 연장시켰으며 식량증산과 각종 공업제품의 대량 생산에 의하여 인류의 생활수준이 전반적으로 크게 향상된 세기였다. 반면에 20세기는 역사상 가장 참혹한 대량파괴와 전쟁으로 점철되었던 한 세기였다. 미래사회인 21세기에도 20세기에 나타난 것과 같은 여러 상반되는 가능성을 동시에 가지고 있다.

현재 전 세계적으로 일어나고 있는 정보기술과 유전공학의 발전, 냉전종식과 군비축소, 그리고 선 · 후진국의 지속적 경제성장 등의 긍정적 변화추세는 우리에게 밝은 미래를 약속하고 있다. 그러나 점차 심화되고 있는 환경오염과 자원고갈, 후진국에서의 폭발적인 인구 증가, 지구상 곳곳에서 그치지 않고 있는 지역분쟁,

마약과 난치병의 확산 등은 우리의 미래 전망을 어둡게 하고 있다.

21세기 한국사회와 전세계의 정치, 경제, 문화, 사회에 광범한 영향을 미칠 것으로 예상되는 변화추세는 세계화 또는 지구화(Globalization)이다. 이미 한국사회로 항공, 우편, 통신, 교역, 관광, 기술이전, 일기예보, 전염병 예방, 탄소세의 신설 등 광범위한 영역에서 세계화, 개방화가 이루어지고 있다. 경제 분야의 세계화를 통하여 국가 단위의 경제체제가 하나의 광범한 세계 경제체제로 통합되고 있다.

한국을 포함한 세계 각 국의 많은 기업들이 이윤이 생기는 곳이면 지구상의 어느 곳이든 찾아가 투자와 생산과 판매활동을 벌이고 있다. 앞으로 금융, 컴퓨터 프로그래밍, 디자인, 통신, 교육과 같은 서비스 분야에서도 국경을 넘어선 거래가 더 자유롭게 이루어질 전망이다. 경제적 세계화는 한 국가가 국가경쟁력을 확보하고 있는 한 생산자에게는 더 큰 시장을, 소비자에게는 더 큰 선택을 제공하기 때문에 전반적으로 경제 발전에 기여할 수 있을 것이다.

최근 중국과 동남아시아의 여러 국가들이 선진국으로부터 노동집약 산업을 이전하여 괄목할 만한 경제성장을 이루고 있는 것은 후진국들도 세계화의 혜택을 볼 수 있음을 말해 준다. 2011년 들어 벌어지고 있는 남유럽 몇 나라, 그리스, 이태리, 스페인 등의 경제위기는 모든 유로권 국가들의 경제에 결정적인 영향을 미치고 있으며, 이로 인한 세계 경제의 침체 현상은 우리 경제에도 직접적인 영향을 끼치고 있다. 매일의 증권시향도 이러한 세계적 경제 흐름과 무관하지 않은 형편이다. 결국 이제 세계 경제는 하나의 단일권으로 묶여 있다고 해도 틀린 말이 아닐 정도가 되었다. 물론 연관된 경제 현상은 부정적으로만 작용하지는 않는다. 사뮤엘슨(Samuelson)같은 경제학자는 경제의 세계화로 인하여 서기 2020년까지 전 세계의 총 생산이 2배로 증가하고 세계의 평균 생활수준이 현재보다 70% 정도 더 향상할 것이라고 내다보고 있다.

교통 · 통신기술의 발달로 세계 각국간의 문화교류가 더욱 활발해짐에 따라 문화적 국경도 점차 흐려지고 있다. 특히 인공위성이나 인터넷과 같은 정보통신매체의 보급으로 세계 어느 나라, 어느 지역도 외래문화의 유입을 막아 그들의 문화적 정체성을 지키기는 매우 어렵게 되었다. 한국이 일본의 대중문화의 유입을 막기 위하여 공항이나 항만에서 여행객의 소지품을 검열하고 있지만 일본의 대중문화는 이미 위성방송을 통하여 많은 한국 가정의 안방으로 바로 진화되고 있다. 요즈음 우리의 문화적 자부심을 한껏 고양시키고 있는 K-pop을 포함한 한류의 세계적 확대는 시간이 갈수록 그 위세를 더하고 있다. 프랑스와 같은 유럽 국가에서는 미국의 언어와 영화의 유입은 법으로 규제하려 하고 있지만 성공하기는 어려울 것이다.

이제 우리는 모든 국가들이 문화적으로 개방되어 있는 국경 없는 시대에 살고 있다. 세계화 시대를 맞아 우리는 국가 간의 정치적, 경제적, 문화적, 생태적 상호의존성을 유지하는 가운데 상호혜택을 누릴 수 있게 할 적절한 국가 협력체제를 발전시켜야 한다. WTO가 바로 세계화 시대의 국제 교역을 규율하는 새로운 형태의 국가협력체제이다. 세계화의 과정에서 국가 주권과 문화적 주체성의 손상에 따른 반작용으로 각국에서 민족주의나 보호주의가 강화된다면 심각한 국제분쟁이 일어날 가능성도 있는 것이다. 지구상의 여러 국가들이 국제협력 관계를 수립 · 유지하는 정치력을 발휘할 수 있느냐 없느냐 하는 것이 21세기의 평화와 번영을 크게 좌우하는 것이다.

21세기에도 계속 심화될 것으로 예상되는 세계화의 추세는 오늘의 한국의 교육에 대하여 많은 것을 요구하고 있다. 무엇보다도 외국어 교육을 특별히 강화할 것을 요구하고 있다. 영어뿐만 아니라 사용인구가 많은 언어를 또한 가르쳐야 한다. 또한 외국의 사회와 문화에 대한 폭넓은 지식과 이해, 전 지구적 시각, 인류 공동체에 대한 소속감과 책임의식 등을 배양하기 위한 국제교육이 강력히 요청된다. 아직도 한국 교육은 학생들에게 민족주의적 정서와 국가 중심적 시각을 지나치게 강조하고 있으나 세계화 교육을 위해서는 교육과정의 국제화를 선행시키는 노력이 있어야 한다. 상급학교나 대학 수준에서는 국제전문 인력양성을 위한 교육도 체계적으로 실시되어야 한다. 여기에 부합된 교육정책과 제도도 보완 · 설립되어야 한다. 교육자와 학생의 교류를 제약하는 법률적 · 제도적 장애를 제거하고 국제교류를 촉진하는 정책의 입안 · 실시하여야 한다. 국경이 없는 세계화 시대에 고부가 가치를 생산하는 고급인력을 많이 양성하고 확보한 나라일수록 국가 경쟁력에 있어 유리하므로 대학의 학생정원 정책을 인력수요 접근법으로부터 사회수요 접근법으로 전환시켜야 한다.

전세계적으로 빠르게 진행되고 있는 정보화는 교육의 전면적 개편을 필요로 하고 있다. 전자 · 정보통신 기술의 발달과 보급으로 인하여 급속히 일어나고 있는 정보화는 교육체제 뿐만 아니라 사회 전반에 대해서 매우 큰 영향을 끼칠 전망이다. 최근 인공위성, 인터넷, CD-ROM과 같은 정보기술은 더 빠른 속도로 사회와 인간에 많은 변화를 주고 있다. 전세계의 인터넷망이 출현한 지 15여 년 밖에 안 되었지만 라디오나 TV와 같은 매체의 보급보다 7배나 빠른 속도로 그 연결망이 확대되고 있으며 그 활용성도 더욱 다양화되고 있다. 인터넷으로 구성된 사이버 세계는 이미 전세계의 160개 개국과 연결된 4만 4천 개의 컴퓨터 연결망으로 이루어져 있으며 1억 이상의 인구가 이미 전자우편(E-mail)을 교환하고 있다. 인간 사회는 이제까지 주로 지리적 단위의 공동체로 이루어져 왔으나 이제는 앨빈 토플러(Alvin Toffler)가 예측했듯이 초지리적 "사이버 공동체" 또는 "인터넷 공동체"와 같은 새로운 형태의 "전자공동체(Telecommunity)"가 출현하고 있다. 전자공동체에서는 시간과 공간을 초월하고 국경은 큰 의미가 없고 정치제도 또한 변화할 것으로 예측된다.

정부의 권력이 크게 축소되고 대의 정치제도에서 직접 참여 정치제도로의 전환이 촉진될 것으로 보인다. 이는 최근 국내의 선거과정에서도 그 파급효과가 입증되었다. 카카오 톡이나 트위터, 페이스북 등으로 대변되는 SNS의 위력은 점점 더 그 영향력을 확대할 것이다. 정보화의 진전은 교육제도의 전면적 개편과 교사 중심의 교육제도에서 학습자 중심의 교육체제의 전환이 요구되고 있으며 성인으로부터 가르침을 받는 피동적 위치에서 스스로 지혜를 습득하는 학습자들의 수를 늘려가게 될 것이다. 이에 따라 교육의 전반적 방법이 변하여야 한다. 교육활동이 학교의 울타리 밖으로 더욱 확대되고 교육대상이 적령 학생층의 범위를 훨씬 넘어설 것으로 예상되며 사회의 모든 곳에서 모든 연령층을 대상으로 다양한 교육적 요구를 충족시키기 위하여 다양한 형식과 방법으로 교육이 실시되는 평생 육체제가 도래할 것에 대비하여 전자 · 정보통신매체를 통한 열린교육체제의 구축을 촉진하여야 할 것이다.

종이와 책의 시대가 지나가고 전자 시대가 다가옴으로써 컴퓨터 프로그램이나 비디오 자료와 같은 멀티미디어 자료의 개발과 전자교과서 개발 등의 기능 또한 갖추어야 한다. 교사교육도 교사들에게 각종 전자매체를 교육적으로 활용할 수 있도록 융통성과 유연성을 가지고 정비하여야 한다. 21세기는 교육에 대해서 이중적 의미를 전달하고 있다. 21세기에는 한국교육이 새롭게 적응해야 할 '개연적(蓋然的) 미래(Probable future)'이기도 하고 동시에 교육이 새롭게 창조해야 할 '소망스런 미래(Preferable future)'이기도 하다. 다음 세기에 맞이할 세계화 · 정보화 사회에 적합하도록 오늘의 교육목적과 교육과정, 교육정책과 교육제도를 과감히 개혁하고 교육을 통하여 다가오는 미래사회가 더욱 풍요롭고 더욱 자유로운 사회가 될 수 있도록 만들어야 할 것이다.

제3절 교육개방에 대한 준비

WTO체제 출범 이후 '개방과 개혁'은 세계의 모든 국가가 더 이상은 피할 수 없는 현실이 되고 있다. 이러한 흐름 속에서 세계 각 국은 서로 우위를 점하고 경쟁력 있는 인력 양성을 위해 다양한 교육정책을 마련하고 있으며, 우리의 경우도 마찬가지라 할 수 있다. 현재, 논란이 되고 있는 교육개방에 대한 문제를 이해하고 이에 대한 적절한 대책을 고민하기 위해서는 이를 둘러싼 국제 질서의 변화와 그 흐름을 먼저 살펴보아야 한다.

WTO의 전신이던 GATT체제(관세와 무역에 관한 일반협정)가 상품 교역만을 관할해 온 협상기구였던 것과는 달리, 1995년 출범한 WTO(세계무역기구)는 상품, 서비스, 지적 재산권을 모두 관할하게 되었다. 이러한 WTO가 출범함에 따라 GATS(서비스 교역에 관한 일반 협정)도 효력을 발휘하게 되는데, GATS는 서비스 분야의 국제간 교역을 다루는 최초의 국제적 규범으로서 교육도 서비스 상품으로 보고 교육대상에 포함시키게 되었다. 최근 논란이 되고 있는 교육개방은 이 서비스 시장 개방 협상이 진행됨에 따라 불거져 나온 것이다.

WTO는 지난 1999년 미국 시애틀에서 반세계화 움직임과 개발도상국의 반발에 직면해 3차 각료회의가 무산되는 등 한때 주춤했으나, 2001년 11월 카타르 도하에서 WTO 4차 각료회의를 통해 우루과이 라운드(86년-94년)를 잇는 DDA협상체제(Doha Development Agenda)를 출범시킴으로써 교육부문도 본격적인 개방 논의가 진행되게 되었다. 이와 관련하여 지난 2003년 3월 정부에서는 "공공성이 강한 초 · 중등 교육부문은 개방 대상에서 제외하고, 고등교육과 성인교육 일부에 한해 개방하되, 비영리학교 법인만이 학교를 운영할 수 있으며 수도권 지역 내 외국 대학 신설도 제한"하는 내용으로 양허안(개방계획안)을 제출한 바 있다.

"교육개방은 해외 유학 수요를 국내에 흡수함은 물론, 우수 외국 교육기관의 국내 진출을 촉진하고 경쟁을 통한 국내 고등교육의 질 제고를 통해 국제화된 고급 인력을 양성"할 수 있으므로 더 적극적인 개방을 요구하는 목소리도 있었다. 하지만 우리들이 간과해서는 안 될 것은 오늘날과 같은 국제화 시대에서는 불편하고 일부 부작용이 우려된다고 해서 '개방 문제'를 막연히 피해갈 수 없으며, 교육의 공공성과 국제 경쟁력을 조화시킬 수 있도록 '내부 개혁 문제'와 연계하여 나가야 한다는 점이다.

고등교육이 보편화된 시대에 '개방'이라는 문제를 성숙하게 대처하기 위해서는 국내 대학들은 지금부터라도 양적 팽창주의에서 벗어나 대학 특성화와 교육 · 연구 지원체제 개편 등 차별화된 대한으로 변신할 수 있도록 자체 대학구조개혁을 서둘러야만 할 것이다. 앞으로 정부도 WTO 교육 협상에서 교육개방에 대한 우리의 입장을 명확히 전달하고 이를 관철함으로써 개방에 따른 부작용을 최소화하는 데 적극적으로 노력해야 함은 물론이다.

교육은 한 국가의 정체성을 뒷받침하므로, 그 중요성은 아무리 강조하여도 지나치지 않다. '개방과 개혁'이라는 어려운 교육적 난제를 맞이하여 이 두 가지 목적을 조화롭게 달성해야 한다. 정부도 DDA 협상과는 별도로, 지난 2005년 국회에서 '제주 국제자유도시 및 경제자유구역 내 외국 교육기관 설립 · 운영에 관한 특별법'을 통과시켰다. 이 특별법은 경제자유구역(부산, 인천, 광양) 및 제주도에 한해 외국인의 생활 여건을 개선하여 외국인 투자 유치를 촉진하기 위한 것으로서, WTO, DDA 협상과는 별개의 것이다.

이 특별법에는 동북아 중심국가의 기틀 마련과 경제자유구역 및 제주도에 거주하는 외국인의 교육여건 향상을 위해 경제자유구역에 설립하는 외국 교육기관과

제주도에 설립하는 외국 대학의 설립 · 운영 등에 관한 사항을 규정하고 있다. 이들 외국 교육기관에는 내국인도 거주 여부에 관계없이 입학할 수 있고, 일정 과목만 이수하면 국내 학교와 똑같이 학력을 인정받게 된다. 학생 선발은 학교장이 알아서 한다.

다만, 교육계(教育界) 일부에서는 교육개방에 따른 부작용을 이유로 여전히 반대하고 있으며 특히, 외국인학교의 내국인 입학 자격(현행 5년 이상) 완화를 두고는 경제단체와 시민사회 단체 간에 수년 간 갈등을 빚은 바 있다. 물론 양측 모두의 주장에 일리가 있으나 무조건적인 폐쇄 정책만 가지고는 국가 간의 경쟁에 나설 수 없다는 현실적인 문제를 도외시할 수 없다.

국제화 시대에 교육이 보다 다양해져야 하고 개방도 보다 확대해야 한다는 시대적 필요성은 인정해야 한다고 본다. 그러나, 보편교육인 중 · 고교 단계에서 교육 수요를 시장이나 외국에 완전히 노출하는 것은 국가 정체성 측면에서도, 그리고 정책적 측면에서도 적절치 않다. 개방 문제를 둘러싼 많은 분들의 우려와 관심이 극단적인 이념적 대립으로만 그치는 것이 아니라, 동북아 시대를 선도하는 인적자원 강국 실현을 위해 우리 교육의 체질개선으로 거듭날 수 있도록 해야 할 것이다.

세계의 문화시장과 교육시장을 일견해 보면, 교육시장개방을 막는다고 막을 수 있는 일이 아님을 알 수 있다. 체면 치레의 자존심이나 내줄 것은 다 내주는 식으로 끝나는 체면치레의 개방억제는 자라나는 청소년을 볼모로 잡아두는 교육적인 손해일 뿐이다. 이제부터는 교육시장 개방에 대한 우리 스스로는 늘 보아왔던 자신감 결여와 그로인한 피해의식을 더 염려해 두어야 한다. 교육시장개방을 위해 어떤 프로그램과 어떤 교육시설을 어느 정도로 선진화시키고 있는지를 배우게 되는 기회를 얻을 수 있어야 한다. 동시에, 그들이 교육소비자를 위해 어느 정도로 교육의 질을 관리하고 있는지 “교육서비스에 관한 교육자들의 책무성”이 실제로 어떻게 실현되고 있는지를 배우고, 필요하다면 과감하게 우리의 것으로 만든다면, 오히려 우리의 교육을 그들이 교육시장에 역수출할 수 있는 좋은 기회를 볼 수 있게 될 것이다. 다시 말해서, 외국이 지금 우리나라의 교육시장을 향해 하듯이 우리도 우리 교육프로그램을 외국에 홍보하고, 광고하면서, 상품화시킬 수 있도록 교육 프로그램을 세계화시켜야 한다.

교육시장개방의 효과를 어떻게 활용하며, 그에 따른 “교육의 차별화” 정책을 각급 교육기관들이 어떻게 세우느냐에 따라 여러 가지로 뒤쳐져 있는 교육의 질에 있어서, 교육시설의 현대화계획에 있어서 훨씬 앞서나갈 수 있는 기회를 얻게 된다. 따라서 지금까지 불필요하게 자구상으로만 엄격하게 나열해 놓았던 교육시장개방 억제조치는 오히려 신중을 기해야 한다는 것도 염두에 두어야 한다. 이것은 교육시장개방이 예찬되어야 하기 때문에 그런 것이 아니고, 교육시장개방을 현실적으로 직시하고, 그것을 최대한 활용하기 위해서 그렇다. 교육시장개방에 대해, 특히 대학시장개방과 관련해서 만들어 내는 불필요한 규제는 미래 학교교육시장의 발전에 걸림돌이 될 수도 있다.

결론적으로 대국적인 관점에서 보면, 외국대학의 분교나 대학신설을 국내지방에 적극적으로 유치하는 일 같은 것은 우리 대학교육 발전에 긍정적인 영향을 끼칠 수도 있다. 문제는 일선교육을 개혁하고자 하는 재단이나 교육행정가가 얼마나 사고하고 해결하려는 의지가 있느냐에 달려 있다고 볼 수 있다. 국가의 차별화에 대한 수용력이 부족하면 그 국가는 다른 국가로부터 불이익을 당하게 될 것이고, 교육행정가에게 개혁력이 없다면 그 교육은 세계화에 뒤처지는 일이 일어날 것이다. 우리가 보다 더 신중하게 대처해야 할 것은 교육시장의 개방에 대한 외국의 압력이 아니라 오히려 변화하기를 혐오하는 일선 교육행정가들의 제자리에 안주하고, 지킴에 연연하는 것에 대한 자기 자신들의 압력과 외국시장 진출에 대한 겁내기를 더 염려해야 될 것이다.

이런 국내의 모든 분위기를 수렴해 본다면 시장개방을 겁내기보다는 도약의 기회로 선용하고 교사들 뿐만 아니라 교육행정가들에게도 교육의 국가경쟁력 강화와 직결되어 우리 미래교육의 과제를 위하여 개혁할 수 있도록 국민 모두가 동참하여야 할 것이라고 하겠다.

제4절 지방화와 교육개혁

개방교육의 질적 향상을 통한 균형 있는 교육발전을 실현하기 위해서는 다각적 개혁사업을 추진하여야 한다. 그러한 교육개혁의 과제와 전략을 구체적으로 논의하기에 앞서 김영삼 정부 시절 대통령 산하 기관으로 만들어져 교육개혁위원회가 (이하 교개위라 함) 발표하여 시행하고 있는 「신교육체제 수립을 위한 교육개혁 방안」을 잠시 검토해 볼 필요가 있다. 교개위가 발표한 개혁안은 한 마디로 세계화 · 정보화라는 문명사적 대전환에 부응할 수 있는 열린교육사회, 평생학습사회의 건설을 지향하고 있다. 그것은 학습자 중심교육, 다양한 교육, 자율과 책임성에 바탕을 둔 교육, 자유와 평등이 조화된 교육, 정보화된 교육, 질 높은 교육을 추구하고 있다.

1. 지방교육의 질적 향상

지방화 시대에 있어서 바람직한 교육체제의 모습은 국민이 어느 곳에 거주하던 각자의 요구에 맞는 질 높은 교육을 받을 수 있어야 한다는 것이다. 현재 한국사회처럼 어린이가 우연히 농어촌에 태어나 시골학교에 다니게 되면 도시의 어린이보다 열악한 여건 속에서 교육을 받아 그의 타고난 재능에 관계없이 저조한 학력을 갖게 된다든지, 청소년이 지방대학에 진학하면 자신의 지적 수준과 요구에 맞는 수준 높은 고등교육을 받지 못하여 사회진출에 불리를 당하게 된다면 그것은 교육기회 균등이 보장된 사회라고 할 수 없다. 그러므로 지방의 학교와 대학의 질적 수준을 향상시키는 것이 지방화 시대의 바람직한 교육체제를 구현하기 위한 일차적 과제가 되는 것이다. 여기서 지방교육의 질적 향상을 위한 방안을 다음의 4가지로 제시해 보고자 한다.

첫째, 학교교육의 질을 결정하는 가장 중요한 요인은 교사의 자질이다. 우리나라 교원양성제도는 이미 원초적 결함을 안고 있지만 그런 교원교육을 받는 교사라도 그 배치에서부터 농어촌이나 도서벽지 학교에 대한 차별이 시작된다. 교원양성기관을 졸업한 우수한 교사는 도시에, 덜 우수한 교사는 농어촌에 배치하는 것은 우리나라 교원인사의 오래된 관행이다. 그리고 교사들의 도시학교 근무를 위한 강렬한 선호 때문에 결국은 유능하고 교육경력이 많은 교사는 도시에, 그렇지 못한 교사는 농어촌에 몰려 있게 된다. 수도권 대학을 선호하는 교수들의 일반적 경향도 이러한 현상과 유사하다. 물론 교육자적인 사명의식을 가지고 농어촌 학교에서 헌신적으로 봉직하고 있는 교사들도 가끔 있지만 대체로 농어촌 지역 교육자들의 사기와 의욕은 저조한 편이다.

그러므로 지방교육의 질적 수준을 높이는 방안은 우수한 교원의 지방유치와 교원의 지역간 균형 배치에서 찾을 수 있다고 본다. 그 동안 교사 순환근무제나 도서벽지 교원의 우대조치와 같은 정책이 어느 정도의 효과를 거두었다고는 보나 우수교원의 낙후지역 유치를 위한 조치를 더욱 강화해야 한다. 낙후지역 학교 교원을 위한 근무조건과 처우가 우선적으로 개선되어야 한다. 그리고 교원의 초임지 배정방법의 개선, 낙후지역 교원의 현직교육 강화, 조기은퇴 우수교원의 지방학교 재활용 등의 방안도 검토해 봄직하다.

둘째, 오늘날 현대적 전자기술은 낙후된 지방교육의 질을 보강할 수 있는 강력한 수단과 도구를 제공하고 있다. 각종 시청각 교구, TV, PC, CD-ROM, 특히 인터넷으로 연결된 멀티미디어는 지역적 교육격차를 해소하는데 효과적으로 이용될 수 있다. 첨단 멀티미디어를 지방학교를 위한 원격교육에 이용함으로써 지방의 모든 학생들이 풍부한 학습 정보와 자료에 접할 수 있으며 전국에서 가장 우수한 교사에 의한 지도도 받을 수 있다.

한국교육개발원은 그러한 교육공학적 도구를 활용하여 「열린 교육체제」를 구축하겠다는 의지를 분명히 밝히고 있다. 그리고 「국가 멀티미디어 교육지원센터」를 설치하고 원격교육을 실시할 수 있는 지원체제를 갖추겠다는 제안도 하고 있다. 이것은 정보화 사회의 교육을 위해서 뿐만 아니라 지방교육의 획기적인 발전이 요청되는 지방화 시대의 교육을 위해서도 매우 적절한 것이다. 지방학교의 질적 수준을 높이기 위하여 국가와 지방자치단체는 교육정보 체제를 구축하고 질 좋은 교육용 소프트웨어를 개발하여 교육에 효과적으로 활용하여야 한다.

셋째, 한국의 교육체제는 전국적으로 통일된 교육과정을 운영하고 있다. 대학입시제도는 교육과정의 통일성과 학습경험의 획일성을 더욱 조장하는 역할을 한다. 중앙정부에 의하여 편성된 초 · 중등학교용 교육과정의 내용은 대체로 도시 중심의, 남성 위주의, 중산층 편향의, 기술사회 지향적 성격을 가지고 있다. 그러한 교육과정은 농어촌 지역 학생의 일상 경험에 대한 적합성이 상대적으로 낮기 때문에 학업성취에 있어서 농어촌 학생이 도시 학생들보다 불리하다. 또한 각 지역사회는 독특한 사정과 요구를 갖고 있다. 그래서 지방교육의 질적 향상을 위해서는 각 지역사회의 문화적, 사회적 특수성을 반영시킬 수 있도록 교육과정을 지역화 또는 다양화하여야 한다. 그러나 국가의 사회통합을 위해서는 상당한 정도의 공통적 문화 내용을 가르쳐야 하기 때문에 지방학교는 국가가 편성한 교육과정의 기본 틀 안에서 지역사회와 관련된 내용을 보충하는 방식으로 교육과정을 운영해야 할 것이다. 그리고 지방학교는 학생들의 지적 능력에 맞는 교육 또는 보상교육을 실시할 수 있는 융통성도 가져야 한다.

넷째, 최근의 여러 연구에서 학생들의 학업성취는 학교의 조직 분위기나 가정이나 지역사회에서의 문화적 환경에 영향을 받는 것으로 밝혀지고 있다. 그러므로 지방학교 학생들의 학력을 향상시키기 위해서는 교사의 학생들에 대한 태도를 긍정적이고 고무적인 것으로 바꾸고 학교 내의 상호작용을 상호 지시적이고 비지시적이며 사고 유발적인 형태로 바꾸는 것이 중요하다. 지방학교 교사들이 직업적 긍지와 자신의 삶에 대한 의욕을 가질 수 있도록 그들에 대한 경제적, 사회적 처우를 개선해 주어야 한다.

학생들이 가정이나 지역사회에서 체험하는 문화적 경험의 폭을 넓혀 주고 어린이들이 학교생활에서 체험하기 어려운 창조, 노작, 협동의 경험을 가정에서 가질 수 있도록 도와주어야 할 것이다. 무엇보다 중요한 것은 부모들의 자녀교육에 대한 관심이다. 따라서, 부모들의 학교교육에 대한 참여를 장려하여야 하며 부모역할에 관한 적절한 부모교육도 실시하여야 한다. 한 마디로 지방학교의 질적 향상을 위해서 학교 내의 조직 분위기와 가정 및 지역사회의 문화적 환경을 교육적인 것으로 개선해야 한다.

2. 지방교육의 균형발전

앞에서 언급한 것처럼 교육의 균형발전은 일차적으로 지방교육의 질적 향상을 통해서 실현될 수 있다. 그러나 여기에서는 지역 간의 교육격차를 줄이기 위한 행정적, 제도적 개혁과제와 전략에 대해서만 몇 가지 언급하고자 한다. 정부는 지방의 불리한 교육여건을 보완하기 위하여 이미 여러 가지 행정적 조치를 취하고 있다. 즉 상급학교 진학에 있어서 내신제와 농어촌 자녀 특례입학제도의 도입, 그리고 지방대학의 육성을 위한 특성화 지원, 국책 지방 공과대학의 육성, 특수 대학연구소(SRC, ERC, RRC, 기초과학 지역센터 등) 설치 · 운영 등을 통하여 지방교육의 불균형을 시정하기 위해 정부는 상당한 노력을 기울여 왔다. 이러한 정책들이 지방교육의 균형발전을 위해서 어느 정도의 성과를 거두고 있는지 면밀히 검토해 봐야 할 시점에 이르렀다고 본다.

3. 지역사회의 교육문화 기반 확대

지방화 시대에는 각 지방의 주민들이 학교교육의 혜택뿐만 아니라 문화적 혜택도 골고루 누릴 수 있어야 한다. 지방민의 문화에 대한 접근기회와 평생교육에의 참여 기회를 확대함으로써 지방민의 삶의 질과 품격을 한층 높여 주고 지방민의 일체감과 공동체의식을 강화시켜 주며 지방민의 창조성을 배양할 수 있다. 그런데 우리나라에 있어서 문화예술 시설과 인력, 문화예술 활동, 사회교육의 기회가 서울과 대도시 지역에 심하게 편중되어 있어서 농어촌이나 신흥 공업도시 지역의 주민들은 균등한 교육적, 문화적 혜택을 누리기가 어렵다. 그래서 각 지방문화 기반을 확충하여 지방문화를 활성화시키고 지역사회의 사회 교육적 기능을 강화해야 한다.

우선 정부는 그 동안 시 · 도별로 대규모 종합 문화예술회관을 건립하여 지방에서 대규모 공연 전시가 가능하도록 문화공간을 확대하여 왔는데 이제부터는 중·소규모의 문화시설과 읍·면단위의 근린문화시설을 마련하는 방향으로 정책을 전환해야 한다. 그리고 지방의 문화시설은 공연·전시 공간뿐만 아니라 도서관·박물관·향토사관과 같은 공간도 포함하는 다목적 시설로 건립하는 것이 바람직하다. 그리고 지방의 문화시설은 문화교육, 동인모임, 창작연습전통문화 전수와 같은 문화 활동에 주민이 직접 참여할 수 있도록 설계하는 것이 바람직하다.

끝으로 지역사회에서는 사회 교육적 기능을 수행하는 다양한 형태의 사회단체와 시설이 있다. 언론기관, 종교단체, 각종학원, 유아시설, 청소년단체, 여성단체, 노인대학, 도서관, 박물관, 체육시설, 시민단체, 운동단체, 그리고 학교와 대학의 사회교육 프로그램 등은 모두 직접적으로나 간접적으로 사회 교육적 기능을 수행하고 있다. 각 지방이 이러한 단체나 시설이 실시하는 사회교육 프로그램의 질을 향상시키고 지역 간의 격차를 해소하는 것도 지방화 시대로 향한 교육의 중요한 과제이다. 각 지방마다 지역사회와 지역주민의 요구를 충족시킬 수 있는 다양한 사회교육 프로그램에 관한 효율적인 정보전달체제도 갖추고 있어야 한다.

제5절 평생학습사회 실현

세계 평생교육의 이념이 UNESCO를 통해 보급되었듯이, 우리나라에서도 UNESCO한국위원회의 활동이 평생교육의 이념이 되고 효시가 되었다. 그러나 개념적으로 볼 때 우리나라의 학교교육과 사회교육을 아우르는 틀로써 위치하기보다는 사회교육의 범위 내에 국한하여 존재하였다. 그 이유는 평생교육 자체가 학교교육의 경계를 넘어서려는 시도였기 때문에 그 주된 역할은 학교 밖의 교육을 연구했던 사회교육의 몫으로 인식되었기 때문이다. 따라서 1970년대 말까지 평생교육은 사회교육과 동의어로 이해되었으며, 1990년대 초까지도 평생교육은 여전히 이념적 지평의 수준을 벗어나지 못하고 있다.

지식기반사회, 정보화사회로 불리는 현대사회는 매우 빠른 속도로 변해가고 있고, 수없이 쏟아져 나오는 정보의 홍수 속에서 사회구성원들은 새로운 정보를 얻지 못하고 급속한 기술의 발달에 적응해 나가지 못하면 생존하기 어려운 시기를 맞이하고 있다. 예전에는 학교교육이 교육의 전부인 것처럼 생각되어서 학교를 졸업하는 것과 동시에 교육을 받을 만큼 받았다는 생각이 당연하게 받아들여졌으나 현대사회에서는 요람에서 무덤까지 곧, 평생에 걸친 계속 교육이 없이는 누구도 지식기반사회에서 자신의 직업세계와 삶의 영역을 구축해 나가기 어렵다는 인식이 확대되고 있다. 이에 따라 세계 각국은 '모든 사람을 위한 평생학습'의 중요성을 UNESCO 헌장에 합의하고 누구나 교육받을 수 있는 교육환경의 구축을 위해 노력하고 있으며, 학교교육은 평생교육의 기반을 구축하는 입장으로 점차 변모해 가고 있다.

평생교육 개념이 확산된 배경에는 다양한 사회 문화적 요인이 작용하였다. 그 배경으로 우리나라 학교교육은 '폐쇄형 종점교육 모형'으로서의 특징을 가졌다. 우선 그것이 '폐쇄형'이라는 의미는 교육이 지정된 시간과 장소에서 닫힌 꼴로 운영될 뿐더러 주로 전일제 학생중심으로 교육이 진행된다는 의미이다. 교육과정 역시 학교 자체가 가지고 있는 프로그램만을 통한 완결구조를 가지고 있으며, 특별한 경우를 제외하고는 학교 밖에서 획득한 학점의 전이가 원칙적으로 제한되고 있다. 평생교육은 지식과 기술의 급진적 증가로 지속적인 학습이 요청됨에 따라 학교교육의 한계성이 들어나게 되었던 것이다. 학교를 졸업한 후에도 변화하는 지식과 기술을 익히지 않으면 사회생활을 올바르게 영위하기 어렵게 되었고, 인간의 학습능력이 청소년 시기에만 한정되어 있다는 생각에서 벗어나 학습은 한평생 지속되어야 한다. 따라서 인간은 최대한으로 자아실현을 이룩하기 위해 노력하고 사회는 이를 위해 바람직한 교육환경을 조성해야 한다. 기술혁신에 따른 직업사회의 구조가 변화하고 직업의 세분화와 전문화의 경향은 물론이고, 직업세계의 빠른 변화에 적응하기 위해 직업교육은 평생 동안 계속되는 평생교육의 과제인 것이다. 이런 현실을 직면하고 학교교육이 위축되고 파행화하는 교실붕괴인 폐쇄형 종점교육 시스템을 개방형 평생교육 시스템으로 전환하여야 하는 첫 번째 해결책일 수 있다. 개방형 평생교육 시스템은 폐쇄형 종점교육으로서의 학교교육

모형에 대한 대안으로 탄생한 것으로서, 고등학교 졸업 이후 언제든지 필요할 때 다시 고등교육으로 진입할 수 있으며, 고등교육 역시 그 자체의 학부교육 혹은 대학원교육으로 종결되는 것이 아니라, 직업생활과 함께 항시 계속교육으로의 재진입이 가능한 시스템을 구축함으로써 중등교육 이후 고등교육 및 계속교육으로 진입하는 시점을 다변화할 수 있다.

평생교육 체제는 평생학습이 이루어질 수 있는 조건이다. 그 안에는 교수-학습 활동의 계획, 제공, 평가, 인증 등을 중심으로 이루어지는 평생교육 체제뿐만 아니라 그 외곽에 존재하는 복지, 노동, 문화 등 관련분야의 간접적 학습지원체제까지 포함한다. 넓게 보면 국가 인적자원 개발 정책 및 국가혁신체제 건설을 위한 총체적 학습인프라와 직 · 간접적인 연계를 맺을 수 있다.

이 가운데 평생교육체제는 본질적으로 공공영역이 담당해야 할 몫이며, 시장기능에 맡겨질 평생학습도 그것이 작용할 수 있는 시장규칙을 마련하는 것은 여전히 국가의 몫일 뿐 아니라 부분적으로 국가가 직접 나서서 평생교육 실시자로서 기능해야 할 부분도 존재한다. 새롭게 제정된 평생교육법은 지식기반사회의 도래에 따라 국민의 학습권과 학습에 대한 선택권 및 평생교육의 기회균등을 보장하기 위하여 평생교육에 필요한 수단 및 제도를 다양화하고 체계화함으로써 누구나, 언제, 어디서나 원하는 교육을 받을 수 있는 열린 교육사회, 평생학습사회의 건설을 지향하고 있다.

평생교육에 관한 법적 근거가 마련됨으로써 평생학습의 기회가 정책적으로 보장되어 개인은 삶의 질을 향상시키고 직업적 발전을 꾀할 수 있으며 국가는 사회변화에 적응하고 이를 이끌어 나갈 수 있는 인재의 육성으로 통한 국가발전을 기대할 수 있게 되었다. 평생학습사회를 지향하는 시점에서 평생교육의 활성화를 위해 다음과 같은 과제를 제안하여 본다.

첫째, 국민기초능력표준(Nation Key Competency Standard)을 마련하여 현재 폐쇄형 학교 시스템이 전적으로 의존하고 있는 교과의 가치를 역량단위로 변경할 필요가 있다. 평생학습의 결과로 사회구성원들의 지식과 능력을 지속적으로 향상시키고 이들의 필요와 다양한 교육적 요구들을 충족시켜 줄 수 있는 좋은 프로그램 시스템이 마련되어야 한다. 뿐만 아니라 대도시에 편중되어 있는 교육시설을 전국적으로 확산하여 어느 지역에서 학습할 수 있는 시스템 구축이 필요하다.

둘째, 학습시간과 공간을 뛰어넘어 정보를 교환할 수 있도록 국가차원에서의 정보통신네트워크(information network)가 구축되어야 한다. 학교, 가정, 산업화, 국내외의 평생교육기관들의 상호연결이 가능한 정보통신 인프라가 다양한 정보를 수집하고 교환하는 활발하고 유기적인 상호작용이 있어야 한다. 즉, 학교차원에서 다루어지지 않던 성인교육의 정보의 중요성을 감안하여 교육을 교육 복지적 차원에서 국가교육기관이 전담 · 운영하는 정책이 필요하다.

셋째, 교육기본법에서 제안된 평생교육권을 실현하기 위해 산업체에서 평생교육권을 보장하는 제도가 정착되어야 한다. 곧 교육과 훈련을 위한 학습휴가와 재정적 지원이 보장되어서 직종이나 직급에 따라서 자유롭게 재교육의 기회를 가질 수 있도록 되어야 한다. 또한 재교육의 결과가 업무와 연결될 수 있는 제도적 장치가 필요하겠다. 그리하여 독립적으로 운영되어 오던 각종 평생학습인증제도에 대한 정비, 통합운영이 함께 되어야 한다. 그렇게 하여, 정규학교, 사이버학교, 학점은행제, 독학사학위제 등의 연계와 통합을 통한 국가차원의 인증제도를 보장하는 교육법 마련이 필요하다.

넷째, 평생교육을 위한 재정이 확보되어 중앙정부와 마찬가지로 지방정부에서도 평생학습지원을 위한 제도로 인해 국민 누구나 경제적 부담 없이 교육기회에 쉽게 접할 수 있도록 통합관리체계가 마련되어야 한다. 비영리 민간조직(NGO)과 각종 학원에 대한 평생교육 지원 및 정비에 대한 방안 또한 마련되어 시행되어야 한다.

다섯째, 국가차원에서 평생교육기관의 질 관리 및 교육성과에 대한 평가체제를 확고히 함으로써 학습자들이 참여한 교육에 대한 정통성이 부여되어야 한다. 즉, 평생학습을 통하여 얻은 정보기술, 지식 등의 교육적 가치를 인정받을 수 있는 평생교육사에 대한 전문성 신장 및 개인의 발달을 위한 전문성 확보의 방안들을 마련하여 시행하여야 한다. 한 국가의 평생학습은 그 사회의 학습문화가 얼마나 활성화되는가에 따라 그 성과가 결정되는 것이며, 그것은 학습이 국민생활 양식의 중요한 부분으로 자리잡도록 하는 사회적 분위기를 구축하는 데에서 출발하기 때문이다.

평생교육은 후기산업사회의 교육적 대안이다. 다시 말하면, 지금까지는 학교교육이나 개인과 사회의 교육적 요구를 수용해서 사회의 통합과 발전에 이바지했다면 21세기에는 평생교육차원에서 교육의 개념과 기능이 더 확대된 평생교육의 이념으로 전환되어서 개인과 사회, 국가의 발전으로 이어져야 한다. 아직 우리사회에서 평생교육의 이념이 전폭적으로 수용되는 차원에까지 이르지 못했지만 '삶이 곧 교육'인 평생교육의 이념은 급변하는 현대사회의 새로운 교육이념으로 받아들여져야 할 것이다.

제9장 교육공학의 미래

제1절 소셜러닝의 이해
제2절 소셜러닝의 교육적 활용
제3절 새로운 교육방법 및 교육공학 적용상의 문제해결

제1절 소셜러닝의 이해

수업에서의 매체활용은 다양하다. 기존에는 비디오, 오디오, 책, 신문, CD, DVD 등이 각각의 객체로 수업활동에 활용되었다. 하지만 최근 수업에서 활용되는 매체는 기존의 독립적으로 분리되어 교수에 적용한 것과는 달리 테크놀로지의 변화로 협업학습으로 전환되면서 각각의 매체들이 통합되어 사용되고 있다. 여러 매체가 적절히 통합된 테크놀로지는 하나의 매체보다 더욱 큰 교육적 효과를 나타낼 수 있으며 지식기반사회에서 요구하는 매체의 활용능력을 키울 수 있다.

최근에 교육현장에서는 ICT(Information and Communtaction Techmology) 활용교육, 소셜 네트워크(Social Network) 활용교육, 협업활동을 통한 자기주도적 학습 등을 통해 다양한 방식의 교육이 이루어지고 있다. 교사들은 새로운 커리큘럼을 개발하여 학생과 교사 간 SNS(Social Network Service)를 활용한 소통을 통해 학생들에게 전자논문, 사진자료, 동영상 자료 등 다양한 학습 자료들을 제공하고 있다. 또한, 학생들은 이러한 교육적 활동을 통해 습득한 지식 및 제작한 자료들을 교사와 수업에 참여하는 다른 학생들과 공유함으로써 학습자로서만이 아닌 교사의 역할까지도 동시에 수행하게 된다. 이러한 교육현상은 "자기주도적 학습"의 기회를 학생들에게 제공하고 학생들은 교실을 벗어나 자유롭게 자신들의 지식을 생산하고 또 이를 다른 학생들과 공유하여 새로운 지식을 창출하며 스스로 콘텐츠를 제작하고 활용하는 자신의 생각을 펼치게 될 것이다. 이와 같이 학습을 사회화하고 사회화 과정을 통한 학습과 사회 구성원으로서 원활한 소통으로 학습효과를 기대해 볼 수 있는 학습 스타일을 우리는 소셜러닝이라고 한다.

소셜러닝이란 "사회적 관망(SNS)을 활용, 사용자간 상호작용을 통해 학습을 유도하는 열린 학습모델"이다. 댓글 토론, 자료 공유, 집단지성협력학습 프로그램, 소셜 곤충채집, 동영상 프레젠테이션의 사회적 공유 모델 등이 소셜 러닝에 속한다. SNS를 통해 교사와 학습자가 교육활동이 이루어지는 대표적인 서비스는 facebook과 twitter이다. 교사들은 대부분 학생들의 활발한 수업 참여와 피드백을 바라고 있다. 하지만 현실의 교실에서는 대부분 자발적인 침묵을 유지하고 있다. 이러한 현상에서의 facebook과 twitter 활용은 학생들에게 질문을 유도할 수 있고 가르친 내용이 어떻게 전달되고 있는지도 알 수 있다. 수업시간에 twitter를 이용한 간접질문으로 학생들에게 적극적인 수업활동을 기대할 수 있으며 학생 개개인의 피드백도 볼 수 있다. 또한 학생들 간의 트윗하는 것을 기대할 수도 있다.

또한 최근의 스마트폰 확산으로 스마트러닝이라는 명칭으로 학습의 지능성과 유연성을 실행하고 있다. 스마트러닝은 21세기 지식정보화 사회의 새로운 교육방법(Pedagogy), 교육과정(Curriculum), 평가(Assesment), 교사(Teachers) 등 교육 전반에 대한 변화를 이끌기 위한 지능형 맞춤 교수-학습 체제이다. 스마트러닝은 학교교실 안팎에서 이뤄지는 교수-학습을 지원하고 학습자가 스스로 학습을 설계할 수 있도록 지원하는 형태 등으로 다양하게 이루어질 수 있다.

스마트러닝의 도구로서의 활용되는 스마트폰은 1992년 IBM의 PDA의 진화로 탄생되었으며 그 이후 2007년도에 미국에서 iPhone의 출시로 한국에서도 2009년도에 iPhone을 도입하여 출시하였다. 이러한 도입 이후 2011년에 들어서서 iPhone 4가 출시되면서 다시 한번 그 진가를 발휘하고 있다. 아울러 안드로이드 체제를 유지하는 구글을 통하여 삼성전자에서 출시한 갤럭시 역시 스마트폰의 사용을 극대화하고 있다. 스마트러닝은 디바이스의 확산으로 스마트폰 뿐만 아니라 iPad, Tab 등을 활용하고 있다. 이러한 SNS의 진화 및 첨단 기술의 접목으로 최근 학교들은 강의실 중심의 학교가 아닌 공동 학습 활동의 허브(HUB)로서 학교교실에서 벗어나 생활전반에 이르기까지 교육을 확장시키고 있다. 따라서 학교교육을 책임지는 교사들은 인터넷에서 지식이 확산되고, 테크놀로지의 변화에 대응하는 새로운 노력을 해야만 한다. 교사들은 위키를 비롯한 각종 도구를 활용해 새로운 강의 교재를 공동 개발하기 위해 다른 기관에서 일하는 전문가나 다른 학문을 공부하는 전문가들과 협업하고 아이디어를 공유해야 한다. 또한, SNS시장에서는 수십 만 개의 어플케이션이 개발되어 소개되면서 다양한 학습을 위한 새로운 시도가 계속적으로 이루어지고 있다. 교사들은 이러한 추세를 따라가면서 실제 교육현장에서 활용할 수 있는 구체적 방안에 대해서도 고민할 필요가 있다.

제2절 소셜러닝의 교육적 활용

제3장에서 다룬 수업매체에 대한 정의를 다시 한번 살펴보면 매체(media), 즉 'medius'는 라틴어에서 유래된 말로서 ~사이를 뜻한다. 일반적으로 매체란 송신자와 수신자 사이에 커뮤니케이션 과정에서 이루어지는 정보나 지식을 전달하는 데 사용되는 매개수단으로 신문, 방송, 영화, 문자, 그림, 오디오, 비디오, 멀티미디어 등을 말한다. 이러한 매체를 수업(instructional)에 적용하여 수업목표 극대화하기 위하여 사용되는 것을 수업매체라고 한다. 소셜러닝을 위해서는 소셜미디어(social media)의 활용이 효과적이다. 위키피디아의 소셜미디어의 정의는 '소셜미디어는 가치의 공동 창조를 위한 기술과 사회적 상호작용의 혼합'이라고 한다. 소셜미디어는 학습 커뮤니티에 참여할 수 있는 인적 자원을 최대한 확대할 수 있게 해 주며 소셜러닝의 성패는 '학습성과'라는 공동의 목표를 위해 학습커뮤니티 구성원들의 상호작용을 얼마나 활발하게 끌어낼 수 있는가에 달려 있다. 이러한 맥락에서 소셜미디어는 성공적인 소셜러닝을 위한 발군의 도구이다.

소셜러닝은 인적자원개발 수행방식의 생산성을 획기적으로 높이기 위한 학습방법으로써, ICT 기반의 플랫폼을 통하여 새로운 콘텐츠와 학습경험을 창출하며 이에 따른 비용을 줄이는데 목적이 있다. 소셜러닝은 학습자원을 다양한 형식으로 자유롭게 생성 및 축척하며 유무선 환경에서 어디서나 수업현장에 맞도록 전달하며 이를 다양한 표현과 소통을 통해 상호작용 학습의 확장으로 연계하는 것을 말한다. 최근에는 Learning Cloud를 통해 새로운 개념의 콘텐츠 유입과 공유체계를 제공하며 수업의 개방으로 교사와 학습자를 모두 긴장하게 만들어 가고 있다.

소셜러닝이 학습을 위한 새로운 가능성을 살펴보자.

첫째, 학습자료의 풍부화이다. Twitter, facebook, cyword, me2day, 카카오톡 등 SNS를 활용하여 텍스트, 사진, 동영상, 오디오 등 다양한 학습 자료를 광범위하게 다양하고 신속하게 공유할 수 있다. 다양한 SNS를 활용하여 교사와 학생간 수업일정표를 확인 가능하며 수업자료를 교환하고 토론할 수 있다.

둘째, 학습의 시 · 공간적 제약을 극복한다. 교수와 학생 사이의 상호작용이 시간과 공간(교실)의 한계를 초월하여 이루어질 수 있다. 대다수의 학생들은 교실 환경에서 질문이나 자기 의견을 말하는 것이 쉽지 않다. 이러한 문제점을 해소해 주는 중간단계로서의 SNS는 긍정적인 역할을 할 것이다. 대중 앞에 설 필요 없이, 편안하게 자신의 생각을 이야기 하고 남의 의견을 들을 수 있는 것이 가능하다.

셋째, 유연성 · 공유형 · 능동형 학습으로의 전환이다. 교수와 학생, 학생 상호 간의 상호작용에서 학생들이 질문자, 토론자, 자료제작자, 정보제공자, 발표자, 교사 등으로 유연하게 다양한 역할을 수행할 수 있다. 학생들이 질문을 하고 그 질문에 댓글을 달아 자신의 생각을 다른 학생들과 의견을 공유할 수 있는 토론이 가능하다. 또한 학생들은 스스로 동영상, 사진 등을 가공하고 제작하여 수업매체를 제공할 수 있으며 학생들은 이미 익숙한 미디어를 통해 강의를 보다 친근하고 수월하게 접근이 가능한 효과를 볼 수 있다.

제3절 새로운 교육방법 및 교육공학 적용상의 문제해결

예전에는 상상할 수도 없었던 발전된 전자기기의 도입이나 새로운 방법의 소개로 교육의 영역이 확대되었고 이러한 현상은 앞으로 지속될 것이 틀림이 없다. 그러나 이러한 새로운 방향이 우리 모두에게 긍정적인 면만 내보이지는 않는다. 새로운 방법이나 도구들이 교육의 장면에서 긍정적으로 작용하기도 하지만 우리가 미처 예상하지 못한 여러 가지 부작용을 일으키기도 한다. 현대의 학습자들은 매일매일의 생활 속에서 발전된 기기들을 활용하다 보니 전통적인 형식의 교육방법을 대하기가 쉽지 않은 면이 있다. 새로운 방법으로 다양한 간접경험을 할 수도 있으나 그 기계적인 활동에 몰입하다 보면 조금의 여유를 가지고 생각하며 사고하는 과정을 생략하기 쉽다. 글을 제대로 쓰고 상대방에게 자신의 의견을 조리있게 정리하여 전달하는 기회도 잃게 된다.

요즈음 여러 연구에서 학습자들의 일반적인 기초능력의 부족을 우려하는 목소리가 높다. 뿐만 아니라 거의 중독 수준에 가까운 몰입 때문에 생겨나는 부작용은 커다란 사회문제로까지 나타나고 있는 상황이다. 인터넷 중독이나 채팅중독, 가상현실에의 몰입에 대한 문제는 심각한 정신질환의 문제로까지 이어지고 있다. 우리나라 청소년들의 40%에 가까운 학습자들이 각종 중독 현상에 시달리고 있다는 보고는 미래사회를 걱정하지 않을 수 없게 만든다.

이제 교사들의 역할은 몰 인간화되어 가는 학습자들을 제대로 교육시키고 인간성을 제대로 회복할 수 있도록 하는 일에 초점을 맞추어야 한다. 단순한 효율성의 문제나 편의성만을 중요하게 여길 수 없게 되었다. 새로운 기술의 발전과 공학적인 요소의 개발에만 신경 쓸 것이 아니라 이제부터는 이러한 방법을 제대로 활용할 수 있도록 배려할 필요가 있다. 사회적으로도 밤 11시가 지나면 청소년들이 컴퓨터의 특정한 프로그램을 활용할 수 없도록 하는 셧다운 제도마저 심각하게 고려하는 처지가 되었다. 인터넷에 넘쳐나는 각종 포르노 프로그램이나 악플 등의 문제는 단순히 통신의 자유를 부르짖으며 그대로 방치하기에는 너무 때가 늦었다.

새로운 교육방법이나 교육공학을 연구하거나 가르치는 입장에서는 구체적인 방법을 개발하여 이러한 여러 부정적인 요소들을 제거하여야 한다. 학습자들을 지도하는 입장에 서게될 모든 사람들이 이러한 일에 앞장 서기를 기대해 본다.

참고 문헌

강이철(2001). 코스웨어 설계를 위한 교육공학의 이론과 실제. 서울: 학지사.

권요한, 김기민, 정대영, 이만영(2006). 교육학용어사전. 서울: 교육과학사.

김미량(2000). 웹활용 수업사례에 기초한 사이버 교수학습 운영의 기본 전략 및 향후과제. 교육공학연구 16(1). 47-67.

김신자(1998). 효과적인 교수설계. 서울: 문음사.

김신자, 이인숙, 양영선(1999). 교육공학의 이론과 실제. 서울 : 문음사.

김영환 외 3인(2003). 원격교육의 이론과 실제. 서울: 학지사.

김학수(1991). 현대 교수 · 학습론. 서울: 교육과학사.

박성익, 임철일, 이재경, 최정임(1999). 교육방법의 교육공학적 이해 서울: 교육과학사.

변영계, 이상수(2003). 수업설계. 서울: 학지사.

변영계(1997). 수업의 효율성 제고를 위한 연구의 동향. 권균 편저, 한국교육의 자화상과 미래상 (pp. 175-194). 서울: 문음사.

변영계 외 2인(2006). 교육방법 및 교육공학. 서울: 학지사.

양영선, 조은순(1998). 원격교육의 이해와 적용. 서울: 예지각.

염명숙, 조은순(2005). 원격교육활용론. 서울: 남두도서.

유영만(2002). e세상 e러닝. 서울: 한언.

윤기옥, 송용의, 김재복(1993). 수업모형. 서울: 형설출판사.

이성호(2003). 교수방법의 탐구. 경기: 양서원.

이인숙(2002). e러닝. 서울: 문음사.

이화여자대학교 교육공학과(2004). 교육공학. 서울: 교육과학사.

장상현(2010). 스마트러닝을 통한 교육 3.0 구현방안. 2011년 춘계 학술발표논문집 제2권 제1호, p. 26.

조연순(2006). 문제중심 학습의 이론과 실제. 서울: 학지사.

홍성윤, 김유미(1999). 효과적인 교수방법. 중앙대학교출판부.

Ausubel. D. P.(1963). Yhe psychology of Meaningful Verbal Learning: An Introduction to Social Learning. NewYork : Grune & Straton. Inc.

Bruner. J. S.(1966). Toward a Theory of Instruction. Cambridge. Mass : Harvard Univ. Press.

Clark, L. H. & Starr, I. S.(1986). Secondary and middle school teaching methods (5th ed.). NY: Macmillan Publishing Co.

Corey, S. M.(1971). The nature of instruction, Englewood Cliffs NJ: Prentice-Hall.

Cruickshank, D. R., Bainer, D. L., & Metcalf, K. K.(1995). The act of teaching. NY: McGraw-Hill.

Davis, R. H., Alexander, L. T., & Yelon, S. L.(1974). Learning system design: An approach to the improvement of instruction, NewYork: MaGraw-Hill.

Don T., Anthony D. W.(2011). 매크로위키노믹스. 김현정(역). 서울: 21세기 북스.

Dunn, R. & Griggs, S. A.(1995). Learning Styles and the nursing proffession. New York: NLN Press.

Gage. N. I.(1963). Handbook of Research on Teaching. Chicago : Rand McNally & Co.

Gagnè, N. L. (1985). Hard gains in the soft sciences: The case of pedagogy. New York: Phi Delta Kappa.

Gagnè, R. M., Briggs, L. J., & Wager, W. W.(1992). Principles of instructional design(4th ed.). Englewood Cliffs, NJ: Prentice-Hall.

Glaser, R.(1964). Implications of training research for education, In E. R Hilgard(ed.), Theories of learning and instruction. 63rd NSSE Yearbook. Chicago: University of Chicago Press.

Hannafin, M. J., & Peck, K. C.(1988). The design, development evaluation of instructional software. New York: Macmillan.

Johnson, D., & Johnson, R.(1987). Learning together and alone: Cooperative, Competitive, and individualistic learning. Englewood Cliffs, NJ: Prentice-Hall.

Johnson, D., & Johnson, R.(1991). Learning together and alone(3rd ed.). Upper Saddle River, NJ: Prentice-Hall.

Joyce. B. & & Weil. M.(1980). Models of Teaching. Boston : Allyn & Bacon.

Kellerm J.(1987). The systematic process of motivational design. Performance and Instruction, 26(9): 1-8

Medley, D. M.(1979). The effectiveness of teachers, In P.L.Perterson & H.J.Walberg(Eds.), Research on Teaching, Concepts, Findings & Implications. Berkely, CA:McCutchan Publishing Company.

Merrill, M. D.(1971). Instructional Design: Readings, N.J.: Prentice-Hall.

Merrill, M. D.(1983). Component Display Theory. In Reigeluth, C. M.(ed.). Instructional design theories and models Hillsdale, NJ: Lawrence Erlbaum Associates.

Merrill, P. F.(1980). Analysis of a procedural task. NSPI Journal, 19(2), 11-15.

Reigeluth, C. M.(1983). Instructional design theories and models: An overview of their current status. Hillsdale, NJ: Lawrence Erlbaum Associates, Inc.

Reiser, R. A., & Dly, D. P.(1997). The field of educational techmology as reflected through its definitions. Educational Techmology Research and Development, 45(3), 63-72.

Richey, R.C., Klein, J.D., & Nelson, W.(2004). Developmental research:Studies of instructional design and development. In D. Jonassen (Ed), Handbook of Research for educational communications and technology(2nd ed.) 1099~1130. Mahwah, NJ: Lawrence Erlbaum Associations, Inc.

Rosenshine, B.V. & Furst, N.F(1973). The use of direct observation to study teaching, In R.M.Travers(Ed.), Second Handbook of Research on Teaching, Stokie, IL: Rand McNally.

Sharon E. Smaldino, James D. Russell, Robert Heinich, Michael Molenda(2006). 교육공학과 교수매체 8판(설양환 외 공역). 서울: 아카데미프레스(원서 출판 2005).

Slavin, R. E.(1990). Cooperative learning: Theory, research, and practice. Boston: Allyn and Bacon.

Slavin, R. E.(1995). Cooperative learning: Theory, research, and practice(2nd ed.). A Simon & Schuster Company, Massachusetts.

Skinner. B. F.(1957). The Technology of Teaching. NewYork : Appleton-Century-Crofts.

Smith. D. A. (1998). Renewal in College mathematics education. Website: (http://www.math.duke.edu/~das/essays/renewal/index.html, 2010.1.15검색)

Walberg, H., & Fowler, W.(1987). Expenditure and size efficiency for public districts. Educational Researcher, 16, pp. 5-13.

Walter Dick & Lou Carey.(1993). 체제적 교수설계: 이론과 기법(김형립, 김동식, 양용칠 편역). 서울: 교육과학사(원서 출판 1990).

Walter Dick, Lou Carey & James O. Carey(2003). 체제적 교수 설계 , 최수영, 백영균, 설양환 공역, 서울: 아카데미프레스, p. 2.

Willis, J.(1995). A recursive, reflective instructional design model based on constructivist-interpretivist theory. Educational Teachnology, 35(6), 5-23.

저자 소개

✍ 이칭찬

강원대학교 사범대학 교육학과 교수
미국 미네소타 주립대학 대학원 Ph. D.
대통령 자문 교육개혁위원회 전문위원
저서 26권, 논문 300여 편

✍ 간진숙

한림대학교 교육개발센터 팀장
강원대학교 대학원 교육학 박사

✍ 김미연

강원고등학교 교사
강원대학교 대학원 교육학 박사

최신
교육방법 및 교육공학

초판발행 2012년 2월 5일
재판발행 2015년 2월 25일

2015. 2.

저 자 이칭찬 · 간진숙 · 김미연
발행인 김현태
발행처 태영출판사

주 소 (152-705) 서울 구로구 구로동 104-10 동남오피스텔 201호
전 화 02 · 839-3757, 839-3752
팩 스 02 · 837-3754
등 록 2005년 5월 30일 제12-421호
http://www.taeyeongbook.co.kr
E-mail tys2005@hanmail.net
ISBN 978-89-6302-081-5 93370
정 가 16,000원

* 잘못 만들어진 책은 교환해 드립니다.

NAVER 태영출판사